AF628274

Carl Weissner

Aufzeichnungen über Außenseiter

Essays und Reportagen

Herausgegeben von Matthias Penzel

Reiffer

Carl Weissner
Aufzeichnungen über Außenseiter
Essays und Reportagen
Herausgegeben von Matthias Penzel
Mit einem Vorwort von Anthony Waine

Die *edition kopfkiosk* wird gestaltet und herausgegeben von
Andreas Reiffer | Bd. 03

2. Auflage 2020 © Verlag Andreas Reiffer

ISBN 978-3-945715-67-3

Verlag Andreas Reiffer, Hauptstr. 16 b, D-38527 Meine
www.verlag-reiffer.de

»The difference between the almost right word and the right word is really a large matter – 'tis the difference between the lightning bug and the lightning.«

Mark Twain

Inhalt

Zwanzig Jahre voraus, mindestens
Vorwort von Anthony Waine 8

Buk Sings His Ass Off 16

»Wir fuhren die ganze Nacht wie in einem Film«
feat. Party für Enzensberger 22

William S. Burroughs' *The Job* /
Guerilla-Handbuch für die 70er Jahre 43

Alphawellen 49

Hat jemand Pélieu gesehen? 55

Der Größte seit Shakespeare? 60

Rimbaud. Tod in Marseille. 71

Der große Graue mit den gelben Zähnen 91

Handfeste Rock-Lyrics 101

Der Schatten zwischen Leben und Leinwand 106

Die toten Seelen in der Bronx 110

Eine Corrida am Highway 50 113

Die letzten Tage von '67
feat. »Neuer Titel für das Buch« 120

Die Hammett-Tour 134

Tour durch NYC-Episoden von *Naked Lunch* 142

Only In It For The Money? 155

Der Kamikaze vom Woody Creek 162

Clint Eastwood ist Hamlet 169

Bob Dylan: *Desire* 182

Nachwort zu *Western Lands* 185

Das Ende des Suicide Kid 196

Der Mann mit dem dritten Arm
Nachwort von Matthias Penzel 213

Editorische Notiz 223

Ersterscheinungsnachweis 224

Bibliografie (Auszug) 227

Danksagung 242

Viten 243

Zwanzig Jahre voraus, mindestens

Vorwort von Anthony Waine

Im ersten Essay dieses Bandes *Buk Sings His Ass Off* erfahren wir, wie Carl Weissner gegen Ende der sechziger Jahre in New York und Kalifornien auf neue Geschmäcker gekommen ist, und wir lernen die Gestalten kennen, deren Sprache, Lebensstil, Verhalten und Kunstverständnis ihm einen Ureindruck von ›Etwas Neuem Im Westen‹ eindrücklich verschafft haben. Wohin die Route 68 diesen Westdeutschen auch immer verschlagen bzw. ver-führt haben mag, war's in meinem Fall nach Westdeutschland; um präziser zu sein, in die norddeutsche Metropole Hamburg. Zugegeben, Plätze und Orte wie Dammtorbahnhof, Rothenbaumchaussee oder Alster mögen nicht ganz den Zauber oder die Exotik eines Central Park oder East Side besitzen. Aber in Hamburg hatten ja auch fünf Landsleute aus Liverpool studiert. Das Nachtleben. Bei vier längeren Aufenthalten in St. Pauli, zwischen 1960 und 1962, spielten sie wochenlang unter strapaziösen Bedingungen – überall Rotlicht – und fanden ihren eigenen Sound, entfalteten ihr Selbstbewußtsein, ihre ureigene Rock-Identität. Als Entertainer auf und abseits der Bühne. Einmal lief John Lennon in Unterhose mit einem Nachttopf auf dem Kopf durch den Kiez, diesem Village der verrückten und befreiten Geister.

Im September 1968 verließ ich England, um als Dozent für Englische Sprache und Kultur an der Universität Hamburg zu lehren – und stolperte regelrecht in die Studentenbewegung. Ein politisches und kulturelles Frühlingserwachen für mich als Zweiundzwanzigjährigen! Das England, das ich hinter mir ließ, war eine sehr etablierte Ordnung, unglaublich stark auf Tradition beruhend, und wenn überhaupt dieser quasi feudale Überbau auf der Insel getestet, gewissermaßen provoziert wurde, dann von unten durch den Pop der Massen. Nicht jedoch von Ideen oder gar intellektuellen Theorien.

Ich hatte Germanistik in Newcastle studiert, und auch dieses Studium war hauptsächlich der alten deutschen Sprache und Literatur gewidmet, der Studiengang sehr genau aufgebaut und reglementiert von wohlwollenden Professoren und Dozenten, die an mir und meinen Kommilitonen genuin interessiert waren und uns persönlich gefördert haben. Ein reges Campus-Leben voller Clubs, Interessengemeinschaften und Partys, auf denen die neuesten Beatles- und Stones-Hits liefen. Und in einem nach Oxbridge College-Vorbild gestalteten Studentenwohnheim, Henderson Hall, mit 360 anderen jungen Männern, darunter ein charismatischer Fine Art Studierender namens Bryan Ferry, der ebenfalls wie ich im Oktober 1964 seinen Bachelor of Arts begonnen hatte, setzte sich dieses privilegierte, traditionelle Gemeinschaftsleben fort.

Nach dem Umzug in die Hansastadt trat ich aus dieser geborgenen Welt in eine von provokanten Parolen dominierte: anti-USA, anti-Kapitalismus, anti-Bild, anti-Springer. Auf Flugblättern in der Mensa fand man täglich die neuesten Aufrufe; auf die Holzbarrikaden vor dem sogenannten Philosophenturm der Uni gemalt, in dem sich das Seminar für Anglistik befand; auf den Transparenten bei den Anti-Vietnam-Demos. Und wo wir wohlbehütete britische Studenten noch unsere Lehrer verehrt haben, vernahm man überall den anti-autoritären Refrain der Hamburger Studentenschaft »Unter den Talaren – Muff von 1000 Jahren«. ›Mein‹ Deutschland von Lessing, Goethe, Droste-Hülshoff und Kafka war nicht mehr erkennbar. Es war von marxistisch-leninistischen Ideologien besetzt worden, wie öfter mal in Wirklichkeit ja auch der Philosophenturm selber von demonstrierenden Studenten. Ich kam mir fremd, ja desorientiert vor. Kurzum ein Aus-länder, ein Außen-stehender in einer vor meinen eigenen Augen sich verändernden Brave New World.

Jedoch fühlte ich mich in einem anderen Sinne von dieser auf den Kopf gestellten Welt entfremdet. Die Stimmen, die ich um mich vernahm, sowie die Gedankengänge selber, entstammten einem Bewußtsein, das klassenmäßig ziemlich weit von meinem eigenen Hintergrund entfernt war. Die Stimmen waren fast ohne Ausnahme bürgerlich geprägt. Ausgesprochen gebildete, intellektuell eingestellte Menschen sprachen in einer gehobenen deutschen Sprache für und zugunsten einer anderen Schicht! Ich kannte diese Schicht sehr gut, zumindest die britische Variante. Ich war in der Industriestadt Leicester aufgewachsen, wo mein Vater zeitlebens als Dreher in Fabriken berufstätig war und meine Mutter, aus einer großen Bergwerkerfamilie in der nordostenglischen Grafschaft Durham stammend, jahrelang als Putzfrau arbeitete, nicht nur um das bescheidene Familieneinkommen zu verbessern, sondern damit sie es sich leisten konnten, mich auf ein Gymnasium zu schicken.

Wenn ich also behauptet habe, dass die Jahre 1968 bis 1970 in der Bundesrepublik einem Erwachen gleich kamen, so geschah es bei mir auch auf einer ganz persönlichen Ebene, nicht nur politisch und kulturell. Ich begann nämlich dort ganz ernsthaft meinen bisherigen individuellen Werdegang von außen zu betrachten und neu zu bewerten. Denn durch die Diskussionen über die Emanzipation der Arbeiterklasse weltweit, die speziell in einem marxistisch angehauchten deutschen Milieu virulent waren, wurde mir meine eigene soziale Herkunft bewusst vor Augen gehalten.

Dies erklärte mir dann in der angezettelten Retrospektive gewisse Schlüsselerlebnisse und Reaktionen während meiner Studentenzeit in Newcastle. Im Mai 1966 hatte ich mein erstes Rockkonzert besucht, das im Odeon-Kino auf der Northumberland Street stattfand. Oder war's doch ein Folkkonzert?! In diesem Zwiespalt lag der Zündstoff des merkwürdigen Abends. Auf der Bühne ein schmächtiger, zart aussehender, ganz in schwarz gekleideter Mann, allein. Plus Gitarre und Mundharmonika. Bob Dylan verzauberte uns eine gute Stunde lang, singend und spielend. Intervall. Nach der Pause kommt er mit seiner Band The Hawks auf die Bühne, und sie legen los. Total neutral und naiv reagiere ich mit ebensoviel Begeisterung auf diese Fusion von Poesie, Rock, Blues und Folk wie auf den Troubadour Dylan, der zuvor solo auf dem hohen Barhocker gesessen hatte. Hinter mir und vor mir Aufruhr, ein Sturm von Zorn und Ablehnung. »You Judas« wird laut geschrien. »Give back your thirty pieces of silver, you traitor«. Dylan wurde metaphorisch gesteinigt. Ich war schockiert über die Behandlung, die ihn zum Außenseiter abstempelte. Er blieb mit seiner elektrischen Gitarre in der Hand standfest, rockte weiter, zeigte ungeheuren Mut vor den Folk-Fundamentalisten.

Genau um die gleiche Zeit, also Frühling 1966, stand häufig ein Mann vor dem Gebäude der Student Union des King's College Newcastle und versuchte höflich, Zeitschriften an die Studenten zu verkaufen, die täglich bei ihrem Gewerkschafts- und Gemeinde-Gebäude rein- und rausgingen. Mehrere Male lief ich an diesem Fremden, diesem ›stranger‹ vorbei, ohne seine Ware zu kaufen. Mir fiel sein Aussehen auf: relativ klein, schwarzer Bart, schwarze Haare. Standfest und engagiert – und ebenso allein wie Dylan. Dann erzählte mir ein gut informierter Kommilitone, der Mann, der seine ›little magazines‹ verkaufte, hieße Allen Ginsberg und sei ein Poet. Jahre später las ich, wie Ginsberg und andere bekannte, zum näheren Kreis von Dylan-Verehrern Gehörende (u.a. Donovan) ihn auf dieser für ihn bahnbrechenden ›elektrischen‹ Tournee begleitet hatten.

Es ist Carl Weissner deshalb hoch anzurechnen, dass er als junger westdeutscher Intellektueller bereits in den 60er Jahren ein tiefes Gespür für die Bedeutung der in dem vorliegenden Band aufgezeichneten Personen demonstriert hatte. Er nahm sie, ihr Anliegen, ihre Weltanschauung(en), ihr Anders-sein ernst, und zwar zu einer Zeit, als in seinem Land Böll und Lenz, Grass und Walser, Hochhuth und Weiss sowie ihre potenten Förderer die dominanten Stimmen besaßen. Was die Literaturwissenschaft in Europa, geschweige denn in der Bundesrepublik Deutschland betrifft, war er ihr um mindestens zwanzig Jahre voraus (mich eingeschlossen!). Er ging ohne die konditionierte Diskriminierung zwischen ›hoch‹ und ›trivial‹ in die sogenannte Neue Welt und brachte wirklich Neues in seinem Koffer mit zurück.

Carl Weissner leitete den ›Cool War‹ ein, wo es langsam akzeptabel und respektabel wurde, über gewissermaßen periphere Gestalten wie Rolf Dieter Brinkmann, Hubert Fichte, Wolf Wondratschek, Wolfgang Bauer und selbstverständlich Jörg Fauser in einer akademisierten Sprache zu schreiben. Der Begriff »Dichter« wurde, um im Jargon der rebellierenden 68er Generation zu sprechen, »umfunktioniert«. Der »Dichter« als Konzept wurde ent-thront und straßenpflaster-fähig gemacht.

Als ich selber diese oben genannten Autoren im Laufe der 80er und frühen 90er Jahre allmählich entdeckte und zugleich instinktiv wusste, ich musste sie einem englischsprachigen wissenschaftlichen Publikum unbedingt vorstellen, fasste ich Mut und schrieb jenem Mann, dessen Name im anglo-amerikanisch-deutschen Kultur-Kontext regelmäßig erschien, und bat ihn um Informationen und Ideen. Innerhalb kürzester Zeit antwortete mir Carl Weissner, wobei mir Folgendes auffiel. Sein Brief war handgeschrieben, also persönlich. Zweitens, obwohl ich ihm auf Deutsch geschrieben hatte, antwortete er mir in einem perfekten Englisch. Drittens klang sein Briefstil so locker, unkompliziert und sachlich. Auf mich, einen englischen Germanisten, der sich zaghaft ins literarische Neuland vortastete, wirkte er enorm rückenstärkend. Und richtungsweisend.

Im Dezember 2008 verbrachte ich acht Tage mit meiner Frau Vivien und zwei guten Freunden Bob und Santi in New York. Ich habe sie dazu überredet, bei einem Spaziergang durch die Lower East Side einen Abstecher zur St. Mark's Church in the Bowery zu unternehmen. Dort hatte Charles Bukowski eine ›poetry reading‹ im Sommer 1976 abgehalten, dessen Verlauf Fauser in dem wunderbar taktilen *Dichter in New York* komisch-realistisch geschildert hat. Für mich war der Besuch dort über drei Jahrzehnte später eine Art Pilgerschaft zum seelischen Brunnen von Fauser und seiner dichterischen Kumpel. Das Gelände

Beide Statuen des Bildhauers Solon Borglum sind von amerikanischen Ureinwohnern, hier Aspiration. Foto: Santi Rothschild

rund um die verschlossene Kirche sah leicht verwildert und verwüstet aus. Gewissermaßen von allen literarischen Geistern verlassen. Augenfällig und faszinierend waren aber zwei furchteinflößende, fast grotesk aussehende, zu Stein gehauene Figuren. Sie heißen ›Inspiration‹ (also »Einatmung«, »Eingebung«, »Anregung«), und ›Aspiration‹, (also

»Ansaugung von Luft«, »Bestreben« und »Hoffnung«). So kamen mir die beiden Statuen nun im Rückblick als ein angemessenes Symbol für eine Generation von Dichtern und Kritikern vor, die danach bestrebt waren, eine anders schmeckende und anders riechende Wirklichkeit ein- und auszuatmen.

Die eine Figur auf dem Vorplatz der Kirche auf der Bowery, die ›Inspiration‹ heißt, könnte man sehr wohl mit der besonderen Persönlichkeit des Sujets dieses vorliegenden Bandes verbinden. Kein Wunder also, dass er mit seinem, der Gruppe wohl bekannten Vornamen in den ersten Strophen des Gedichts als präsenter Geist und Gast gleich vorkommt:

> »Was macht Carl?« fragte Jack. »Übersetzt
> Dylan«, sagte ich.
> »Siehst du«, sagte die Lady. »Selbst die Krauts
> lieben Bobby.«

In ihrer Biographie über Jörg Fauser unterstreichen Matthias Penzel und Ambros Waibel immer wieder die inspirierende Rolle, die Carl Weissner im Leben von Jörg Fauser gespielt hatte: »Für Jörg Fauser ist er ein Freund auf Lebenszeit. Mehr noch. Ein Förderer und Ermutiger, einer der Kontakte verschafft. Manuskripte lektoriert – und das nicht nur zu Lebenszeiten.« In der Auswahl der nun folgenden Essays und Reportagen von Carl Weissner gelingt es Matthias Penzel, Weissners Fingerspitzengefühl für die Aspirationen einer Künstlergeneration nachzuweisen, die wahrscheinlich sonst, um mit dem Hamburger Wolfgang Borchert zu sprechen, lange ›Draußen vor der Tür‹ gestanden hätte.

Buk Sings His Ass Off

Ich hatte mit Bukowski schon einige Jahre Kontakt, ich kannte ihn aus unzähligen Briefen, aus seinen Büchern, aus den Manuskripten die er mir für *Klacto/23* schickte, und als ich ihn im Sommer 1968 zum ersten Mal in Los Angeles besuchte, hatte ich auch die »Bukowski-Legende« kennengelernt: in den Poster Shops von New York und San Francisco und in den ekstatischen Artikeln seiner Bewunderer in den Redaktionen der amerikanischen Underground Zeitschriften & Zeitungen. Seit Ende der 50er Jahre hatte es kaum ein »Little Magazine« von einiger Bedeutung gegeben, in dem er nicht regelmäßig mit Beiträgen vertreten war. Endgültig setzte der Run auf Bukowski 1965 ein, als ihn *The Outsider* – neben *Evergreen Review* und *Kulchur* eines der wichtigsten Literaturmagazine jener Jahre – in einer Sondernummer zum »Outsider des Jahres« erklärte.

Damals schickte er mir eine Kopie seines Briefes an die Herausgeber, in dem er ausführlich über seinen letzten Selbstmordversuch berichtete und erst ganz am Ende, fast etwas mißmutig, die »Ehrung« zur Kenntnis nahm und hinzufügte: »Ich bleibe dabei – und ihr kennt mich gut genug um das jetzt nicht in die falsche Kehle zu kriegen –: Personenkult ist Scheiße.«

Bei unserem Treffen erzählte ich ihm, daß ich von Leuten die nur den Erfolg aber nicht den Mann selbst kannten, immer wieder zu hören bekommen hatte, Bukowski sei doch ein Con Man erster Ordnung, wenn er so tue als sei er nach wie vor kurz vor dem Abschnappen; in Wirklichkeit habe er doch mittlerweile ein dickes Bankkonto und fahre wahrscheinlich einen bar bezahlten Cadillac, vermutlich halte er sich auch einen kleinen Homo, der ihm die Schreibarbeit abnimmt usw.

»Shit«, sagte er. »Alles kalter Kaffee. In meinem Leben hat sich nichts geändert, außer daß mir der ganze Rummel die Lust am Schreiben nimmt. Ich habe jedenfalls nicht vor, mich auf die goldenen Scheißhäuser der Kultur zu abonnieren. Schau dich um: ich lebe nach wie vor im Dreck, in den Slums, auf der Skid Row von Hollywood. Aber das ist etwas, womit ich umzugehen verstehe, deshalb bin ich gar nicht scharf darauf, daß sich das ändert.

Das, plus eine Serie von miesen Jobs, eine ruinierte Gesundheit, eine Dosis Irrsinn, ein kaputter 57er Plymouth, ein ramponiertes Gesicht, verkorkste Weibergeschichten, ein paar Magazine & kleine Verleger für die es sich zu schreiben lohnt, und ein paar alltägliche Laster wie Pferdewetten und Saufen ist alles was ich bisher hatte & alles was ich zum Arbeiten brauchte. Wenn mir das Schreiben ab und zu ein paar hundert Dollar einbringt, kriege ich sofort das Gefühl, daß ich ins Rutschen komme, daß ich dabei bin, Ausverkauf zu machen. Und ich sehe zu, daß ich die Moneten auf dem nächsten Rennplatz verwette oder daß sie bei einer Sauftour draufgehen. Erst wenn ich auf Zero bin, kann ich mich wieder an die Maschine setzen und versuchen weiterzumachen.

Und wenn ich schreibe, dann trotz der letzten entnervenden Nachtschicht (als Briefsortierer im Postamt – C. W.), trotz der letzten Verluste am Totalisator, trotz Hämorrhoiden und Magendurchbruch, trotz der letzten Knaststrafe wegen Hausfriedensbruch in Tateinheit mit Körperverletzung und Beamtennötigung, trotz der Tatsache daß ich vor einer halben Stunde noch Blut gekotzt habe, und trotz des Schecks von *Evergreen Review* oder *Playboy*, und trotz der blödsinnigen Arschlöcher, die mir dieses Scheiß-Image des »taugh guy« angehängt haben oder mich als einen wild gewordenen Hemingway feiern oder als den Slum-Gott aus den Kloaken von Los Angeles oder was weiß ich ...

Viele, die mich lesen, sind anscheinend nicht imstande zu begreifen, daß ich nur schreibe, um herauszufinden, ob ich schon vollkommen kirre bin oder nicht – und das be-

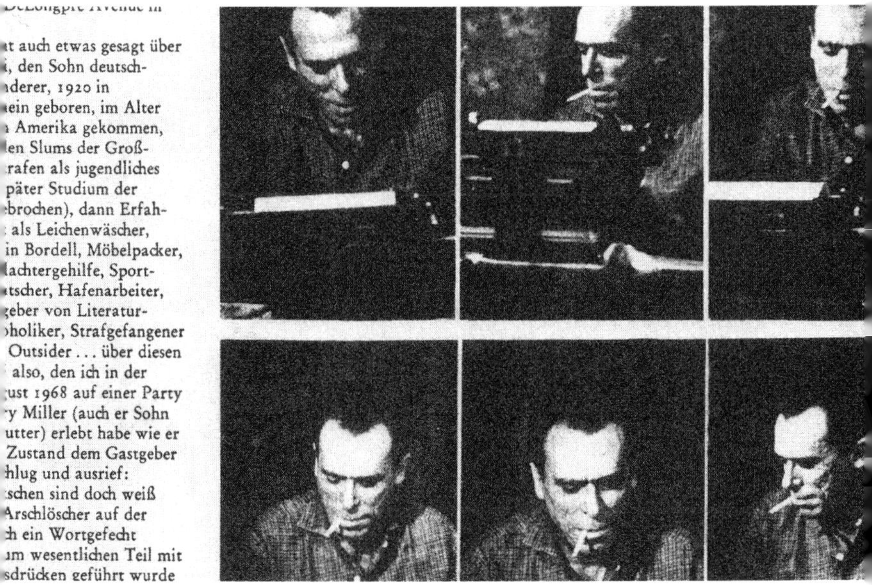

deutet: ob ich die nächsten 24 Stunden überleben werde, überleben will, oder nicht; ob ich noch fähig bin der Wahrheit ins Gesicht zu sehen und das dann auch zu Papier zu bringen, anstatt einfach nur Literatur zu machen.

Mit anderen Worten, wenn ich sage, daß ich mich jeden Tag an diese Schreibmaschine dort am Fenster klammere wie an ein rostiges Maschinengewehr, nachdem mich der Feind schon rechts und links überrollt hat, dann ist das keine lyrische Floskel. Mein Vokabular ist in diesen Jahren auf einen letzten äußersten Rest zusammengeschrumpft, aber mit diesem Rest versuche ich herauszuhämmern, was nur drin ist.

All die Jahre, die ich in Schlachthöfen und Tankstellen, an Fließbändern und in U-Bahn Tunnels usw. gearbeitet habe, machen es mir unmöglich, das wohlgesetzte Wort um seiner selbst willen zu akzeptieren. Für mich muß da mehr drin sein, sonst bin ich nur ein weiterer Selbstmord in einem dreckigen Zimmer oder in der Gosse oder im Meer oder in der Gaswolke. Und wenn ich das Zeug aus dem Haus lasse, wenn ich es rausschicke und veröffentlichen lasse, dann deshalb weil ich weiß, daß da draußen ein paar hundert oder tausend Kanacken herumkrebsen, die exakte Duplikate von mir sind, und weil es mir deshalb gelungen ist, bis zum heutigen Tag zu überleben.

Außer dem reinen Selbsterhaltungstrieb könnte da natürlich auch ein Schuß Ego mit im Spiel sein: Charles Bukowski auf einem Stück Papier, verstehst du? Sodaß ich das Gefühl haben kann, wenn ich in der Säuferpenne umkippe oder meine Eingeweide herausgeschnitten kriege oder meine Seele oder sonstwas, daß ich wenigstens einen Bruchteil dieses beschissenen verkorksten Lebens gerettet habe ...«

Damit ist glaube ich einiges gesagt. Nicht über das »Phänomen« Bukowski, nicht über die »Legende« Bukowski, sondern über den amerikanischen Menschen Charles Bukowski ... an einem Abend im Sommer 1968 bei der sechsten Dose PABST BLUE RIBBON Bier in seiner baufälligen Wohnung an der DeLongpre Avenue in Los Angeles.

Damit ist vielleicht auch etwas gesagt über Charles Bukowski, den Sohn deutsch-polnischer Einwanderer, 1920 in Andernach am Rhein geboren, im Alter von 2 Jahren nach Amerika gekommen, aufgewachsen in den Slums der Großstädte, erste Vorstrafen als jugendliches Bandenmitglied, später Studium der Journalistik (abgebrochen), dann

Christof Dörr

Fast Weltweit

Wie die Hamburger Schule in Ostwestfalen erfunden wurde

2025, Hardcover 14 x 21,5 cm, zahlreiche Fotografien, 320 Seiten
ISBN 978-3-910335-85-1, 25,00 EUR

Thomas Kraft

Americana

Ein zerrissenes Land im Spiegel der Country Music

2024, Hardcover 14 x 21,5 cm, zahlreiche Fotografien, 320 Seiten
ISBN 978-3-910335-25-7, 25,00 EUR

Frank Schäfer

Rolf Dieter Brinkmann

Ein Zettelkasten

2025, Hardcover 12,5 x 20 cm, mit Fotocollagen, 160 Seiten
ISBN 978-3-910335-75-2, 18,00 EUR

A. Soul

Gib Gummi!

Eine Liebeserklärung an den Kaugummiautomaten in Wort und Bild

2025, Klappenbroschur 21 x 21 cm, zahlr. Fotografien, 80 Seiten
ISBN 978-3-910335-05-9, 16,00 EUR

Beatrix Flatt

Grenzraum

Begegnungen an Oder und Neiße

2024, Klappenbroschur 14,5 x 21,5 cm, zahlr. Fotografien, 224 Seiten
ISBN 978-3-910335-91-2, 22,00 EUR

Ralf Sotscheck

Nordirland

Zwischen Bloody Sunday und Brexit. Reportagen

2023, Hardcover 12,5 x 20 cm, zahlreiche Fotografien, 176 Seiten
ISBN 978-3-910335-98-1, 18,00 EUR
ISBN 978-3-910335-40-0, 12,99 EUR (EPUB)

Christian Sielaff und Tonia Wiatrowski

Mittelalter in Braunschweig

Stadtleben, Handel und Macht einfach erklärt

2026, Hardcover 21 x 28 cm, zahlreiche Illustrationen, 48 Seiten
ISBN 978-3-910335-26-4, 14,95 EUR

Claudia Gorille

Silberquelle

Party im Pavillon seit 1949

Pflichtlektüre Niedersachsen

2024, Hardcover 30,5 x 23,5 cm, mit zahlreichen Fotografien, 144 Seiten
ISBN 978-3-910335-49-3, 20,00 EUR

Frank Bröker

Eishockey

Das Spiel, seine Regeln und ein Schuss übertriebene Härte

2024, Klappenbroschur 12,5 x 20 cm
Erweiterte und aktualisierte Neuausgabe, 180 Seiten
ISBN 978-3-910335-29-5, 14,00 EUR
ISBN 978-3-945715-42-0, 8,99 EUR (EPUB)

Frank Bröker

Die Wahheit über Eishockey

Der härteste, schnellste und kälteste Sport der Welt

2025, Klappenbroschur 12,5 x 20 cm
Erweiterte und aktualisierte Neuausgabe, 214 Seiten
ISBN 978-3-910335-04-2, 16,00 EUR

Noch mehr Highlights aus der Backlist:

Dittmar u. Hauke: **Michael Jackson** *Meilensteine einer Weltkarriere. Die Dittmar Collection*
2023, 240 S., Hardcover, ISBN 978-3-910335-58-5, 40,00 EUR

Birgit Fuß: **R.E.M.** *Die Geschichte einer Rockband, die (fast) keine Fehler machte*
2023, 304 S., Hardcover, ISBN 978-3-910335-83-7, 24,00 EUR

Monika Hempel: **Klaus Nomi** *Stimme im Orbit*
2024, 288 S., Hardcover, ISBN 978-3-910335-44-8, 22,00 EUR

Axel Klingenberg: **Erich Mühsam reloaded** *Gedichte*
2024, 128 S., Klappenbr., ISBN 978-3-910335-78-3, 10,50 EUR

Thomas Kraft: **Rock'n'Read** *Wie Literatur Rockmusik inspiriert*
2021, 160 S., Hardcover, ISBN 978-3-945715-95-6, 16,00 EUR

Franz Schiffer: **Der Kaplan, der um Jimi Hendrix trauerte** *Vergessene Pop-Momente*
2022, 208 S., Hardcover, ISBN 978-3-945715-54-3, 18,00 EUR

Ingeborg Schober: **Die Zukunft war gestern** *Essays, Gespräche und Reportagen*
2023, 400 S., Taschenbuch, ISBN 978-3-910335-47-9, 18,50 EUR

Uwe Schütte: **GODSTAR** *Die fünf Tode des Genesis P-Orridge*
2022, 272 S., Hardcover, ISBN 978-3-910335-50-9, 20,00 EUR

Stefan Thoben: **Ein Kessel B.** *Ein Sommer auf Bitterfelder Wegen*
2023, 240 S., Hardcover, ISBN 978-3-910335-21-9, 28,00 EUR

Stefan Thoben: **Ein Traum in bunt** *Entdeckung Ruhrgebiet*
2021, 240 S., Hardcover, ISBN 978-3-945715-73-4, 28,00 EUR

Renatus Töpke: **Rockmuskfilme** *Die Dokumentationen*
2022, 272 S., Hardcover, ISBN 978-3-945715-53-6, 22,00 EUR

Töpke u. Schmitz: **Wer malen will, muss voll aufdrehen!** *Das dritte Metal-Malbuch*
2017, 52 S., Klammerbr., ISBN 978-3-945715-92-5, 5,99 EUR
Ebenfalls erhältlich: Band 1 und 2 der Rock- und Metal-Malbuchreihe

Wolfgang Welt: **Die Pannschüppe** *und andere Geschichten und Literaturkritiken*
2020, 400 S., Klappenbr., ISBN 978-3-945715-82-6, 20,00 EUR

Wolfgang Welt: **Kein Schlaf bis Hammersmith** *und andere Musiktexte*
2020, 368 S., Klappenbr., ISBN 978-3-945715-81-9, 20,00 EUR

Ralf Sotscheck
Irland zwischen Regen und Realität
Gesellschaft, Kultur und Alltag

November 2026, Klappenbroschur
12,5 x 20 cm, ca. 240 Seiten
ISBN 978-3-910335-31-8
18,00 EUR

Irland ist ein rätselhaftes Land. In der Hauptstadt treiben Geisterbusse, Gabunvipern und Puffottern ihr Unwesen, und auf dem Land begegnet man bisweilen Hexenhasen.

Ralf Sotscheck bringt Licht in diese Absurditäten und gibt Antworten auf Fragen, die man sich bisher nicht zu stellen wagte: wie ein Moped Inzest verhindern konnte, warum im öffentlich-rechtlichen Rundfunk mittags um 12 eine Glocke 18-mal läutet und weshalb Irland als Bananenexporteur weltweit auf Rang 50 liegt. Und wenn von Irland die Rede ist, darf natürlich das Wetter nicht fehlen.

»Wie wir alle wissen, hat Ralf Sotscheck Irland erfunden.« F. W. Bernstein

»Ralle blickt mit Kinderaugen in die Welt, und dass er auch Kinderohren hat, die alles hören, was die Erwachsenen vor ihnen verbergen wollen, merkt man erst, wenn man seine Kolumne in der taz liest.« Harry Rowohlt

Holger Jenrich und Helge Krückeberg
Menschen of Music
100 Portraits aus Hannover

September 2026, Hardcover
21 x 26 cm, 240 Seiten
ISBN 978-3-910335-61-5
28,00 EUR

Weltweit hat die UNESCO rund 70 Städten das Prädikat »City of Music« verliehen. Sie würdigt damit Orte von großer musikalischer Vielfalt und Kreativität. Seit 2014 gehört Hannover zu diesem Kreis.

Mit ihrem Projekt »Menschen of Music« füllen Journalist Holger Jenrich und Fotograf Helge Krückeberg diese Auszeichnung mit Leben. Die beiden stellen 100 Menschen vor, die sich in Hannover auf die eine oder andere Weise mit Musik beschäftigen.

Entstanden sind dabei Portraits von prominenten und weniger bekannten Menschen. Von Menschen aus der Hochkultur und aus der Subkultur. Von Menschen, die Musik machen, und von solchen, die auf unterschiedlichste Weise dafür sorgen, dass man in Hannover Musik sehen, hören, erleben, genießen kann.

Till Burgwächter
Mühlen, Moore, Missetäter
Skurrile True Crime aus Niedersachsen

Oktober 2026, Klappenbroschur
12,5 x 20 cm, ca. 204 Seiten
ISBN 978-3-910335-03-5
16,00 EUR

Wenn es Nacht wird in Niedersachsen, schlägt die Stunde der Schelme, Scharlatane und Strauchdiebe. Das dünn besiedelte Flächenland verfügt über wenige Lichtquellen, die paar Straßenlaternen haben betrunkene Jugendliche ausgetreten – hier lässt sich gut munkeln. Da werden Bockwürste geklaut, illegale Mauern auf Straßen errichtet und sprechende Wildschweine ins Visier genommen. Durchs Unterholz streifen Räuberbanden, die Geldkatzen fest im Blick, während auf den Autobahnen filmreife Stunts ablaufen. Die Blaulichtreporter kommen kaum hinterher.

Till Burgwächter, Niedersachse von Geburt und aus Passion, hat Zeitungsarchive von der Nordseeküste bis in den tiefsten Harz durchforstet, um die verruchtesten, lustigsten und skurrilsten Fälle auszugraben.

Jan Decker
Die Geburt des weiblichen Popstars
Von Laura Nyro zu Taylor Swift

edition kopfkiosk Band 14
November 2026, Klappenbroschur
11 x 18,5 cm, 130 Seiten
ISBN 978-3-910335-14-1
11,50 EUR

In den 1960er-Jahren kommt im Musikbetrieb ein neuartiger Künstlertyp auf: Frauen, die ihre eigenen Songs schreiben und vortragen – Singer-Songwriterinnen, wie sie bald genannt werden. Zum Beispiel Laura Nyro, stimmliche Urgewalt aus der Bronx, vielfach interpretierte Komponistin und äußerst versierte, gleichermaßen von Jazz und Soul geprägte Pianistin, die heute schon wieder ein Geheimtipp ist. Dabei kann man die Bedeutung und Vorbildfunktion der ersten Singer-Songwriterinnen erst im Zeitalter weiblicher Popstars wie Madonna, Lady Gaga oder Taylor Swift, die die Erfolge ihrer männlichen Pendants oftmals weit überflügeln, richtig erkennen. Die vorliegende Oral History von Jan Decker geht der Frage nach, ob jene Künstlerinnen, die vor mehreren Jahrzehnten als Erfinderinnen, Produzentinnen und Performerinnen ihrer Musik die Bühne betreten und deren Songs häufig so anders, ganz reduziert klingen, als Vorläuferinnen gegenwärtiger weiblicher Popstars betrachtet werden können.

Erfahrungen gesammelt als Leichenwäscher, Werbetexter für ein Bordell, Möbelpacker, Nachtportier, Schlachtergehilfe, Sportjournalist, Müllkutscher, Hafenarbeiter, Zuhälter, Herausgeber von Literaturzeitschriften, Alkoholiker, Strafgefangener und konsequenter Outsider ... über diesen Charles Bukowski also, den ich in der Nacht zum 8. August 1968 auf einer Party im Haus des Henry Miller (auch er Sohn einer deutschen Mutter) erlebt habe, wie er in volltrunkenem Zustand dem Gastgeber auf die Schulter schlug und ausrief: »Henry, wir Deutschen sind doch weiß Gott die größten Arschlöscher auf der Welt!«, worauf sich ein Wortgefecht entwickelte, das zum wesentlichen Teil mit deutschen Kraftausdrücken geführt wurde und darin endete, daß Miller sich an seinen zerschrammten Yamaha-Flügel hockte und die Marseillaise hämmerte, während Bukowski die polnische Nationalhymne grölte.

Dieser Charles Bukowski ist der Autor des Buchs *Aufzeichnungen eines Außenseiters* (ursprünglich geschrieben als eine Serie von wöchentlichen Kolumnen für *Open City*, die Underground-Zeitung von Los Angeles), in dem unter anderem auch die Rede ist von Jack Micheline, einem der letzten aktiven Street Poets der Beat Generation; von Bukowskis Zusammentreffen mit Neal Cassady (dem Helden in Kerouacs Roman *On the Road*) wenige Tage bevor er in Mexiko an einer Überdosis starb; und von Harold Norse (aus dem Kreis der »Exil-Amerikaner« um William Burroughs in Paris Anfang der 60er Jahre), bei dem Bukowski – wie bei sich selbst – das Frozen Man Syndrom diagnostiziert, das untrügliche Kennzeichen der selbstgewählten Außenseiter-Existenz.

»Wir fuhren die ganze Nacht wie in einem Film«

US-Notizen von '68
feat. Party für Enzensberger im Chelsea

Blizzard. Vor zwei Wochen, als es noch ging, haben sie mich in Buffalo[1] mitten in der Nacht ins Auto geladen (Ford Station Wagon, Schlafsäcke hinten drin) und darauf bestanden, mit mir zu den Niagarafällen zu fahren.

Protestieren half nichts. »Entschuldige mal, da sieht man doch nicht die Hand vor den Augen ...«

»Nein, Carl«, hieß es, »es ist das Tosen. DAS TOSEN.«

Das Tosen war tatsächlich furchterregend.

Nach fünf Minuten in Finsternis und Eiseskälte, umtost wie nur was, stiegen wir steifbeinig wieder ins Auto und fuhren die ganze Strecke zurück. Keiner sagte einen Ton. Das Tosen bringt dich echt zum Verstummen, du.

Die New Yorker Nächte (die Tage natürlich auch), durchjault von den Sirenen der Streifenwagen und Ambulanzen und vom irrsinnig lauten Tröten der Feuerwehr. Es kommt, wie es kommen muß: »Die Nacht jault aus tausend roten Lautsprechern.«

Das soll dein Eröffnungssatz sein? Hier werden harte Streichungen fällig. Die erste Seite fliegt ganz raus, die zweite halb, und das Buch beginnt jetzt so:

»Wir fuhren die ganze Nacht wie in einem Film. Von Ciudad N mit ihrem Chaos von Lärm und eitergelben Neonreklamen zu den rostigen Sümpfen von Niagara, quer durch das verseuchte Land ... «

Auch noch nicht der Hit, aber besser als das, was ich vorher hatte.

Durch vermoderte Dschungel von havarierten Mähdreschern, verlassene Vorstadtsiedlungen überwuchert von Kudzu und schmieriger Flechte, verdorbenes aschgraues Farmland, halb im Boden versunkene Granatwerfer-Stellungen ...

Ja, is ja gut.

Velvet Underground
THE ELECTRIC CIRCUS
Saint Marks Place
Between 2nd and 3rd
East Village, N.Y.C.
© 1967 Electric Circus of New York, Inc. Patent Pending

(Patent angemeldet! Die lassen nichts anbrennen... Nichts gegen Miss Tucker am Schlagzeug; aber dieser öde Heini, wie heißt er, Lou Reed ...)

In Vietnam sind inzwischen mehr als fünftausend amerikanische Kampfjets und Hubschrauber am Boden zerschellt. Und wahrscheinlich schon ersetzt. Cost to the taxpayer? Profit für die, die davon profitieren?

Das LHR war bis 1965 das Sixth Street Hotel, zuletzt eine etwas heruntergekommene Absteige. Als Kerouacs Tochter zwölf war, hat sie mit ihrer Mutter dort gehaust. Sie schlugen ein Loch in die Wand – der ungenutzte Nebenraum wurde das Kinderzimmer. Bei Mieterprotesten ist sie mitgelaufen und hat ein Schild hochgehalten: ›No hay agua caliente, no pagaremos la renta!‹ Mit 14 war sie auf Heroin.

Bei Ginsberg, der gerade zurück ist von einem Besuch bei Ezra Pound in Venedig ...

»Ich hab ihm Dylan-Platten vorgespielt.«

»Du hast *was*??«

»Ja. Hat ihm anscheinend gefallen. Er hat natürlich kein Wort geredet.«

Mhm. Ohne Worte. Vor ein paar Tagen habe ich auf seinem Schreibtisch etwas gelesen – er schreibt Kassetten ab, auf die er bei Fahrten mit seinem VW-Bus zu allerhand College-Lesungen seine Beobachtungen gesprochen hat. Da lese ich also etwas von einem Waschbär, der in Oregon am Straßenrand auf den Hinterpfoten sitzt und ... betet. Das Blatt habe ich so schnell weggelegt, als wäre es kontaminiertes Klopapier.

Meine Besuche bei Allen sind immer kurz, denn jedesmal sitzt sein Lover Orlovsky in der Badewanne und singt so laut, dass man sein eigenes Wort nicht versteht.

Jetzt haben sie meine Alien-Story in einem Magazin in Kansas City nachgedruckt. K.C., das merkwürdigerweise in Missouri liegt.

Das Cover, von S. Clay Wilson[2], zeigt einen abgerissenen Seeräuberkopf, rotes Tuch mit Totenschädel um die Stirn, dem das linke Auge zugenäht ist und die verquollene Zunge seitlich heraushängt. Wilson zeichnet mit Vorliebe Piraten, die sich – oder einander – im Suff mit riesigen Messern den Schwanz abhacken.

Nichts befriedigt ihn so sehr wie ein praller überdimensionaler Seeräuberschwanz, von derber Hand flach auf die Tischplatte gedrückt, und dann – WHACK!

Klaus Staeck will einen Text von Higgins übersetzt haben[3], Jan will Vostells Happening *Miss Vietnam* auf Englisch[4], und Nam June Paik, der zenmäßig heitere Koreaner, braucht eine englische Version des Empfehlungsschreibens, das ihm der dt. Komponist Wolfgang Fortner, bei dem er in Freiburg studiert hat, usw. Hab ich hier ein Übersetzerstipendium oder was.

Was ich mit meiner Variante der Cutup-Methode herstelle, ist so etwas wie am. Barocklyrik mit heutigen Inhalten. Auf die lange Strecke ungenießbar, aber einzelne Stücke haben etwas Verführerisches. Da kann ich mich nicht mehr beherrschen. Eigentlich will ich einen permanenten Zustand des Overload erzeugen, so dass man dauernd angespannt ist und denkt, jeden Augenblick fliegt die Sicherung raus.

Man kann es sich leicht machen, und man kann es sich schwer machen. »An easy way and a tough way to do things.« Seufz.

Benefizkonzert (Geld sammeln für die Organisation der Vietnam Peace Parade) im Village Theater, 2nd Ave & 6th Street. Mit Charles Mingus ... Moondog ... Richie Havens ... Joe Frazier[5]. Yessir, Smokin' Joe singt den Blues, dass dir die Tränen kommen. (»Joe F. is on our side! Imagine! Yoo-hoo!« Ja, aber tut uns das gut?)

Auf der Vietnam Demo in Washington (21. Okt.) waren nicht 60.000, wie von der Polizei behauptet, sondern 318.000. Die Zählung hat die Polizei selbst gemacht. Mit einem Scanner, aus dem Hubschrauber. Verhaftungen: 680. Norman Mailer hat sich vorgedrängt.

Morgens um 3 ruft Paik an, um mich zu seiner Party am Samstag einzuladen. Sein Atelier in der Canal Street ist eine ehemalige Autokarosserie-Werkstatt und steht voll mit alten Schwarzweiß-Fernsehern[6], alle eingeschaltet, und er geht mit einem starken Magneten auf und ab, der das Fernsehbild verzerrt und verzerrt.

Bill Vehrs *Brothel.* Mit Jack Smith und Mario Montez. (Teil 1 der Tanger Mystery Trilogie) »Gewidmet Peter Kürten, dem Vampir von Düsseldorf.« Gate Theater, 2nd Ave & 10th Street.

Shit. Wir sind am unteren Rand der Welt gestrandet. ICE STATION 27. Und direkt neben uns schmilzt sich in diesem Augenblick ein Nazi-UFO in Startposition ...

The Braille Film. (»They fucked you blind or what ..!«) Bis jetzt ist damit zu rechnen, daß sich die Hälfte des Buchs im Auto abspielt ...

›Warum dieses unwirkliche Gefühl auf der Fahrt nach Westen? Durch die geborstene Windschutzscheibe sehe ich, wie die Fahrbahn ausfranst, ich spüre das künstliche Holpern und Schaukeln des alten Chevrolet, und manchmal flimmert der Rückspiegel, als hätte man ihn durch einen billigen Monitor ersetzt.

Da kommt die Erinnerung wieder. Ein Zusammenstoß auf der New Jersey Turnpike. Es wurde grade dunkel. Der andere hat mich gerammt, es hat ihn seitlich weggerissen, dann ist er in einer Wolke von Staub und Glassplittern verschwunden, und ich muß weitergefahren sein, als wäre nichts gewesen, übers Lenkrad gebeugt, in der Schrecksekunde erstarrt, alles schief und verzerrt, die ganze Landschaft gesplittert. The permanent car crash. A nailbiting adventure.‹

Dr. Paik (er hat über Arnold Schönberg promoviert) hat aus Versehen einen stadtbekannten Partykiller eingeladen, der nicht mehr weichen wollte. Mit dem Ergebnis, dass ich um die Ecke in den Mayflower Tea Room gegangen bin, wo ich das beste Egg Foo Yong meines bisherigen Lebens bekam. Im Mayflower saßen fünf steinalte ausgemergelte Chinks um einen runden Tisch. Sie schlürften und schmatzten und sagten kein Wort. Offenbar war schon alles gesagt. Wer weiß, wie viele Gegner sie beseitigen mußten, um so alt zu werden.

Es fällt auf, wie selten ich Ziele nördlich der 14. Straße ansteuere, mal abgesehen vom Chelsea (Alan Dye, Pressefotograf, in einem geräumigen Studio in der zehnten Etage – wo ich die Monatsmiete bequem bringen könnte, um mich dann in meinem Studio zu Tode zu hungern) und dem Haus von Dick Higgins und Alison Knowles (238 W 22), wo sich Phil Corner ab und zu an den Flügel setzt und was von Erik Satie spielt. Higgins reicht uns die Schläuche der Wasserpfeife und sagt genießerisch: »Der Rauch erinnert mich an Seetang, der an Land gewachsen ist.«

»Yeah«, kommt es von Alison, »we're just a bunch of Shmeckers.«

Im *East Village Other* erscheint jetzt ein begnadeter, 100% abseitiger Comicstrip: *Die Abenteuer von Trashman.*

Trash – Schwarzer, aber kein Black Power Typ – ist ein vollgeknallter Brocken von einem Kerl mit klobigen Stiefeln an den Füßen, der drohend durchs Village tönt: »I take no guff when I strut my stuff!« Nicht unbedingt eine Identifikationsfigur für die Blumenkinder.

Und die neue Single der Fugs heißt ... *Kill For Peace!*

Wie kommt es, dass 200 Polizisten (»pigs« heißt jetzt die korrekte Bezeichnung) kurz vor Tagesanbruch das Studentenwohnheim auf dem Campus der New York University at Stonybrook (Suffolk County, Long Island) stürmen, angeblich mit Haftbefehlen (Pot und LSD, unamerikanische Umtriebe usw.) gegen rund fünfzig Studenten? Woher wissen sie, ob die Gesuchten alle da sind? Wie kommt es, dass sie Lagepläne und Schlüssel für das Gebäude haben? Wie kommt es, dass sie Reportern und Fotografen der Yellow Press vorher einen Tip geben – und bei Eintreffen erhält jeder eine *Broschüre* mit dem Titel ›Operation Stony Brook‹, und darin gibt es die Lagepläne zum Ausklappen, sowie die Namen und Fotos der Gesuchten ... 38 werden in Handschellen abgeführt, manche nackt.

Wie viele hocken im Präsidium (1 Police Plaza) auf dem Klo und pressen sich solche Einfälle ab? Das Phänomen ist längst flächendeckend. Das Land ist eine einzige Serie von Fragesätzen geworden.

Alan D. hat mir zu Weihnachten einen Abzug seines erfolgreichsten Fotos geschenkt: Bei der Umzingelung des Pentagon (10-21-67) bekommt ein U.S. Marshal, der breitbeinig mit seiner halbautomatischen Schrotflinte den Arbeitsplatz von McNamara[7] schützt, von einem Flower Child (noch dazu von überirdischer Schönheit) eine Blume in den Lauf seiner Knarre gesteckt. Der Denkfehler dabei: Das macht die Pigs erst recht wild. Ein Bekenntnis zur Gewaltlosigkeit finden sie obszön.

Und die Stoßstangen-Aufkleber-Industrie hat das Ohr am Arsch der schweigenden Mehrheit:

KILL A HIPPIE FOR JESUS

Shmuel Rodensky, der Ostjude, der da vorne in der Avenue C die koschere Metzgerei hat, ist wahrhaftig meine Rettung. Er macht konkurrenzlose Leberwurst und backt auch gleich das Sauerteigbrot dazu. (»Rod, you are my saviour!« »Naa, don't embarrass me …«)

Heute ist die Avenue stundenlang abgesperrt. Der Kameramann von George A. Romero hockt bis zu den Schultern im Müll und filmt Zombies, die mit schleppendem Gang näherkommen und da und dort eine Zimmermanns-Axt hinter sich herschleifen.

Das hat Schiller nie gebracht. ›Ihr naht euch, schwankende Gestalten …‹ Alles nur Behauptung.

»Wie soll der Film mal heißen?«

»Return of the Crazies.«

Ja dann. Have fun.

Im Chelsea gibt jemand eine Party für Enzensberger. Wer hat mich dazu eingeladen? Den Chef-Intellektuellen kenne ich gar nicht. Ich stehe auf irgendeiner Liste, aber ich weiß nicht, von wem. (Wie viele im Land müssen das von sich sagen und alles verkrampft sich in ihnen?)

Von Irving ›Sheeper‹ Rosenthal habe ich eine Tanzkarte (*Souvenir Dance Program ... 1 ... 2 ... Grand March ...*) zugeschickt bekommen, für seine Abschiedsparty. Immer so lustig und kess, diese Schwulen, es ist zum Davonlaufen.

Der Enz ist gar nicht da. Vielleicht schon weitergereist nach Kuba, wo er dem Comandante dringend seine Gedichte vorlesen muß.

Im Fahrstuhl des Chelsea strahlt mich ein muskulöser Schwarzer an und streckt mir die Hand hin. Ich mache den Fehler und gebe ihm meine. Er zerquetscht sie mir fast. Es ist Elvin Jones, der Drummer von Coltrane. Er hat sich wohl mein Gesicht gemerkt, denn ich habe zwei halbe Nächte direkt vor seinem Schlagzeug gesessen, im Slugs' oder im Pookie's Pub, ich weiß es nicht mehr.

Bei meiner Ankunft letztes Jahr war Coltrane grade ein paar Monate tot[8], und im Slugs' (East 3th) war die Jukebox komplett mit 45ern von ihm gefüllt. Da kann man jetzt noch mal hören, wie gut der Typ war, bevor er dazu überging (geniale Idee), öffentlich vor zahlendem Publikum dorische Tonfolgen zu üben.

Wenn schon Depressionen, dann wenigstens auf hohem Niveau. Wenn auf der Schreibmaschine nichts läuft – und beim Drauflosreden und Durcheinandertexten auf meinem Vierspur-Grundig auch nicht – kann ich immer noch die *Late Late Show* (ab Mitternacht) anknipsen. Diese Woche bringen sie Filme der schwarzen Serie.

Robert Mitchum, in *Fire Down Below*[9], zu Rita Hayworth: »I'm proud. I don't make love to the dead.« (Ich hab meinen Stolz. Ich treib's nicht mit Toten.) Wow.

Mit Alan und seiner Freundin auf eine Paella ins Don Quixote, rechts vom Chelsea. Es gibt noch den alten österreichischen Kellner, über den sich Burroughs einmal so geärgert hat, daß es aus ihm herausbrach: »Ich schätze, Hitler lag vielleicht doch nicht so falsch.«

Ich liebe Typen, die kein Blatt vor den Mund nehmen. Das ist selten geworden.

Ron Tavel (111 E 7) ist der bestaussehende 21jährige weltweit. Dabei völlig uneitel. Keinerlei Allüren. Und schreiben kann er auch (Drehbücher für Warhol-Filme). Mit siebzehn hat er einen Roman über Tanger geschrieben. In Tanger. Den druckt demnächst Maurice Girodias, der seine Olympia Press von Paris nach New York verlegt hat (– ins Chelsea natürlich).

Mit Ron sitze ich gern in der Junkie-Cafeteria Naked Lunch (...) vorne an der Ecke 2nd Ave. bei endlosen Tassen Muckefuck. Ich habe selten einen erlebt, der so selbstsicher ist, ohne daß es unangenehm auffällt.

Neulich ruft er mich an: »Du glaubst es nicht, aber der Hippie nebenan hat auf einem schlechten Trip seine Freundin mit der Axt erschlagen. Warum haben die immer eine Axt in der Wohnung? Das ist jetzt schon der dritte. Gleich kommt Andy und will, dass ich ihm ein Exposé schreibe ...«

Natürlich ist jeder genervt von den scheiß Hippies, die keine Drogen vertragen. Trotzdem wäre es vielleicht ein wenig flach gedacht von Herrn Warhol.

Im Café WHA? haben die Mothers of Invention zornige Zwischenrufe von zwei Marines auf Heimaturlaub bekommen. Zappa hat die Ledernacken auf die Bühne gebeten. Die Band hat den Killern von einem Land vorgeschwärmt, wo die Sonne nie untergeht und die Mädels die allerschärfsten sind. »Also auf nach Schweden, Boys!« fasste er zusammen. »Hunderte von euch sind schon dort!«

Eins steht fest: Wäre ich ein Ledernacken, würde mir selbstverständlich nicht in den Kopf gehen, warum ich in 10.000 Kilometern Entfernung mein Leben riskiere für mein Land usw. usw. während hier meine Altersgenossen zu den lauten Sounds von Zappa und Country Joe und Hendrix abhotten[10], dass es nur so staubt.

Man hatte mir in der Grundausbildung alles gelöscht bis auf eins: Den Abzug durchgedrückt halten, bis sich in meiner Umgebung nichts mehr rührt. Meine gefährlichste Waffe ist im übrigen das Zippo-Feuerzeug. Das halte ich ihnen ans Strohdach und fackle ihnen ganze Dörfer ab, den beschissenen Gooks.

Ein Meeting bei Abbie und Anita Hoffman: Ed Sanders[11], Paul Krassner (Herausgeber eines militanten Satire-Magazins[12]), Bob Fass (halblinker Conferencier) und Jerry Rubin (?). Sie gründen die Youth International Party (YIP) und Krassner schreit begeistert: »Wir sind die Yippies!«

Ein ›Festival of Life‹ soll es geben (LSD im Trinkwasser, 100.000 verbrennen öffentlich ihre Einberufungsbescheide, 500.000 ficken in den Parks, Rolling Stones, Dylan, alles) im August, während des Parteitags der Demokraten in ... Chicago[13]. Wo dir die Pigs etwas ins Gesicht sprühen, das MACE heißt und ein chemischer Kampfstoff ist.

Chappaqua
Sutton, 57th & 3rd Ave.
PL9-1411

Toller Film, wenn bloß nicht dauernd Jean-Louis Barrault zu sehen wäre, der sich wie eine Knattercharge aufführt.

The Electric Lotus. Om Shanti. 308 East 6th Street.

Ja, die Einschläge kommen näher.

»Gegen das Wort gibt es noch kein sicheres Mittel.« Pélieu, frz. Übersetzer von Burroughs und amerik. Underground-Autor, in der neuen Ausgabe von *Nola Express* (New Orleans, Louisiana). »Alte Filme. Wo sind wir? Was spricht man in Neon-Dschungel, der uns verdaut? Kopfjäger mit Chesterfields im Bauchnabel. Es ist ein mieser Tod, der uns in Handschellen abführt. *Kafka meets Fellini*[14], Weissners letzte Saga ...«

Zwischen Burroughs, Pélieu und mir gehen Texte manchmal so oft hin und her und jeder verwurstet das Material der anderen, dass am Ende nicht mehr auszumachen ist, wer was gesagt hat. Burroughs[15] ist wild auf solche Produkte eines »Third Mind«[16].

30. Januar. Tet-Offensive. Schluß mit dem Rumkiffen, Jungs, der Vietcong ist in der Stadt.

Erst im Zentrum von Saigon den Regierungspalast besetzt, dann stundenlang die US-Botschaft belagert. Ist das der Beginn einer neuen Zeitrechnung in diesem Krieg, der offiziell einmal »Police Action« hieß?

Wer war es, der diesen General Giap zitiert hat, der auf einer Pressekonferenz gesagt hat: »Wir sind bereit, zwei Millionen Landsleute zu opfern, nur damit ihr nicht siegt.«

KLACTOVEEDSEDSTEEN
KLAC 2 VE ED 16
"clack to weed", said Stein
"needs tea" (steeve otkalk)
nr. 0
pamphlet für
obadilyabloopndee
KLAC
TO
VEED
SED
STEEN
experiment & ignu-kommunikation 0

Gegen so eine Mentalität gewinnt man keinen Krieg. Ich lebe von jetzt an im Land der Verlierer.

(Nichts Neues für mich, denn das tu ich zuhause ja auch.)

Bukowski[17]: »Hast du das mit Cassady gehört?«

»Ja.«

»San Miguel ...«

»... de Allende. Mexiko.«

»Was macht er in so einem Kaff?«

»Saufen, ficken, Quaaludes einwerfen, sterben. Was soll man sonst in Mexiko machen.«

»Ich hab ihn einmal getroffen, letztes Jahr, in der Redaktion von *Open City*. Als Autofahrer war er sensationell. Ich hab trotzdem gedacht, er bringt uns um.«

»In seinem Nachruf wird es wahrscheinlich heißen: ›Ein talentierter Autodieb, der im Knast angeblich Nietzsche gelesen hat‹.«

»Von Kerouac in einem Roman verbraten zu werden, das ist der Kuß des Todes, soviel steht fest.«

»Wir verlangen eine Politik der Ekstase!« Pressemitteilung, Youth International Party.

Die Müllabfuhr streikt jetzt in der ganzen Stadt. Hm. Phase 1? Miriam Sanders in der Avenue A: »Ich schau aus dem Fenster, und die Telefonzelle auf der andern Straßenseite ist komplett unter Müllsäcken verschwunden ...«

Wenn man sie im Schneegestöber durch die beschlagenen Scheiben von Bäckereien und Restaurants sieht, könnten sie letzte Woche erst angekommen sein, aus Galizien oder Estland oder sonstwo. Sie tragen noch dieselben dicken Wintermäntel und Pelzmützen und Fäustlinge, mit denen sie in

Riga oder Triest an Bord gegangen sind, und auch ihr gebrochenes Englisch ist noch dasselbe.

Die sechste Straße und die Mietskasernen rings um den Park waren einmal voll von deutschen Familien. Die meisten gingen drauf, als sie mit einem Ausflugsdampfer den Hudson hinauf fuhren und an Bord ein Feuer ausbrach. Dylan hat eine Ballade darüber geschrieben[18].

Sonst würden mir jetzt vielleicht Kinder nachlaufen, die in amerikanisch gefärbtem Hessisch schreien: »Die Hesse, die sin all' Verbrescha! Denn sie klaue Aschebescha!«

Bis Ende Oktober ist es mir in bekifftem Zustand noch gelungen, das hier für das Paradies auf Erden zu halten. Allein der romantische Touristenscheiß, für den der Europäer so empfänglich ist ...

Eine halbe Stunde an dem künstlichen Teich vor dem Tempel von Dendur (Metropolitan Museum); zwei Stunden bei strahlendem Sonnenschein durch die Wolkenkratzerschluchten laufen und Hot Dogs mit Coleslaw futtern; Horowitz in der Carnegie Hall, Hendrix im Fillmore East, Malanga beim Siebdrucken in der Factory; bei Sonnenuntergang über die Brooklyn Bridge und ins River Café auf einen Bologna-Sandwich und einen roten Martini auf Eis ...

Wenn du damit durch bist, bleibt die Arbeit, und wenn die nicht flutscht, bist du elend schlecht dran. Hier genauso wie in Stuttgart oder Rotterdam.

Tja. *Paradise Now.* Werch ein Illtum. Mensch, Jandl.

Ernst Jandl, österreichischer Gymnasiallehrer, beim großen Dichter-Auftrieb in der Londoner Royal Albert Hall 1965. Stellt sich ans Mikrofon und bellt im besten Kasernenhof-Ton:

»Naa-polleooon! Lepn nepl! Lepn nepl!« Rauschender Beifall. Der Infantilismus in der Konkreten Poesie wäre mal ein schickes Dissertations-Thema.

Die UFO-Hysterie seit Ende der vierziger Jahre ... Teenager, die ihr Todesdatum auspendeln ...

»And the hell of waiting:
Waiting for Lefty
Waiting for Godot
Waiting for the memory
to forget ...«
(Bukowski)

Lynn hat den Fuchsbau verlassen und wohnt jetzt, mit ihrer Freundin Sydney, zwei Etagen höher. Ich komme rein, sie sitzt mit düsterer Miene auf dem Sofa, hat eins ihrer Pferdeschwanz-Gummis zwischen Daumen und Zeigefinger gespannt und schießt mit dicken Papierkrampen auf Kakerlaken.

»Ich hab mein Leben nicht im Griff«, sagt sie.

»Wer hat das schon.«

»Nein, du verstehst nicht. Ich verliere meinen Job, weil ich für den Boss nicht die Beine breit mache, ich hab mein Studium geschmissen, ich wiege zu wenig und hab zu viele Sommersprossen. Außerdem hab ich letzte Nacht mit Sydney geschlafen – ich bin bi!«

»Find ich interessant.«

»Ach! Tust du?«

Sie springt auf, packt mich vorne am Gürtel und zieht mich hinter sich her, ins Schlafzimmer.

Sydney, 19, ist Halbindianerin (Shoshone-Paiute). Sie ist extrem temperamentvoll und studiert forensische Psychologie. (»Lügen ist kognitive Schwerstarbeit.«)

Sie spart die ganze Woche für eine Nacht in einer Lesben- und Lederschwulen-Disco uptown (hier ist der ökumenische Gedanke noch voll verwirklicht).

»Ich lass mich von Bull-Dykes antatschen, und dann fauch ich sie zusammen ...«

Die Vier-Zimmer-Wohnung der beiden kostet 48 Dollar. Meine, im Rico-Slum, hat anderthalb Zimmer und kostet 81,50. Alle halten mich für etepetete. Aber ich weigere mich, mit Kakerlaken zu koexistieren. Meine hat keine. Fast keine.

In der Küche habe ich einen Roachkillerspray, der sie in vollem Lauf verschrumpelt. Und im vorderen Zimmer steht in jeder Ecke ein Roach Motel (»They check in, but they don't check out.«)

Das hat natürlich nur einen Sinn, wenn der Grundbefall noch beherrschbar ist. (Margot[19] hatte zweimal im Monat den Kammerjäger da.)

»Eine Müllkippe in der Arktis« heißt New York City seit neuestem in der *Village Voice*.

Wenn es taut, werden sie Nationalgarde einsetzen müssen, um die engen Straßen in den ärmeren Gegenden freizuräumen. Und das Hochschnalzen der Rattenplage zu begrenzen.

So oft ich es einrichten kann, kaufe ich nur das ein, was ich freihändig zur Kasse tragen kann. Heute lade ich an der Kasse des puertorikanischen Supermarkts ab: 2 Packungen Camel ohne, 1 Flasche Beck's Bier, 1 chines. Instant-Nudelsuppe.

Aus der Hosentasche fische ich – ein bisschen arg langsam, wie es scheint – zwei zerknüllte Dollar und versuche umständlich, sie zu glätten. Die Kassiererin schnappt sie mir weg und stopft sie unter den Klemmbügel des Fachs, in dem sie die einzelnen Dollars hat.

»Ich bin noch ein bissl auf Trip«, könnte ich jetzt sagen, aber ich tu es besser nicht, sonst schreit sie nach der Polizei.

Die Prise Mescalin hat mir Ray zugesteckt[20], weil ich ihm vorgestern mitten in der Nacht mit $5 ausgeholfen habe. Seine Connection am Postamt in der 14. Straße hatte ihn gelinkt, und bis zu mir musste er mehrere Blocks nach Osten und sechs nach Süden – gut zweieinhalb Kilometer. Auf Entzug und in Eiseskälte eine Strapaze. Er bibberte und sah aus wie der Landser in *So weit die Füße tragen*.

Nach halb eins fährt auch die U-Bahn unter der 14. Straße nicht mehr, und die Busse machen schon lange vorher Feierabend. Zustände wie in Villingen-Schwenningen. Sonst könnte man sich die fünfzehn Cents für ein Token, das für Bus wie Bahn gilt, jederzeit noch abnüchtern.

Wir quetschen uns durch einen Spalt in dem Müllberg vor dem Gaslight Café: Lynn, Jim Silver[21], Frank Murphy und noch ein paar. Im schummrigen Lokal sitzt Diane di-Prima[22], von der man nur das bleiche Gesicht sieht, auf dem alten Coca-Cola-Eiskasten und liest aus ihren *Revolutionary Letters:*

»Ein paar von uns versuchten es. Wir wollten es stoppen mit Flugblättern. Ganz Harlem war voll von grünen Postern: LUMUMBA LEBT. Tja. Das beste, was man mit einer Hektographiermaschine machen kann, ist, daß man sie aus dem fünften Stock einem Bullen auf den Schädel wirft ...«

Bei einem öffentlichen Meeting des Planungskomitees für das ›Festival of Life‹ steht einer von den Motherfuckers auf (ominöse, angeblich schwerbewaffnete Revoluzzer-Truppe im East Village) und wirft Ed Sanders vor, ein Bankkonto in der Schweiz zu haben.

Ed: »Ganz recht, und zwar hab ich das alte Konto von Bert Brecht bei der Credit Suisse!«

Robert F. Kennedy hat sich umgehört und will, falls er im Herbst nominiert wird, antreten und ein neues Amerika schaffen. Er wird es bleiben lassen, wenn bei LBJ inzwischen die Lust an der Macht wiederkehrt.

»Das war der Tag, an dem ich die zurückeroberte verwüstete einstige Kaiserstadt Hué wieder verließ. Ein Helikopter mit Verwundeten nahm mich mit. Neben mir schnallten sie einen Leutnant fest, der überall blutige Verbände hatte. Er war in beide Beine getroffen worden, in beide Arme, in die Brust und in den Kopf. Seine Augen und Ohren waren blutverkrustet. Aber er hatte noch den Nerv, sich fotografieren zu lassen, damit er das Bild seiner Frau schicken konnte.« Michael Herr im *Esquire*.

Anmerkungen des Herausgebers:

1 Wie Weissner im Interview mit *Gargoyle* feststellt: »In Buffalo redigierte ich eine Sonderausgabe von Allen DeLoachs *Intrepid*, mit Material, das ich von allen möglichen ›Underground‹-Dichtern in Indien angesammelt hatte, außerdem dokumentierte ich einen ordentlichen Teil der Poetry-Szene von New York auf Tonband – was, glaube ich, am Ende um die hundert Stunden umfasst hat. Es war ein guter Querschnitt: Ginsberg, Ted Berrigan, Diane DiPrima, Ray Bremser, Jackson MacLow, Dick Higgins und Allison Knowles, Ron Tavel, Jack Micheline, John Wieners, Ed Sanders«;

veröffentlicht auf der LP *Cold Turkey Press / Klacto present: A Cold Turkey Press Special:* Abbildung auf Seite 27.

2 Zu S. Clay Wilson und Publikation vgl. Anmerkung 1 in *Der Kamikaze von Woody Creek*, S. 168.

3 *A Book About Love & War & Death*, veröffentlicht als Titel No. 3 bei Nova Broadcast Press, San Francisco 1969. Alle Titel des Kleinverlags im Vertrieb von City Lights Books, San Francisco.

4 Jan Herman bekommt, was er will – *Miss Vietnam and texts of other happenings* erscheint als Titel No. 2 bei The Nova Broadcast Press, San Francisco 1968.

5 vmtl. am 15. Oktober 1967

6 Nam June Paik (1932–2006) gilt als ein Begründer der Video- und Medienkunst.

7 Zu Robert McNamara mehr in Anmerkung 2 zu *Die letzten Tage von '67*, S. 131.

8 17. Juli 1967

9 Angloamerikanischer Abenteuerfilm von 1957, dt. Titel: *Spiel mit dem Feuer*.

10 »abhotten«: ein Wort, das CW ca. 2005 aufgegriffen und für spätere Verwendung vorgemerkt hat; die »neue Rechtschreibung« in dem Absatz ist ein weiterer Hinweis, dass passagenweise alte Notizen – abgetippt ohne Spellcheck oder automatische Korrektur – später mit weiteren Erinnerungen an den Herbst 1967 ergänzt wurden.

11 Vertreten auf der erwähnten LP *Cold Turkey Press / Klacto present: A Cold Turkey Press Special.*

12 The Realist, ab 1958 wegweisend mit »sozial-politisch-religiöser Kritik und Satire«, konzipiert als Hybrid einer erwachsenen Version von *Mad* und der Anti-Zensur Zeitschrift *The Independent*.

13 Von allen Parteitagen des 20. Jahrhunderts war die Democratic National Convention Ende August '68 einer der unvergesslichsten. Für den Wahlkampf gegen Nixon hatte sich Robert F. Kennedy – der den Vietnamkrieg ablehnte – als Kandidat der Democrats

vorschlagen lassen, doch Anfang Juni wurde er erschossen, kurz nach Martin Luther King. Dass der noch amtierende Präsident Lyndon B. Johnson einen Kandidaten bestimmte, dem er Kritik am Vietnamkrieg verbat – und der sich darauf einließ, was er später als größten Fehler seines Lebens bezeichnete –, sorgte bereits im Vorfeld für Agitation. Und in den Tagen um den Parteitag für brutalste Ausschreitungen zwischen Kriegsgegnern, Demonstranten der Gegenkultur und auf der anderen Seite den Behörden der Stadt mit Unterstützung der Nationalgarde (cool rekonstruiert von Nathan Hill in dem Roman *Geister* von 2016, inklusive Gast-Auftritt von Allen Ginsberg). Die Brutalität gegen jede Gegenstimme stürzte u.a. Hunter S. Thompson in tiefste Depressionen – und dann in Wut und Pragmatik: Der Gonzo-Autor kandidierte in seinem Wohnort für das Amt der Sheriffs – und bekam eine Menge Ärger (was, *small world*!, Bobby Kennedy III veranlasste, darüber den Film *Freak Power* zu drehen). Mehr in *Der Kamikaze vom Woody Creek* ab Seite 162.

14 veröffentlicht in *Klactoveedsedsteen* No. 0, Heidelberg, 1965; herausgegeben von Carl Weissner.

15 William S. Burroughs' *The Dead Star*: Titel No. 5 bei Nova Broadcast Press, 1969.

16 vgl. *So Who Owns Death TV?* (San Francisco 1967) mit Texten von Burroughs, Pélieu, Weissner.

17 Vertreten auf der erwähnten LP *Cold Turkey Press / Klacto present: A Cold Turkey Press Special.*

18 *Talkin' Bear Mountain Picnic Massacre Disaster Blues.*

19 Zu Margot de Gramont mehr in Anmerkung 10 zu *Die letzten Tage von '67*, S. 133.

20 Ray Bremsers *Drive Suite*, ein »Essay über Komposition, Material, Querverweise usw. ...«, erscheint als Titel No. 1 bei Nova Broadcast Press, 1968. Auch Bremser ist vertreten auf *Cold Turkey Press / Klacto present: A Cold Turkey Press Special.*

21 und 22 Vertreten auf der erwähnten LP *Cold Turkey Press / Klacto present: A Cold Turkey Press Special.*

William S. Burroughs' *The Job*

Mit seinem neuesten Buch macht William Burroughs endgültig denen seine Rechnung auf, die meinten, *Naked Lunch* und was danach kam sei »Literatur« (oder bestenfalls literarisches Experiment), und die seither nichts dazugelernt haben.

In ausführlichen Interviews mit dem französischen Journalisten Daniel Odier ergänzt er frühere Aussagen über cut-up und andere Techniken der Demontage und Sabotage staatlich verordneter »Realität«, über Polizeimethoden der Kriminalisierung und Liquidierung von Rauschgiftsüchtigen, Hippies und linksradikalen Regimegegnern, über den nicht-chemischen Trip, über nicht-verbale Kommunikation usw. (Interviews in der *Paris Review* und der *International Times*, Artikel im *Mayfair* Magazine (London) und in der amerikanischen und europäischen Undergroundpresse).

Vor allem aber gibt er präzise Anregungen zu einer Neuorientierung des Bewußtseins, ohne die der Sturz und die Überwindung der bestehenden Ordnung nicht möglich ist.

Guerilla-Handbuch für die 70er Jahre

Mit den Worten von Dr. Kurt Unruh von Steinplatz (Leiter des Atomic Dissemination Headquarters in Seattle): »Um eine revolutionäre Veränderung der bestehenden Verhältnisse zu erreichen, müssen drei Taktiken angewandt werden: *1. Verwirrung schaffen, 2. Zuschlagen,*

3. Verschwinden, Aktion wieder vergessen, Abstand gewinnen.«

Ein guter Rat für Bombenwerfer, die echte Bomben werfen und nicht nur Plastikbeutel voll Scheiße. Oder aber für Horden von Jugendlichen mit Kassetten-Tonbandgeräten, die sich während der rush hour unter die Menge mischen und vorher aufgenommene Geräuscheffekte von Polizeikrawallen auf ihre Umgebung loslassen, die entstehende Verwirrung ausnützen und ZUSCHLAGEN.

Abstand gewinnen von den Taktiken der 60er Jahre ... New York-Tokio-Paris ist nicht Bolivien ... Der Guerilla der 70er Jahre ist der MEDIEN-GUERILLA ...

»Eindringen. Ramponieren. Besetzen.« Das war der Mechanismus wie er noch in *The Soft Machine* beschrieben wurde; der Mechanismus, der auch den small-time pusher auf der Straße prägte und von diesem als ›Taktik‹ übernommen wurde ...

Und wieviele radikale Aktivisten waren kurzsichtig genug, sich von dem gleichen Automatismus prägen zu lassen? Wieviele Universitätsgebäude wurden von den Studenten ramponiert, besetzt, befreit – und dann vom Feind wieder zurückerobert?

»Wer auf Gewalt nur mit Gegengewalt antwortet, begünstigt in Wirklichkeit das, was er bekämpft und wird von ihm geprägt.«

Die Bullen sind darauf getrimmt, dich auszuräuchern. Das ist *ihr* Job.

Dein Job ist es, nicht da zu sein, wenn sie eintreffen.

Der MEDIEN-GUERILLA präpariert sein Operationsgebiet (für Sabotage, Betrieb eines Piratensenders usw.), indem er den Feind durch Ablenkungsmanöver (anonyme Anrufe, Bombendrohungen) in ein anderes Gebiet dirigiert. Er besetzt und verteidigt kein Territorium, er sabotiert die Einrichtungen der Besatzer. Er tut seinen Job und verschwindet.

Um effektiv zu sein, muß er sämtliche Kontakte, die der Kontrollapparat in ihm installiert hat, zerstören. Er muß gegen kontrollierende Impulse immun sein. Voraussetzung dafür ist systematisches *Deconditioning*.

»Der Trip in den RAUM (den Weltraum wie den Innenraum der Hirnwindungen) ist nur dann aussichtsreich, wenn du den alten verbalen Schmant hinter dir läßt: all das Gerede von Gott, Vaterland, Mutter, Liebe, Parteidisziplin usw. Du mußt lernen, ohne Religion, ohne Land, ohne Verbündete zu existieren. Du mußt lernen, ALLEIN zu existieren, in totaler Stille. Jemand der im RAUM anfängt zu beten, ist überhaupt nicht *da.*«

Der erste Satz in *The Job* lautet: »Navigare necesse est.«

Der Trip ist WISSEN. Du kannst nicht atmen, ohne zu wissen, ob du Sauerstoff atmest oder Nervengas.

Eine überzeugende Parallele zum herrschenden Kontrollsystem gibt Burroughs mit der Erörterung des Maya-

Guerilla-Handbuch für die 70er Jahre

Mit den Worten von Dr. Kurt Unruh von Steinplatz (Leiter des Atomic Dissemination Headquarters in Seattle):

"Um eine revolutionäre Veränderung der bestehenden Verhältnisse zu erreichen, müssen drei Taktiken angewandt werden: 1. *Verwirrung schaffen,* 2. *Zuschlagen,* 3. *Verschwinden, Aktion wieder vergessen, Abstand gewinnen.*"

Ein guter Rat für Bombenwerfer, die echte Bomben werfen und nicht nur Plastikbeutel voll Scheiße. Oder aber für Horden von Jugendlichen mit Kassetten-Tonbandgeräten, die sich während der rush hour unter die Menge mischen und vorher aufgenommene Geräuscheffekte von Polizeikrawallen auf ihre Umgebung loslassen, die entstehende Verwirrung ausnützen und ZUSCHLAGEN.

Abstand gewinnen von den Taktiken der 60er Jahre... New York-Tokio-Paris ist nicht Bolivien... Der Guerilla der 70er Jahre ist der MEDIEN-GUERILLA...

"Eindringen. Kompromittieren. Besetzen." Das war der Mechanismus.

Der erste Satz in THE JOB lautet: "Navigare necesse est."

Der Trip ist WISSEN. Du kannst nicht atmen ohne zu *wissen*, ob du Sauerstoff atmest oder Nervengas.

Eine überzeugende Parallele zum herrschenden Kontrollsystem gibt Burroughs mit der Erörterung des Maya Kalenders, mit dem die Priester der Mayas die Bevölkerung manipulierten. Ein simpler Fall von Arithmetik. Aber ohne zu wissen, wie der Kalender funktioniert und wie er außer Betrieb gesetzt werden kann, ist jede Revolte der Unterdrückten aussichtslos.

Der Kontrollkalender der neuzeitlichen Priester ist der Apparat der Massenmedien. Die Überwachung, die Kontrolle der hermetisch abgeriegelten Medienlandschaft ist unsichtbar und lautlos. Die Auswirkungen sind es nicht:

'VIETCONG EINHEIT DURCH AKUSTISCHEN LASER AUSGELÖSCHT.'

Sie haben nie etwas von dieser Methode gehört? Aber die Army hat.

Kalenders, mit dem die Priester der Mayas die Bevölkerung manipulierten. Ein simpler Fall von Arithmetik. Aber ohne zu wissen, wie der Kalender funktioniert, und wie er außer Betrieb gesetzt werden kann, ist jede Revolte der Unterdrückten aussichtslos.

Der Kontrollkalender der neuzeitlichen Priester ist der Apparat der Massenmedien. Die Überwachung, die Kontrolle der hermetisch abgeriegelten Medienlandschaft ist unsichtbar und lautlos. Die Auswirkungen sind es nicht:

»VIETCONG-EINHEIT DURCH AKUSTISCHEN LASER AUSGELÖSCHT.«

Sie haben nie etwas von dieser Methode gehört? Aber die Army hat. Es stand alles in der Zeitung. (Schallwellen unterhalb der Hörgrenze – 16 Hertz – führen innerhalb von Sekunden zu tödlichen inneren Blutungen. Die Wirksamkeit des akustischen Lasers beruht auf der Bündelung solcher »Infrasound« Wellen[1]).

Das wirkungsvollste Kontrollinstrument ist das WORT – solange es beim Empfänger die gewünschte Reaktion auslöst, d.h. solange die Reflexe des Empfängers konditioniert sind.

Deconditioning, Befreiung von den konditionierenden Signalen des Kontrollsystems könnte geschehen in Trainingszentren wie sie Burroughs in *Academy 23* beschreibt:

»... verschiedene Trainingsmethoden mit dem Ziel einer systematischen Dekonditionierung ... Karate, Judo und Aikido zur Körperbeherrschung; zehn Atemübungen zur Stabilisierung des inneren Gleichgewichts; Isolationsübungen in sehalldichten verdunkelten Räumen; Reorientierung der Sinnesorgane durch Aufenthalt in Bassins mit körperwarmen Wasser, in völliger Dunkelheit; Erlernen und Beherrschen einer einfachen hieroglyphischen Sprache, d.h. nicht-lineares Denken in Images, in stummen Bildern, zur Entwöhnung von verbalen/vokalen patterns …«

OVERTHROW YOURSELF. Der Sturz der bestehenden Ordnung beginnt mit dem Sturz deiner selbst. Deiner anerzogenen oder übernommenen Gewohnheiten. Deiner automatischen Reaktion auf Worte und Bilder. Deiner Augen. Deiner Sprache.

Jan Herman
Carl Weissner

Anmerkungen des Herausgebers:

William S. Burroughs' The Job / Guerilla-Handbuch für die 70er Jahre ist eine Gemeinschaftsarbeit der Burroughs-Komplizen Jan Herman und Carl Weissner. Das thematisierte Verschwörerische, auch mit Pélieu, wurde in den Notizen von *»Wir fuhren die ganze Nacht wie in einem Film«* angerissen ... *The Job*, das »neueste Buch« von Burroughs erschien ursprünglich auf Französisch als *Entretiens: Avec William Burroughs* von Daniel Odier und William Seward Burroughs. Inzwischen in vielen Versionen als ein Titel Burroughs' erhältlich, versammelt es Interviews, die Odier mit Burroughs in den 1960er-Jahren geführt hat. Was mit Gesprächen über Themen von Scientology bis hin zu Burroughs' Drogenabhängigkeit begann, umfasste am Ende Flashbacks und dem Kino entlehnte Fade-outs sowie Kapitel wie *Academy 23* oder *The Electronic Revolution* im Umfang von Novellas. Passend zu den Theorien über die Unterwanderung des öffentlichen Konsens, dazu Ideen Marshall McLuhans zu Massenmedien bzw. Medium-als-Message oder Massage, *The Communications Revolution* mit elektronischen Medien usw., ergänzte Burroughs spätere Ausgaben von *The Job* mit dem Prolog *Playback from Watergate to the Garden of Eden* – denn was Präsident Nixon 1973 auftischte, entsprach etlichen, 1969 noch potenziell wirr und paranoid wirkenden Annahmen über die kriminellen Methoden der Politik.

1 Siehe hierzu auch: Burroughs' Erörterung von Infrasound – und damit einhergehender subliminaler Beeinflussung des Publikums – im Gespräch mit Led Zeppelins Gitarristen Jimmy Page, veröffentlicht in *Crawdaddy*, Juni 1975; aufgegriffen in *Krieg im Kopf*, *Tatort*-Folge Nr. 1126 vom 29. März 2020.

Alphawellen

BIO-FEEDBACK. Die alte Story vom autonomen Nervensystem, auf das der Mensch keinen Einfluss hat, ist nicht mehr wahr – seit ein gewisser Dr. Joe Kamiya Anfang der 60er Jahre in Chicago, dann in San Francisco, seine ersten Biofeedback-Experimente machte ---

Kamiyas Versuchpersonen – Leute ohne jede Erfahrung mit Drogen oder Zen Meditation – lernten innerhalb von Stunden, wozu ein Yogi ein halbes Leben braucht: Herzschlag, Blutdruck, Körpertemperatur & Hirnwellen zu kontrollieren, d.h. nach Belieben zu verstärken oder zu senken.

DER NICHT-CHEMISCHE TRIP. Völlig entspannter und ausgeglichener Zustand wie er bei Yoga und Meditation beobachtet wird, ist verbunden mit einer stetigen Hirnwellenfrequenz zwischen 8 und 12 Schwingungen pro Sekunde – der sogenannten Alphawelle.

Die Alphawelle ist der Einstieg für den nicht-chemischen Trip.

Versuchspersonen beschreiben das Alphaerlebnis als körperloses Schweben im Raum jenseits aller Dimensionen von Zeit.

Für diesen Raum haben William Burroughs, J. G. Ballard, Alex Trocchi & andere die Bezeichnung *Inner Space* geprägt

VERSUCHSANORDNUNG. Elektroden werden an der Kopfhaut befestigt, die Alphawelle wird durch ein Verstärkersystem geleitet & in einen Ton umgewandelt, der über Kopfhörer empfangen wird. Der Ton gibt der Versuchsperson die Möglichkeit, sich auf ihre Alphawel-

ALPHA WATCH: At the Langley Porter Neuropsychiatric Institute in San Francisco, psychologist Joe Kamiya, a pioneer in alpha training, "listens in" on his own brain waves, while his wife, Joanne, monitors them on a computer printout.

ALPHA-FAHRPLAN. Hugh Macdonald von der Stanford University in einem Interview mit der Zeitschrift <u>Radical Software</u>:

"Genau wie Yoga und Meditation ist das Aktivieren der Alphawelle eine Fähigkeit die sich erlernen läßt.

"Normales, sozusagen auf Anhieb produziertes Alpha macht zwar high und ist anfangs ganz interessant, aber nach einiger Zeit wird es langweilig.

"Die meisten Leute machen den Fehler, daß sie angestrengt versuchen, einen höheren Level zu produzieren – was zur Folge hat, daß sie augenblicklich aus dem Alpha-Zustand herauskippen. Oder sie halten ihr normales Alpha für eine halbe Stunde...und schlafen ein.

"Hellwach & mit offenen Augen 70-90% Alpha zu produzieren, erfordert also schon ziemlich viel Geschicklichkeit und Geduld...

"Es ist das alte Zen Paradox: bewußte Anstrengung & Konzentration führt keinen Schritt weiter.

"Es geht darum, in hellwachem Zustand den Denkprozeß abzuschalten und absolut <u>nichts</u> zu tun – sich also auf dem stetigen Ton le (die von Mensch zu Mensch verschieden ist) einzustellen.

(Der Ton verschwindet immer dann, wenn die Person den Alpha-Zustand verläßt.) Nach längerem Training ist die Person in der Lage, den Alpha-Zustand nach Belieben zu erzeugen – ohne technische Hilfsmittel.

DATEN. Das undifferenzierte Gerede von ›Bewußtseinserweiterung‹ (ausgehend von Drogenerlebnissen, die man nicht zureichend artikulieren kann) wird ersetzbar durch exakte Informationen – z.B. Versuchsperson A erreicht auf Anhieb ein Alpha-High von 40% ... Versuchsperson A und Techniker X berichten in Detail, welches Training und welche Versuchsanordnungen die betreffende Person innerhalb welches Zeitraums auf 90% Alpha gebracht haben.

P.S.I. Von Phenomenological Systems Inc. (42 Otis Street, San Francisco, Calif. 94103) ist für 190 Dollar ein Hirnwellen-Feedback Gerät zu haben, mit dem jeder sein eigenes Alphatraining durchführen kann. Im Verkaufspreis inbegriffen ist eine Computer-Analyse eines Tonbands, das man herstellt, indem man an das Feedback-Gerät ein Kassettentonbandgerät anschließt. Aus der Analyse erfährt man die Frequenz seiner Alphawelle, auf die man das Gerät einstellt. Daraufhin kann man mit dem selbständigen Training beginnen.

(OK, keep yr shirt on)

ALPHA-FAHRPLAN. Hugh Macdonald von der Stanford University in einem Interview mit der Zeitschrift *Radical Software*: »Genau wie Yoga und Meditation ist das Aktivieren der Alphawelle eine Fähigkeit, die sich erlernen läßt.

»Normales, sozusagen auf Anhieb produziertes Alpha macht zwar high und ist anfangs ganz interessant, aber nach einiger Zeit wird es langweilig. Die meisten Leute machen den Fehler, daß sie angestrengt versuchen, einen höheren Level zu produzieren – was zur Folge hat, daß sie augenblicklich aus dem Alpha-Zustand herauskippen. Oder sie halten ihr normales Alpha für eine halbe Stunde ... und schlafen ein.

»Hellwach & mit offenen Augen 70–90% Alpha zu produzieren, erfordert also schon ziemlich viel Geschicklichkeit und Geduld ... Es ist das alte Zen Paradox: bewußte Anstrengung & Konzentration führt keinen Schritt weiter.

»Es geht darum, in hellwachem Zustand den Denkprozeß abzuschalten und absolut *nichts* zu tun – sich also auf dem stetigen Ton der Alphawelle treiben zu lassen ... Am besten, man beginnt in einem schalldichten Raum. Nach und nach können dann Stimuli dazukommen ... zuerst visuelle (Lightshow, Fernsehgerät mit abgestelltem Ton), und dann zusätzlich audio-Stimuli (Zimmer mit geöffneten Fenstern, Musik, etc.).

»Dabei werden sich die geeigneten Stimuli herausstellen, durch die sich der Alpha-Zustand zunächst über längere Zeit stabilisieren und dann intensivieren läßt ...«

NEURO-C.I.A. Das Big Brother Potential von Biofeedback-Systemen ist natürlich nicht zu übersehen: Von Fernsehkameras zur Verkehrsüberwachung über elektronische Abhöranlagen führt ein direkter Weg zum Abtaster der ›Vibrations‹ eines Individuums ...

In den USA, wo man bereits die ersten Erfahrungen mit Kabelfernsehen sammelt, experimentieren städtische Behörden mit Anlagen, die angeblich dazu dienen sollen, über den privaten Kabel-Fernsehanschluß auch Strom- und Gaszähler ›rationeller‹ abzulesen ...

der Alphawelle treiben zu lassen...

"Am besten, man beginnt in einem schalldichten Raum. Nach und nach können dann Stimuli dazukommen...zuerst visuelle (Lightshow, Fernsehgerät mit abgestelltem Ton), und dann zusätzlich audio-Stimuli (Zimmer mit geöffneten Fenstern, Musik, etc)

"Dabei werden sich die geeigneten Stimuli herausstellen, durch die sich der Alpha-Zustand zunächst über längere Zeit stabilisieren und dann intensivieren läßt..."

NEURO-C.I.A. Das Big Brother Potential von Biofeedback-Systemen ist natürlich nicht zu übersehen: von Fernsehkameras zur Verkehrsüberwachung über elektronische Abhöranlagen führt ein direkter Weg zum Abtaster der 'Vibrations' eines Individuums...

In den USA, wo man bereits die ersten Erfahrungen mit Kabelfernsehen sammelt, experimentieren städtische Behörden mit Anlagen, die angeblich dazu dienen sollen, über den privaten Kabel-Fernsehanschluß auch Strom- und Gaszähler 'rationeller' abzulesen...

Es ist denkbar, dass sich über den gleichen Anschluß früher oder später auch Hirnwellen und physiologische Daten des Konsumenten ablesen lassen - d.h. seine Reaktionen auf das jeweils angebotene Programm...

Schließlich können auch Stimuli zusammen mit dem Programm gesendet werden, die Hirnwellen und physiologische / emotionale Reaktionen des Konsumenten beeinflussen, steuern, kontrollieren...

SCRAMBLE. Free Universities in den USA bieten zur Zeit Alpha-Trainingskurse an --- Es könnte dich die Notwendigkeit ergeben, auch Kurse in Cortical Jamming anzubieten:

Es wird darum gehen, von außen eingestrahlte Kontroll-Stimuli zu orten und die Alphawelle zu ihrer Abwehr einzusetzen... CW

Es ist denkbar, dass sich über den gleichen Anschluß früher oder später auch Hirnwellen und physiologische Daten des Konsumenten ablesen lassen – d.h. seine Reaktionen auf das jeweils angebotene Programm ...

Schließlich können auch Stimuli zusammen mit dem Programm gesendet werden, die Hirnwellen und physiologische / emotionale Reaktionen des Konsumenten beeinflussen, steuern, kontrollieren ...

SCRAMBLE. Free Universities in den USA bieten zur Zeit Alpha-Trainingskurse an --- Es könnte sich die Notwendigkeit ergeben, auch Kurse in Cortical Jamming anzubieten: Es wird darum gehen, von außen eingestrahlte Kontroll-Stimuli zu orten und die Alphawelle zu ihrer Abwehr einzusetzen ...

Hat jemand Pélieu gesehen?

Von Verschwinden reden sie in Frankreich, wenn einer gestorben ist. Der hier verschwand am Weihnachtsabend 2002, während ein Pfleger ihn durch die leeren Korridore eines Kleinstadt-Krankenhauses in upstate New York schob. Zu seiner Verabredung mit dem Tod trug er sein bestes Sportjackett, mit Einstecktuch.

Fallschirmjäger im Algerienkrieg. Danach Junkie und Poet.

Gern zitierte er die begriffsstutzige Reaktion eines FLN-Fellachen in Bab El Oued: »Ihr setzt mir den Sack unter Strom, weil ich mich weigere, Vive la France zu schreien?«

Nein, weil du uns noch was verraten kannst, eh wir dich an die Wand stellen, du krummohriger Couscous-Fresser.

Die Dialoge waren so scheiße. Das störte ihn am meisten an diesem Krieg.

In Paris entdeckte ihn die Malerin Mary Beach in dem mittlerweile berühmten Buchladen *Shakespeare & Company*, den ihre Tante Sylvia nach dem ersten Weltkrieg aufgemacht hatte. (1922 brachte Mrs. Beach dort den *Ulysses* von James Joyce heraus.)

Pélieu & Beach wurden ein erfolgreiches Team. Sie übersetzten Burroughs und gaben in New York und San Francisco verwegene Underground-Zeitschriften heraus, in denen Joyce Mansour und Tuli Kupferberg Seite an Seite erschienen. Und ich wurde ihr Deutschland-Korrespondent.

Claude nannte mich Carl-le-Nègre. Und für sie war ich The Burning Boche.

Der Ex-Lieutenant nahm seine antifranzösischen Ressentiments in die Fremde mit und überzog seine Landsleute mit dreißig Büchern voll Polemik und bösem Schadenzauber. (»Was die Franzosen Geist nennen, ist ein angefaulter Blumenkohl.«)

Gleichzeitig wurde er ein Star des American Underground. Vor seinen Breitseiten im *East Village Other* (New York) und *Nola Express* (New Orleans) saß man mit offenem Mund:

»›Fats!‹ schrie jemand aus der Nuntiatur. ›Bon Voyage! Didja come?‹ Himmler grölte ein Weihnachtslied.«

Er war ein unbeugsamer Verfechter von Meskalin, Bebop und Free Speech. Es lohnte sich, auf seiner Seite zu sein. Er schrieb wie Sam Spade auf Speed. Wie Céline auf Scopolamin. Er bevölkerte seine Seiten mit krassen Mutanten, die Ixca und Juju hießen, Le Môme Bleu, Joe Verminex, Die Banditen aus dem All; und auf meinen tummelte sich ähnlich infernalisches Gesindel: Geigerzähler-Joe, Eniwetok-Paulie, Fuckface Fritz and The Plasma Jitters.

In Sausalito, unterwegs zum Bill Evans Trio im Trident, stießen wir auf den Pusher von Janis Joplin in der Nähe seines halb havarierten Hausboots. Er sagte, er werde einen Roman schreiben und mit einer 500 cc Vincent Black Shadow an einem Brückenpfeiler in New Orleans in Flammen aufgehen[1].

Im einzig anständigen Jazzclub von San Francisco, wie hieß er noch, Keystone Korner, wurden wir Fans von Art Blakeys russischem Trompeter, der sich zum Piano umdrehte und sagte: »Gimme an F, shit-for-brains.«

Pélieu, der sich vorübergehend Colonel Washburn nannte, hatte wie Lenny Bruce die Fähigkeit zum stundenlangen Improvisieren und nahm es an Wirkung mit den besten Halluzinogenen auf.

Es dauerte nicht lange und er hatte mich soweit, daß ich eine Ode auf Zsa Zsa Gabor schrieb: »Face-Job of the Year! Celluloid Motherfuck! Darling of the Waffen-SS! Pet Doll of Trujillo! Famous Korean Pin-up With The Padlocked Ass! ...«[2]

Im Old Heidelberg in Honolulu faszinierte uns ein internationaler Drifter, der aussah wie ein schlecht geklonter Henri Salvador. Er spendierte uns Drinks und wollte uns unbedingt falsche Pässe verkaufen. Wir mußten ihn ins Klo sperren, weil er einfach nicht locker ließ. Es kam vor, daß wir tagelang unterwegs waren auf der Suche nach Büchern über Kannibalismus. Eins nannte sich »Göttlicher Hunger«. Mahalo.

Wir erörterten den seltsamen Umstand, daß die knapp tausend Selbstmörder seit Vollendung der Golden Gate Bridge alle von der östlichen Seite gesprungen waren, mit Blick auf die Stadt.

Pélieu-Washburn alias Ziggy le Honfleurais (alias Minnesota Fats, alias Le Terroriste Introverti) wäre der Schrecken jeder

Jeopardy!-Sendung gewesen. Er wußte, daß Picasso La Femme Qui Pleure am 26. Oktober 1937 gemalt hatte. Er wußte, wer Eddie Safranski war. Er konnte *Klactoveedsedsteen* rückwärts singen[3].

Im Sommer '68, auf dem nächtlichen Rückweg von der Bar mit dem schönen Namen The San Francisco Earthquake, überkam ihn der Drang, ein Telefonbuch mittendurch zu reißen. Mary sagte »Claude arrête«. Zu spät.

Nachdem er einmal Geschmack daran gefunden hatte, konnte er nicht mehr aufhören. Er schlug eine Schneise durch die Telefonzellen der Stadt, vom Rotlichtbezirk bis rauf nach North Beach.

Und sang, wenn er völlig durch den Wind war, erfundene Seemannslieder: »Oh flatfoot floogie on the floy-floy! ...«

Dann wieder zurück an die Schreibmaschine.

»Morphium sickert in das Loch im Handrücken, Pillen schwellen unter der Haut, ein silbriger Belag bildet sich auf meinem faltigen Körper. Das Fleisch gärt und verzweigt sich wie eine ranzige Riesenamöbe ... Die Spitzel der Narco Brigade hecheln bereits unter deinem Teppich. Die Larven des Raums. Die Sackratten des Zen. Das alte Frankreich der zugekackten Siebzigjährigen im Schatten der Mangroven ...«

Gestern früh, als ich wach wurde, saß er an meinen Schreibtisch, halb zur Seite gedreht, die Beine übereinander. Er steckte in einer abgetragenen Soutane, deren Schnitt man ansah, daß sie einmal teuer gewesen war. (In Big Sur nannten sie ihn »The Priest« ...)

Anmerkungen des Herausgebers:

1 *Homeboy* blieb die einzige Veröffentlichung von Seth Morgan (1949–1990). Rasend und brutal, kennt oder las fast niemand – beeinflusste allerdings Chuck Palahniuk und gilt als wesentlicher Einfluss für Will Christopher Baer und Craig Clevenger.

2 Veröffentlicht in Carl Weissners *Eine andere Liga: Stories, bei denen man auf die Knie geht und vor Glück in die Fußmatte beißt*, Wien 2013, herausgegeben von Vanessa Wieser und Matthias Penzel.

3 *Klactoveedsedstene* vom Charlie Parker Quintet, im November 1947 aufgenommen mit Miles Davis an der Trompete, lieferte den Titel für Weissners Lit-Mag.

Another Side of Bob Dylan

Der Größte seit Shakespeare?

»Yippie! Ich bin ein Dichter, und ich weiß es.
Hoffentlich bau ich keine Scheiße ...«

Bob Dylan, *I Shall Be Free No. 10*

Der Junge wußte genau, was er wollte. Seine ehemaligen Schulfreunde von der Highschool in Hibbing/Minnesota erinnern sich, daß er schon mit 16 Jahren wußte: Er wollte einmal »größer als Elvis Presley« sein. Doch ehe er zur Gitarre griff, versuchte er es zunächst einmal am Klavier; denn sein erstes großes Vorbild hieß Little Richard.

1957, anläßlich des »Jacket Jambourie Talent Festivals« in der Aula der Hibbing Highschool, fuhr er sämtliche erreichbaren Lautsprecher und Verstärker auf und schickte sich an, die Zuhörer mit der lautesten Little Richard-Imitation zu traktieren, die man bis dahin gehört hatte. Dem Rektor, der zu seinem Unglück in der ersten Reihe saß, fielen bereits nach den ersten Takten die Ohren zu. Er rannte hinter die Bühne und schraubte die Sicherungen heraus.

Inzwischen kann man im Goldenen Buch der Hibbing Highschool nachlesen: »Name: Bob Dylan (was nicht ganz korrekt ist, denn der Schüler hieß eigentlich Robert Allen Zimmerman; Papiere auf den Namen Bob Dylan besitzt er erst seit dem 9. August 1962). Reifeprüfung bestanden am: 5. Juni 1959. Besondere Leistungen: Autor. Komponist und Sänger moderner Folksongs. Sein künstlerischer und finanzieller Erfolg wurde begründet durch seine Ballade *Blowin' In The Wind*, gesungen von Peter, Paul & Mary. Bereits sechs Wochen nach seiner Ankunft in New York war er ganz oben. Mit 25 war er Millionär.«

Mit dem Dichten hatte er es zunächst gemächlich angehen lassen: »Meinen ersten Song schrieb ich für meine Mutter und gab ihm den Titel ›Für Mutter‹[1]. Ich schrieb ihn in der 5. Klasse, und der Lehrer gab mir dafür 'ne 2+.« (Bob Dylan, *My Life In A Stolen Moment*)

Das muß ungefähr 1951 gewesen sein. In den folgenden zehn Jahren tat sich dann nicht mehr viel, aber auch das änderte sich kurz nach seiner Ankunft im New Yorker Greenwich Village (Ende Januar 1961); und bereits vier Jahre später war der Fall klar – jedenfalls für Ralph Gleason. Der nannte Dylan im *San Francisco Chronicle* vom 30. November 1965 schlichtweg »Amerikas größten Dichter«.

Das war ein Schlag, von dem sich Dylan so rasch nicht mehr erholen sollte. Denn dieser Ralph Gleason war nicht irgendwer. Gleason (er ist vor einigen Monaten gestorben) war der »Vater« der amerikanischen Folk-, Pop- und Rock-Kritik: Gleason war eine Institution. Mit seinem Superlativ transportierte er nun auch Dylans Qualitäten als Dichter in eine Höhenlage, in der die Luft so dünn war, daß jede halbwegs sachliche Auseinandersetzung unmöglich wurde.

Freilich: der Rock-Kritiker feierte hier im Grunde nicht das Werk eines Dichters, sondern bereits die Message eines Idols. Das wurde ihm leicht gemacht, denn er hatte keine Konkurrenz: die amerikanische Literaturkritik nahm von Dylan so gut wie keine Notiz. Das ist nicht weiter verwunderlich, wenn man bedenkt, daß zum damaligen Zeitpunkt noch nicht einmal mit hinreichender Sicherheit auszumachen war, was der Dichter Bob Dylan eigentlich genau sagte.

Von ganz wenigen Ausnahmen abgesehen (z.B. in dem hektographierten Folk-Magazin *Broadside*), konnte man *authentische* Dylan-Texte nirgendwo nachlesen. Dylans Texte wurden vorwiegend nach seinen Schallplatten rekonstruiert: Wegen seiner undeutlichen Aussprache waren die Texte schon rein akustisch nicht immer Wort für Wort zu verstehen. Bei seinen öffentlichen Auftritten wich er außerdem auch noch ständig von den Schallplatten-Versionen seiner Texte ab. Ohnehin waren die Texte längst nicht mehr zu trennen von seiner Stimme, von seinem Sound, von der Aura des angehenden Superstars.

»The Medium Is The Message«, hatte McLuhan gesagt; und das schien sich hier mit all seinen Vor- und Nachteilen zu beweisen.

Der Vorteil für Dylans Karriere – nämlich eine große Identifikationsmöglichkeit für die Zuhörer – lag darin, daß seine neuartigen, anspruchsvollen Songtexte ein Feeling ansprachen, das irgendwie in der Luft lag – den genauen Wortlaut brauchte man auf Anhieb nicht zu verstehen. Die Stimme des Idols transportierte eine Botschaft, die weit über das hinausging, was im nackten Text steht.

Der Nachteil für Dylan (und für die Fans) lag darin, daß immer wieder Dinge herausgehört wurden, die er *so* nicht einmal gesagt hatte. (Durch diverse Andeutungen – teils dunkle, teils scherzhafte – hat er allerdings auch selber nachgeholfen. *Gates Of Eden* stellte er am 31. Oktober 1964 seinen Zuhörern in der New Yorker Philharmonic Hall so vor: »Das ist ein kleines blasphemisches Wiegenlied in G-moll.« Und *Desolation Row*, sagte er in seinem *Playboy*-Interview vom März 1966, habe er in der Hoffnung geschrieben, daß es einmal anstelle der amerikanischen Nationalhymne gesungen werde.)

Jedenfalls, der Interpretationsrummel lief bald auf vollen Touren. Gelegentlich nahm er sogar ausgesprochen groteske Formen an. Ich erinnere mich, daß ich im Herbst 1967 in New York einen schon ziemlich fortgeschrittenen Zustand der Verunsicherung antraf. Izzy Young vom Folklore-Center in der Sixth Avenue schwor Stein und Bein, daß Dylans Attacke in *Positively 4th Street* auf ihn persönlich gemünzt sei. Dabei geht's in dem Song eindeutig um eine Dame, wohnhaft in der West 4th Street. Bei Allen Ginsberg traf ich einige Leute, die allen Ernstes behaupteten, *Just Like A Woman* sei Dylans endgültige Absage an das weibliche Geschlecht. Die kritische Stelle im Text lautet: »Queen Mary, she's my friend / Yes, I believe I'll go see her again ...« Queen Mary, sagt man mir, sei ein unter Homosexuellen durchaus geläufiger Name. Und falls es noch eines weiteren Beweises bedürfe: Dylan selbst habe einmal in einem Interview gesagt, die Queen Jane in *Queen Jane Approximately* sei in Wirklichkeit ein Mann. Schlußfolgerung: Dylan ist schwul.

Dylan hatte immer wieder betont, daß er sich vor allem als Dichter verstehe; daß er Dinge sehe, die andere nicht sehen; was er schreibe, sei ihm wichtiger als seine Musik. Jetzt sah er sich auf eine Art und Weise beim Wort genommen, die seine poetischen Qualitäten ignorierte und weitgehend nur noch Gerüchte und Klatsch produzierte.

Darauf reagierte er nun zunehmend schroff. Journalisten wie Fans, die um nähere Erläuterungen baten, wurden mit der barschen Bemerkung abgefertigt: »Meine Songs bedeuten gar nichts! Es sind nur Worte!« Interviewer brachte er mit skurrilen Einlagen oder völlig zusammenhangslosen

Antworten aus der Fassung. Schließlich verprellte er sogar seine engsten Freunde.

Joan Baez berichtet, sie habe Dylan einmal gefragt, was er beim Schreiben seiner Protestsongs empfunden habe. Dylan habe geantwortet: »Was Aktuelles verkauft sich immer gut, stimmt's? Mit Überzeugung habe ich dieses Protestzeugs nie gesungen. Die da unten sind mir egal. Ich bin nicht verantwortlich für diese Kids.«

Sein Freund Dave van Ronk erklärt es sich als pure Angstreaktion. Dylan wollte größer als Presley werden – aber kein zweiter Messias. Doch genau in diese Rolle (so jedenfalls van Ronks Eindruck) schien er sich von seinen Fans gedrängt zu fühlen. »Er entwickelte eine paranoide Angst vor seinem Publikum. Es kam ihm vor wie ein Lynchmob.«

Beim Newport Jazz Festival, Ende Juli 1963, waren es 46.000 gewesen. Vier Wochen später, als er auf einer Protestkundgebung der Bürgerrechtsbewegung in Washington sang, waren es 200.000.

Nach seinem umjubelten Auftritt in Newport knallte er hinter der Bühne mit einer Nilpferdpeitsche herum und nervte damit Freunde und Kollegen. »Wozu brauchst du denn das Ding?« wurde er gefragt. Antwort: »Damit ich den Leuten die Zigarette aus dem Maul schlagen kann. *Dazu* brauch ich das Ding.« Man war entgeistert. Später, als sich solche bizarren Sachen häuften, äußerte Phil Ochs den Verdacht, Dylan sei »ein klinischer Fall«.

Nach seinem Auftritt in Washington verkroch er sich in seinem Appartment an der West 4th Street in New York. Sein Freund David Whittaker erinnert sich: »Bob war in einer komischen Verfassung. ›Ich kann nicht mehr auf die Straße!‹ sagte er ständig. Als ich mir ein Bier aus dem

Another Side of Bob Dylan

Der Größte seit Shakespeare?

Von Carl Weissner

„Yippie! Ich bin ein Dichter, und ich weiß es.
Hoffentlich bau ich keine Scheiße..."
(Bob Dylan, „I Shall Be Free No. 10")

Der Junge wußte genau, was er wollte. Seine ehemaligen Schulfreunde von der Highschool in Hibbing/Minnesota erinnern sich, daß er es schon mit 16 Jahren wußte: Er wollte einmal „größer als Elvis Presley" sein. Doch ehe er zur Gitarre griff, versuchte er es zunächst einmal am Klavier; denn sein erstes großes Vorbild hieß Little Richard.

1957, anläßlich des „Jacket Jambourie Talent Festivals" in der Aula der Hibbing Highschool, fuhr er sämtliche erreichbaren Lautsprecher und Verstärker auf und schickte sich an, die Zuhörer mit der lautesten Little Richard-Imitation zu traktieren, die man bis dahin gehört hatte. Dem Rektor, der zu seinem Unglück in der ersten Reihe saß, fielen bereits nach den ersten Takten die Ohren zu. Er rannte hinter die Bühne und schraubte die Sicherungen heraus.

Inzwischen kann man im Goldenen Buch der Hibbing Highschool nachlesen: „Name: Bob Dylan (was nicht ganz korrekt ist, denn der Schüler hieß eigentlich Robert-Allan Zimmermann; Papiere auf den Namen Bob Dylan besitzt er erst seit dem 9. August 1962). Reifeprüfung bestanden am: 5. Juni 1959. Besondere Leistungen: Autor, Komponist und Sänger moderner Folksongs. Sein künstlerischer und finanzieller Erfolg wurde begründet durch seine Ballade ‚Blowin' In The Wind', gesungen von Peter, Paul & Mary. Bereits sechs Wochen nach seiner Ankunft in New York war er ganz oben. Mit 25 war er Millionär."

Mit dem Dichten hatte er es zunächst gemächlich angehen lassen: „Meinen ersten Song schrieb ich für meine Mutter und gab ihm den Titel ‚Für Mutter'. Ich schrieb ihn in der 5. Klasse, und der Lehrer gab mir dafür 'ne 2+." (Bob Dylan, „My Life In A Stolen Moment")

Das muß ungefähr 1951 gewesen sein. In den folgenden zehn Jahren tat sich dann nicht mehr viel, aber auch das änderte sich kurz nach seiner Ankunft im New Yorker Greenwich Village (Ende Januar 1961); und bereits vier Jahre später war der Fall klar – jedenfalls für Ralph Glea-

Kühlschrank holte, schrie er: ›Laß das Ding zu! Da wächst Zeug drin!‹ ...«

In einem etwas ruhigeren Augenblick soll Dylan gesagt haben: »Ich hab immer gedacht, ich bin smart. Heute bin ich mir nicht mehr so sicher. Ich weiß nicht einmal, ob ich normal bin.«

Nach dem Attentat auf John F. Kennedy im November eröffnete er seinen Freunden, er werde keine Protestsongs mehr schreiben. Er wolle nicht der nächste sein.

Bob Dylan war zu einer überdimensionalen Personality geworden, noch ehe er Zeit gefunden hatte, sich über seine Person klarzuwerden. Die Person, die hinter dem Mythos verschwand, schrieb nun sehr persönliche Songs, aber das war nicht mehr genug. Von einem Superstar will man mehr wissen. Ein A.J. Webermann sah sich schließlich genötigt, den Inhalt von Dylans Mülltonne zu analysieren.

An eine ernstzunehmende Beschäftigung mit Dylans Texten war unter solchen Umständen nicht mehr zu denken. Je schwieriger und unzugänglicher die Privatperson Dylan wurde, desto leichter machten es sich die Kritiker mit der öffentlichen Figur – und mit dem, was diese Figur in Form von Songs öffentlich von sich gab.

Ein Beispiel für viele: Robert Shelton von der *New York Times*. Sheltons begeisterte Kritik nach einem von Dylans ersten öffentlichen Auftritten in Greenwich Village hatte Anfang 1961 entscheidend dazu beigetragen, daß Dylan von Columbia Records zu Probeaufnahmen eingeladen wurde (woraus dann auch gleich seine erste LP wurde). Shelton begleitete Dylans Karriere in den folgenden Jahren mit weiteren beifälligen Artikeln, deren Harmonie durch keinerlei kritische Mißtöne gestört wurde. Dann aber, etwa 1964, kam der Punkt, wo es für ihn eigentlich hätte kritisch werden müßen: er verstand plötzlich nicht mehr so recht, was Dylan sagte. Und da tat er etwas, was für einen Kritiker ungewöhnlich ist: er suchte die Schuld nicht beim Verfasser, sondern sich selbst.

Am 31. Oktober 1964 hörte er Dylan in der New Yorker Philharmonic Hall zum ersten Mal *Mr. Tambourine Man* singen. Am nächsten Tag schrieb er in der *New York Times*: »*Mr. Tambourine Man* ist ein sehr verinnerlichter Song, der einen starken Eindruck hinterließ, obwohl mir seine Symbolik teilweise unverständlich blieb.« Eine bemerkenswerte Feststellung. Entweder kam Shelton wirklich nicht mit – oder er traute sich einfach nicht, Dylan zu kritisieren. Das eine wie das andere wäre gleichermaßen peinlich.

Der Verzicht auf Kritik, den Shelton stellvertretend für viele seiner Kollegen formuliert, läßt von dem Mann auf der Bühne nur noch den legendären Pappkameraden übrig, vor dem alles in die Knie geht, sobald er den Mund aufmacht.

Unter diesem Effekt hatte Dylan solange zu leiden, bis er 1973 bei einem renommierten literarischen Verlag in New York seine gesammelten Texte aus den Jahren 1961 bis 1971 herausbrachte: nicht als Songbook, auch nicht als Auswahlband nach dem Motto »The Best Of Bob Dylan«, sondern als eine Art poetische Autobiographie[2]. Bob Dylan in den Sixties, komplett chronologisch geordnet, mit allen Höhen und Tiefen – ein ehrliches Angebot. Anlaß also zu einer kritischen Bestandsaufnahme.

Dieser Anlaß ist jetzt auch hierzulande gegeben, denn das Buch kam inzwischen auch in Deutschland heraus (siehe *Sounds* 1/75).

In Amerika sah die Reaktion auf das Buch so aus: Zunächst ging es so überschwenglich zu wie eh und je – es war wieder einmal hauptsächlich die Rede von Dylans Wirkung auf die Hirne einer ganzen Generation. Eine Wirkung, die man nach Meinung von Ralph Gleason »allenfalls noch mit der von Shakespeare und der Bibel vergleichen kann« (*Rolling Stone*, 21. Juni 1973). Und in *Fusion* – einem in Boston erscheinenden Magazin für Rock-Kritik – verstieg sich David Dunaway zu dem märchenhaften Superlativs: »Verdi des Rock'n'Roll«.

Dann kam man allmählich zum Thema. Man wußte natürlich längst, daß Dylan nicht die Unschuld vom Lande war, als die er sich anfangs ausgegeben hatte (»Bin aus 'nem Waisenhaus in Oklahoma davongerannt ... mein Onkel war 'n Sioux-Indianer« usw.). Trotzdem überraschte es jetzt zu sehen, wie gründlich er seine Hausarbeiten erledigt hatte. Seinen Brecht und Rimbaud zum Beispiel schien er nicht nur flüchtig durchgeblättert zu haben. Und ein Literaturwissenschaftler wies in einer langen Abhandlung nach, daß sich Dylan auch in der englischen Dichtkunst ziemlich gut auskennt: In seinen liner notes zu *Highway 61 Revisited* finden sich Anleihen bei William Blakes *Island In The Moon*, und zur letzten Strophe in *Subterranean Homesick Blues* ließ er sich durch ein Gedicht von Robert Browning (1812–1889) inspirieren. In *Chimes Of Freedom* arbeitet er zum Teil sogar mit Hexametern und Pentametern, also im klassischen Versmaß von Homers Odyssee. (Damit dürfte Dylan wahrscheinlich der erste Dichter der Neuzeit sein, der im Marihuanarausch auf den Gedanken kam, ausgerechnet homerische Verse zu produzieren – denn nach Aussagen seiner Freunde schrieb er *Chimes Of Freedom* auf dem Rücksitz eines Ford Kombi »in total bekifftem Zustand«. Das war im Januar 1964, auf der Fahrt von Hazard/Kentucky nach Atlanta/Georgia.)

Es gab aber auch sachdienliche Hinweise. Zum Beispiel den, daß Dylan zwei Arten von Songtexten geschrieben hat. Das eine waren Texte, an denen er lange gefeilt hat und die er fertig ins Studio mitbrachte. (Darunter sind Spitzenleistungen wie *A Hard Rain's A-Gonna Fall*, aber auch ehrgeizige poetische Kraftakte, bei denen er sich übernommen hat – z.B. *My Back Pages*). Das andere waren Texte, die er während der Recording Sessions improvisierte. So etwas ergibt gewöhnlich fill-ups – Füllmaterial, um eine Platte vollzukriegen. Bei Dylan dagegen kamen dabei viele seiner gelungensten Texte heraus, z.B. *Talking World War III Blues* und *Motorpsycho Nightmare*.

Daß Dylan in Gottes Namen auch Schnulzen geschrieben hat, wollte anscheinend keiner aussprechen. Immerhin, der Kritiker von *Crawdaddy* beklagte, daß Dylan seit *John Wesley Harding* so rapide abgebaut habe; und *I'd Have You Anytime* bezeichnete er kurz und schmerzlos als »indefinitely dismissable«, unendlich belanglos. (Er erinnerte allerdings auch daran, daß dieser Song nicht voll auf Dylans Konto geht: er entstand in Kollaboration mit George Harrison ...)

Am Ende rang sich sogar Ralph Gleason das Eingeständnis ab: »Die dichterische Qualität dieser Texte ist natürlich nicht gleichbleibend hoch.« – Wenn man das als einen ersten Ansatz an eine Versachlichung der Diskussion ansehen kann, dann ist Dylan damit sicherlich besser bedient als mit dem kritiklosen Geschwafel derer, die ihn jahrelang auf die Rolle eines singenden James Dean oder eines Rimbaud mit Gitarre festzunageln versuchten.

»Wenn ich's nicht jedem recht machen kann, dann vielleicht besser gar keinem«, sagt er als Vorspann zu seinem Buch. Das Problem scheint ganz einfach zu sein, daß er eben erheblich mehr gebracht hat, als man bisher von einem Popstar gewohnt war – gerade auch in seinen Texten. Die Extreme, die er da in zehn Jahren zu Papier gebracht hat, sind jedenfalls beachtlich. Ein Kritiker (Peter Knobler/*Crawdaddy*) hat das schließlich auf die paradoxe – und daher leider unbefriedigende – Formel gebracht: Dylan habe gleichzeitig zuviel und zu wenig gesagt.

Wieviel oder wie wenig er gesagt hat, kann sich jetzt auch der deutsche Leser besser als zuvor beantworten. Das Material ist auf dem Tisch und kann erstmals im Zusammenhang studiert werden. Das müßte eigentlich eine lohnende Beschäftigung sein – geradezu hierzulande, wo einem statt *Highway 61* nicht viel mehr als der monumentale Schwachsinn *Fahrn fahrn auf der Autobahn*[3] geboten wird.

Anmerkungen des Herausgebers:

1 Tatsächlich war es unbetitelt, Dylanologen bezeichnen es als ein Gedicht *For Mother's Day* und datieren es auf das Jahr 1951, Muttertag, 13. Mai.

2 *Writings and Drawings*, verlegt von Alfred A. Knopf, Inc.; von Weissner übersetzt als *Bob Dylan: Texte und Zeichnungen* bei Zweitausendeins, Frankfurt/M. 1975; überarbeitet und aktualisiert von Walter Hartmann in einer zweisprachigen Ausgabe als *Lyrics / Songtexte 1962–1985* bei Zweitausendeins, 1987.

3 Zeile aus *Autobahn*, Titelsong des vierten Albums der Düsseldorfer Band Kraftwerk, veröffentlicht im November 1974.

Rimbaud. Tod in Marseille.

Patient: Rimbaud, J.A. Alter: 37. Zimmer 23. II. Etage, Hauptgebäude. Hôpital de la Concepcion, Marseille, Dep. Bouches du Rhône. Zust. nach Amputation. Osteosarkom.

Das stimmt nicht, was da steht. Ich bin 73. Ich war nicht zehn Jahre in Afrika, es waren fünfzig. Fünfzig Jahre die Stoßzähne zur Küste geschleppt, bis die Knie ... nein, die Kniegelenke waren schon strapaziert, weil ich jahrelang, zu Fuß, kreuz und quer durch Europa ... bis Stockholm bin ich gelaufen. Mehrmals die Alpen überquert von Wien nach Mailand ... einmal bis Neapel, und von dort repatriiert wegen irgendwas ... Kolik? Malaria? ... Ach, tatsächlich? Siebenunddreißig? Ist das zu fassen. Und du irrst dich nicht, Isabelle? Nein, meine Schwester irrt sich nie. Nicht in einem Fall von Erbsenzählerei.

Nein, ich habe Djami *nicht.* Auch wenn es jeder denkt. Meinen Hausboy? Bollocks.

Körperliche Nähe, schon bei Paul, schon als Kind – zwanghaft, debil, keinen Millimeter über dem Tier.

Auch wenn er Weißer gewesen wäre: Nein.

War ich auch in Penang? Georgetown? Mae Sot?

Fort, nur fort. Und dort – dasselbe wie hier.

›Arthur, où t'as mis le corps!‹ Wir brachten dem chinesischen Koch einen verstümmelten Schenkel, und er warf ihn auf den Grill. Als wir ihm den zweiten brachten, schrie er: »Eeeeeh! Is tattooed! Flucken cannibals! Out!«

Bein ab, dann Tumor. Nein, vorher schon Tumor. Dem Einbeinigen ist nicht zu helfen, *aber er macht das Zimmer nicht frei.*

Make no mistake, messieurs: Ich bin zum Sterben hier. Ihr nur zum Pfuschen und Geldverdienen.

Wirres Zeug? Von wegen. Nein, ich werde jetzt immer klarer.

Am Ende bestehe ich nur noch aus Wasser, Eiter und Metastasen, und meine Knochen haben sich zersetzt zu einer schwarzbraunen Gallerte, so daß sie mich direkt in einen Zinksarg werden schaufeln müssen.

Les Canailles de la Concepcion Immaculée! Beuarkh! Ja, ich *bin* wehleidig. Na und? Laßt euch ein Bein absägen und von hirntoten Ordensschwestern wertloses Zeug zur Schmerzlinderung verabreichen, dann sprechen wir uns wieder!

Das zerstörte Selbstbild. Das macht jeden fertig.

Ich bin nicht ich, und die Hölle das sind die anderen. Fünfzig Jahre habe ich mich wieder und wieder zur Küste geschleppt ... Nicht einmal Sisyphus kann mich verstehen.

The East African. Homo afarensis. L'homme aux semelles de vent. Was für eine Idee.

Der Pathologe denkt, seine morbiden Geschichten hätten eine belebende Wirkung auf mich. Auf dem Boden neben dem Stuhl hat er eine Neuerscheinung liegen lassen: *Geschichte des Sozialismus in Marseille*. Des *was??*

Es liegt mir auf Stumpf und Unterbauch wie ein giftgrün schillernder Blutegel, der sich festgesaugt hat und nicht genug bekommt. Es ist ein Parasit aus dem All, gegen den es kein Mittel gibt.

Ja, gebt mir das gute pure Schiaparelli-Morphium und macht mich zum Seher, ihr Kanaillen! Laßt mich die Zukunft des verfluchten Kontinents sehn!

Im Mai '72 wohnte ich in der Rue Monsieur-le-Prince. Von meinem rechten Fenster sah man einen der Gärten des Lycée Saint-Louis. Um drei Uhr früh wurde das Kerzenlicht fahl. Ich schrieb nur nachts ...

»C'est merde à Perrin.«
Brief an Ernest Delahaye, Juni 1872

Flucht aus Paris, mit Paul, am 7. Juli. Le pauv' Lélian, er brachte es zu nichts, nicht einmal in England ... »My past is an evil river.« Right. You wish.

Mein Freund Bretagne, der Okkultist. Troppman, der Massenmörder. Rudolf Wagner, Pfarrer im Ruhestand, Stuccardo. M'sieu Koch, ›le decouvreur du vibrion cholerique‹, zu Besuch in Marseille während der Cholera-Epidemie von 1885, die beinahe die halbe Stadt auslöschte ... Eine Epidemie, schlimmer als alle Seuchen der Vergangenheit ... Ein drückender Leichengestank liegt wie eine verfettete Hure auf der Stadt ... In wenigen Stunden war das Wasser des Vieux Port zu einem zähen Brei geronnen, schwarz und goldbraun glänzend wie Teer.

J'vais te ruiner si tu vieng! Espèce de mongolien abruti! T'y a compris?! Amène-toi le con de ta mère ...! Et mets pas la maing darrière parce-que je te chope le six-trente-cinq et t'y mangeras des coups quand-même ...

Und achtzehn Monate Gefängnis reichen M'sieu Verlaine, um sich Gott an den Hals zu werfen. Dabei hatte er solchen Spaß mit Lizzy, oder hieß sie Lola, die wir im East End aufgegabelt hatten ... »I'm such a pig when it comes to suckin' dick, mate ...« Der Chinese am Hafen mit seinem teuren Opium, an dem noch der Kameldung pappte ... Im British Museum ließen sie mich nicht die Werke von de Sade lesen, weil ich noch keine einundzwanzig war ...

»Buy the ticket, take the ride« – die Lebensphilosophie eines Zuhälters in Soho: Warum fällt mir das grade jetzt ein? Falsche Frage. Nicht ich erinnere mich an ihn, sondern *er* denkt *mich*. Etwas denkt mich doch immer, warum also nicht auch der tätowierte Shitbird aus der Gerrard Street.

Ich schreibe absichtlich so platte Briefe nach Hause. Mother und Isabelle verstehen ja das kaum. *Charlestown. Mother.* Ja, nur noch Englisch: Um ihren Pesthauch abzuwehren! Ihren Schadenzauber! Ihr Gift!

»La mother m'a mis là dans un triste trou.«
Brief an Ernest Delahaye, Mai 1873

Der holländische Zahlmeister in Batavia blättert mir einen unverschämt gekürzten Sold hin und sagt: »Bißchen wenig Kanaken gekillt die letzten Wochen, hm?« Es geht ihm nicht um die Quote. Er nimmt es nur als Vorwand, um mir seine Verachtung auszudrücken. In Wien einen Kutscher ausgeraubt und mit dem Geld nach Rotterdam gefahren und in die niederländische Kolonialarmee eingetreten, um kostenlos nach Java zu kommen – was für eine Idee! Eine Weile war ich stationiert in Salatiga, dreißig Meilen südlich von Semarang, und dort bin ich desertiert.

Und warum ausgerechnet Larnaka, Zypern? Aufseher in einem Steinbruch! Ich glaube, ich bekam Fieber und schiffte mich nach Marseille ein, und dort stellt sich heraus: Typhus. Alles so sinnlos. Deshalb: Ich verlasse Europa. Mögen die Städte am Abend in Flammen aufgehen. Mein Ziel heißt Aden. Jemen. Ich werde wiederkommen mit Gliedern wie aus Messing, mit rauchgeschwärzter Haut, mit wutentbranntem Auge ... Sie werden glauben, ich gehörte einer starken Rasse an. Ich werde Gold haben. Ich werde faul und brutal sein. Ich werde verenden wie ein Tier.

Deine Gedanken sind ein Alptraum, der dich auffrißt.
Kathy Acker

Und Hassan O'Leary, bei dem man das beste Haschisch rauchte, ließ in Aden eine geladene Pistole fallen, zerschoß sich die Eier, drückte sich Morphium in die Venen und legte sich zum Sterben ins Bett. Ein vorbildlicher Mensch, wie ich selten einen getroffen habe.

Alphonse Godillot! Gambier! Wolff-Pleyel! Menier, Leperdriel, Kinck, Jacob, Boubonnel! Veuillot! Troppman! Augier! Gill, Mendès, Manuel, Gonin – L'Hérissé! Cirages onctueux! Pains vieux! Aveugles! ... Un noir angelot ... De sang sale un lèger cloaque – how shall I put it: A shallow cesspool of dirty blood.

Léon Dierx! Jacques Austerlitz! Louis Ratisbonne! Armand Silvestre! ... Sie alle werden irgendwann dieselben dreidimensionalen Koordonaten einnehmen und zu einem Klumpen Ektoplasma verschmelzen, den der hustende suchtkranke Portier am frühen Morgen hinausfegt in die Gosse.

Es wird einer kommen und ein Buch schreiben, das von nichts anderem handelt – vom Ekel, von der Lähmung, vom Haß auf die eigene Haut.

> AUS BURGEN, ERBAUT AUS KNOCHEN, DRINGT NIE GEHÖRTE MUSIK …
>
> *Drum'n bass, Dubstep, Casio-Core, Jungle, NewRave AcidGarage, Kitsune Disco-Punk, Gypsie-Ska, Anarcho ElektroPunk, Psy-Trance, Hiphop-Bullerengue, Mutilation Cumbia, G-Spot-Champeta, Delay-heavy Livedub-in-Surround, Choc Quib Currulao, Shit-House HyperDub, Ferkakte Psychosis Funk, Moebius Clusterfuck KrautReggae, Deadzone Breakbeat Lindy Hop, Balkan Emo TinPan Jerkoff, AcidBleep AlarmTango, Deathmetal Hardcore Hillbilly, Mestizo Muffdiver Mambo, Messianic ElectroTrash, Fuckblaster Mondo Cane, DeepHouse Datscha Hangar, DeathGrind Ambient Hula, Triphop Trash Tzigan, Rembetico Klezmer KillerKrach.*

Der demente Chansonnier im Zimmer unter mir übt mit verstimmter Gitarre ein neues Lied: »J'suis l'pornographe du phonographe …« Eine Wohltat nach den Stunden und Stunden, wenn er wütet in seinem Wahn. Er kommt wohl aus Sête oder Perpignan …

Aber nichts ist so tödlich wie die Assitenzärzte hier, ausnahmslos im Wagner-Wahn. Zu dritt und viert kommen sie durch den Korridor und pfeifen den *Ritt der Walküre*!

Von Michelet kann man etwas lernen, Maurice: Den Wert des freiwilligen Exils, den Sinn in der Zerstörung des Bestehenden, das gierige Interesse an Wissenschaft und

Technik. Und daß die dumpfe Rasse der Gallier am Ende ist. Sie haben alles gehabt: Dombaumeister, Guillotine, eine Heilige als Heerführerin; Mittelalter, Absolutismus, Revolution. Nachdem sie sich verausgabt haben, bleiben nur noch Langeweile, Überalterung und gutes Essen.

Geheimnis und Gewalt. Die Eleganz, die Wissenschaft und der Wahnsinn.

Habe ich nicht im Frühjahr '71 den Entwurf einer kommunistischen Verfassung geschrieben, für die Pariser Commune? Die nichts davon wissen wollte.

Am 22. Mai, als schon alles verloren war, kam ich an die Barrikade, die ein Bataillon Frauen vor der Place Blanche gebaut hatte. Aus einer dunklen Toreinfahrt trat eine dunkel gekleidete Gestalt, mit phrygischer Mütze, das Chassepot in der Hand, die Patronentasche an der Seite: »Halt, Bürger! Hier wird nicht flaniert! Verzieh dich!«

Mit Weibern kann man keine Revolution machen. Das muß erst noch begriffen werden.

»Nous étudions la possibilité de faire sauter Marseille.«
Johannes Weinrich an Carlos, 1983[1]

Darf man noch ein kompliziertes Innenleben haben, wenn die Geschichte wahnsinnig wird?

Absinth! Dieser Stupor. Dieses schwarze Loch ...

Aufruhr! Die Kaminfeger greifen zum Schwert! Chouf les femmes ach tay3jbhroum! Auf dem Boulevard Raspail! Unter den hängenden Gärten von Clamart! Auf dem Friedhof von Thiais ... Vom Rond Point fährt jeden Donnerstag eine Postkutsche nach Wien. Sie braucht sechs Wochen. Niemand weiß, warum!

Mit Wundfieber auf der Landstraße von Brüssel nach Charlestown. Alles so aussichtslos.

»I spent the better part of my losing streak in the back of an Army Jeep (far's I can remember) ...«
Sheryl Crow, Leaving Las Vegas

Herbst '73. Boulevard Edgar Quinet. Rue Campagne-Première. Impasse Enfer.

Deutsch gelernt. In *Aube* das deutsche Wort »Wasserfall« verwendet. Also bitte.

Und Haschisch geraucht. Schon im Herbst '71. Aber nichts als schwarze und weiße Monde gesehen – ein präzise verfehltes künstliches Paradies.

Kurpfuscher, die ganze Bagage hier! Kanaillen! Frömmlerische Fotzen! Verlogene Schwarzröcke! Du warst dabei, Maurice, als sie mich amputiert haben: War es nicht rückständiger als im Dreißigjährigen Krieg? Ich kenne verdorbenste Stricher in Suez und Alexandria, die menschlich wertvoller sind. Das gilt auch für dich, Isabelle! Sieh dich an – verhärmt, verklemmt, verheult. Zurückgeblieben und bigott, zum Erbrechen ...

Wie hoch ist der Ras Daschan im äthiopischen Hochland? Sag es mir! Warum weißt du es nicht? 4533 Meter! Und wo sind die Felsenkirchen? ... Hm, ich weiß es selbst nicht mehr ... Lalibela? ...

Die Kamele weigerten sich, das bittere Wasser zu trinken. Wir hielten ihnen die Nüstern zu. Es half nichts. Zwei Männer mußten ihnen das Maul aufstemmen, und ein dritter goß ihnen das Wasser in den Hals. Überall Kamele, die husteten und würgten, sich auf die Seite warfen und mit den gefesselten Beinen auskeilten ...

Die Danakil-Wüste, mußt du wissen, liegt zwischen dem Hochland und dem Roten Meer, nördlich der Linie Addis Abeba – Dschibuti. Ein grausames Land mit einem grausamen Ruf. Das Ansehen eines Danakil richtet sich danach, wie viele Feinde er umgebracht oder verstümmelt hat. Um auf eine große Anzahl zu kommen, muß er nicht jeden umbringen. Aber der Schwanz des Gegners muß an seinem Gürtel baumeln.

Der Europäer hat Grund, beunruhigt zu sein, wenn er von Danakil angestarrt wird, die seinen Wert als Trophäe abschätzen.

Ich weiß, daß sie einen Haufen Schwachsinn über mich schreiben werden (»Rimbaud devant Dieu!« etc.) aber auch, einzig von Belang: »La carrière africaine d'Arthur Rimbaud«. Mindestens als Feature in der *Zeitschrift zur Geschichte der französischen Kolonien.* Mindestens! Ich bestehe darauf!

Warum habe ich mich mit dieser Schwuchtel Paul V. eingelassen. Der Suff erklärt es nicht. Wenn ich mir alles verzeihen wollte, was ich falsch gemacht habe, käme ich zu nichts anderem mehr.

»That fucking croaker in Panama bungled my ass.«
William Burroughs

In Filmen, höre ich, kann eine Träne auf der Leinwand so groß sein wie dieses Zimmer hier. Dabei wiegt die menschliche Standard-Träne grade mal 15 Milligramm. Sie werden Schlange stehen und Eintritt zahlen, um sich Illusionisten auszuliefern und ihren Alltag im Kopf hassen zu lernen.

Wenn man hinter Mézières, wo mir die preußische Artillerie einmal den Tag versaut hat, aus dem Wald kommt, an einem bleiernen windstillen Tag im August, ist die Landschaft ein schlechtes Ölgemälde. Das Korn ist grau, die Erntewagen sind zu groß, der See auf der anderen Seite des Tals sieht aus, als wäre er 15 Grad nach hinten oben gekippt. Mir graut vor defekten Landschaften, und Frankreich ist voll davon.

Man kann über Marseille nicht schreiben oder reden, ohne daß es ein Exkurs über den Dreck wird. Der Dreck, der alles mit einem grauen Belag von Endgültigkeit überglänzt, beherrscht das ganz Tun und Denken der Bevölkerung. Herr Virchow, als er vor ein paar Jahren in die Stadt kam, war hingerissen von den verwahrlosten Zuständen, welche die Ausbreitung einer Seuche wie Cholera so ungemein begünstigen. Marseille war eines seiner liebsten Studienobjekte in ganz Europa.

Die Stadt ist verdreckt, das Hospital ist verdreckt, und niemand kann verstehen, daß ich mich zurücksehne nach Afrika! Dort fegt eine Amah zweimal am Tag den Steinfußboden meines Hauses, die Tischdecke wird täglich gewaschen, die Bettwäsche zweimal die Woche. Das bekäme ich in Frankreich nur bei aufgeklärten Aristokraten geboten, und auch dort nicht grade oft.

Harar Arthur Rimbaud House Tour (YouTube)
»Rimbaud, in his modest house in Harar, has a
Keeper of the Lightbulbs.«
(›The negro is turned on by electricity.‹
Marshall McLuhan, 1967)

Lord Byron. Der ist mit 37 gestorben, nicht? »His Lordship died at Missolonghi on the fifth of April ...«

Schon als Kind hatte ich nur ein Lebensziel: Einmal ein WC nur für mich.

Ich mußte Tausende von Meilen durch die Welt reisen, bis ich mir endlich in Ostafrika eines bauen lassen konnte. Mit einem wuchtigen Vorhängeschloß, zu dem ich den

Schlüssel an einer Lederschnur um den Hals trage – hier, das ist er.

Daß mir hier eine katholische Ordensschwester in vollem Ornat die Scheiße aus der Arschfalte putzen muß, ist unangenehm, aber für zehn Francs am Tag nur recht und billig.

Der Geisteskranke, der vor zwei Jahren die beiden Nonnen erschossen hat, mit einer alten verdreckten Pistole – eher riskiert er eine Ladehemmung, als daß er das Gerät auseinandernimmt und die Einzelteile mit einem weichen Tuch und etwas Waffenöl ...

Man sollte ihm ein Denkmal errichten. Er verkörpert wahrscheinlich am reinsten die hiesige Mentalität.

Tod durch Knochenkrebs

Chiara Luce Badano, Paul Birch (American Football), Ron Burton, John Allan Cameron, Lucien Carr (Freund von Kerouac), John Cazale (The Deer Hunter), Alistair Cooke, Rama P. Coomaraswami, Simon Dee, Pietro di Donato, Cameron Duncan, Brian Gibson, Mel Gussow, Armand Hammer (Milliardär), Eddie Harris, Percy Heath (Modern Jazz Quartet), Richard Helms (CIA) ...

Detlev von Liliencron hat in Straßburg seine Endlosballaden rezitiert. Eine handelt von einem Bahnhofsvorsteher, der mit Frachtbriefen unterm Arm über die Perrons hetzt. Würde er es wenigstens im Zickzack tun, aber nein ... Was ist los mit dem Kollegen? Was ist los mit den Landsleuten, die Eintritt zahlen und stillsitzen für den Dreck?

Als in Harar die erste Lieferung von Hassan O'Leary[2] eintraf, probierten wir es als Vorspeise: 2 Teelöffel Haschisch, pulverisiert und mit Puderzucker gemischt.

Nach einer Viertelstunde keine Wirkung. Wir essen zu Abend. Kamelfleisch mit gebackenen Rüben. Salat aus Zwiebeln, Bohnen, Tomaten, Knoblauch, Rettich. Brot, Butter, Käse.

7 Uhr 10: Ich friere. Puls 70. Obwohl eine Pfanne mit glühenden Kohlen vor mir steht. Ich lasse mir von Djami einige Datteln bringen.

7 Uhr 20: Puls 120 oder darüber. Der Boden schaukelt. Mir scheint, daß ich langsamer spreche und oft vergesse, wie der Satz angefangen hat.

7 Uhr 45: Hämmernder Herzschlag. Puls zu hoch zum Mitzählen. Djami zündet mir eine Nargile an. Ich rauche und fliege, obwohl ich mit den Händen fühle, daß ich liege. Ich habe den Eindruck, daß ich beim Schreiben dieser Zeilen Stunden zubringe.

8 Uhr. Mein Blut schlägt Wellen. Von meinem Körper fallen Teile ab.

8 Uhr 20. Ich sehe, als würde ich träumen, daß die Straßen der Stadt sich verlängert haben und mir fremd sind. Die Häuser sind unbegreiflich hoch. Ich bin vollkommen willenlos. Die Wand des Hauses gegenüber ist bunt tapeziert. Ich höre von ferne fremdartige Musik. Ich will mich hinlegen, aber ich liege schon. Bin ich verrückt geworden? Ich liege da wie gelähmt.

Ich möchte ewig so liegen; meine Schenkel so warm; die Haut prickelt. Das Licht brennt seit Stunden und ich kann es nicht ausblasen ...

»The Pan-African Ruler owned a porno bookstore and keestered his neighbour's goat.«
James Ellroy, Blood's A Rover

Ich habe sie in allen Schattierungen kennengelernt: Die scheißfreundliche Scheiße, die tierdumpfe Scheiße, die organisiert brutale Scheiße und die angeblich geistig hochstehende Scheiße. Eine so tödlich wie die andere. Und die Prinzessin von der Pfalz sagte zu Voltaire, der in ihrem Badehaus in Schwetzingen ein Apartment für die Sommermonate hatte: »Und wasch er sich zweimal am Tag unter den Achselhöhlen, sonst kommt er mir nicht als Tischnachbar an die Tafel, der Herr Philosoph. Vu? D'ac?«

»Habe ein hübsches Zimmer in der rue Victor Cousin, an der Ecke geht's auf die Place de la Sorbonne, aber es hat ganze drei Quadratmeter. Ich trinke die ganze Nacht Wasser und ersticke. Voilà.«
Brief an Delahaye, Juni 1872

Daß Zellen entarten, ohne Grund, als Strafe für nichts, und aus dem Nichts. (›Wenn Dinge zu lange gedacht werden, fallen sie ins Nichts.‹) Nie wird sich jemand auskennen in diesem Nichts. Man kann es in seiner Sinnlosigkeit nicht einmal hassen.

Jeff Wahl, »Search of premises«, 2009, 192 x 263 cm.

Singend sind wir unter der hohen eisernen Fußgängerbrücke durch die Hafeneinfahrt hinausgesegelt aufs offene Meer, und sein Schwanz pumpte in meinem Arsch. Noch eine Woche danach roch meine Scheiße nach Fischöl. Jetzt schau nicht so pikiert, Isabelle, ich kann nichts dafür, daß du eine alte Jungfer bist.

Und trotzdem. In Aden habe ich mir im Lauf der Zeit fünf oder sechs junge Dunkelhäutige gehalten und mit Befriedigung festgestellt, daß mit einem *a tergo* von Paul Verlaine längst nicht alle Möglichkeiten ausgeschöpft sind. Also nichts gegen die Hafennutten von Aden, ihre legere Art, ihr Raffinement und ihren Fatalismus.

Und in Harar hatte ich ein Jahr lang eine abessinische Schönheit von sechzehn Jahren im Haus, die mir der Ras Tafari, Sohn des Gouverneurs, zum Geburtstag geschenkt hat. Man stellt sich dort den Europäer unwillkürlich als einen vor, der süchtig ist nach dem Temperament und den Reizen der Abessinierinnen. Nicht falsch gedacht. Ich bin der lebende Beweis. Aber wie lange noch.

A. RIMBAUD

UNE

SAISON EN ENFER[3]

PRIX : UN FRANC

BRUXELLES
ALLIANCE TYPOGRAPHIQUE (M.-J. POOT ET COMPAGNIE)
37, rue aux Choux, 37

1873

»You began and ended in air.«
Marilyn Monroe, ›After one Year in Analysis‹

Wann wird der Körper zum Verräter der Willenskraft. Wir hätten es an dem Gefangenen aus dem Norden studieren können. Wenn wir gewollt hätten.

Am Ende des Verhörs war der Überläufer vollkommen entstellt. Er hatte keine Ohren mehr, keine Augen, keine Nase.

Sein Mund war ein roter blubbernder zermalmter Mollusk.

Die Fingerknöchel waren gesplittert, die Fingernägel ausgerissen.

Der Stuhl, auf dem er festgebunden war, stand in einer Blutlache.

›Insect on Chair‹, David Lynch, 2007

Natürlich wäre ich längst tot, wenn ich in Harar oder Addis geblieben wäre. Aber ich hätte noch gesehen, wie die Armeen während des Großen Aufstands zum Kampf aufbrechen, wie sie tagelang über die Ebene ziehen, mit flatternden Fahnen, die Häuptlinge mit ihrem Kopfputz aus Löwenmähne, jeder einen gewaltigen glitzernden Krummsäbel an der Seite.

Ich hätte das Klagegeheul gehört, als die Truppen des Ras beim Versuch, den Vormarsch des Negus aus dem Norden aufzuhalten, vernichtet wurden.

Und dann die Siegesfeiern, als weitere Stämme sich dem Negus entgegenwarfen und seine müde gekämpfte Armee auslöschten ...

»Tagelang tobte die Masse der siegreichen Krieger, umweht vom Gestank nach Blut und Schweiß, unterm

Donnern der Trommeln und den gellenden Stößen der Kriegshörner um den Palast des Ras«, hieß es in der poetischen Depesche, die der französische Gesandte nach Hause schickte.

Und ich hätte den Negus aus dem Norden gesehen, den einzigen, den man am Leben ließ, wie er in Ketten durch das Spalier der tanzenden Menge geführt wird, einen Stein auf der Schulter zum Zeichen der Unterwerfung – ein alter Mann in einem schlichten schwarzen Burnus, einen weißen Tuchfetzen um den Kopf …

»I did go to Addis to investigate the luggage cancer. The cancer had caused several airplane crashes by affecting the luggage in the hold.«
Jürgen Ploog, Flesh Film, 2010

Ich leide noch nicht genug. Ich bin noch nicht am Ende.

Wenn man in ›Modern Warfare 2‹ getroffen wird, hört man erst *zing*, dann *flumb*. Das Blickfeld wackelt, und an den Rändern tauchen Blutspritzer auf. Man hört sich keuchen. Die Geräusche werden dumpf, der Controller vibriert, und man weiß, daß man nur noch einen Moment zu leben hat.

Wenn der Kopf am Boden aufschlägt, blendet der Bildschirm aus. Man hat ein Rauschen in den Ohren, gefolgt von einem Pfeifen wie bei einem Teekessel.

Zuletzt hört man, weit entfernt, die Stimme von McTavish: »Roach, such am nordöstlichen Ende der Landebahn.«

Ist dieser blutverschmierte Augenblick des Todes erreicht, wird man mit einem Zitat belohnt. Es sind Sätze von Einstein, Zora Neale Hurston, Voltaire, Bukowski oder Dick Cheney. Oder Grace Slick: »Life is a bitch, and then you die.«

Diese ewigen Störungen. Sie rauben mir die letzte Kraft. Hier kommen mir keine Schwarzröcke rein! Raus!! Bordel de merde! Und sorgen Sie dafür, M'sieu Belmont, daß endlich mein stinkender Verband gewechselt wird! Habt ihr hier keinen Geruchsinn?! Nein, ich will, daß das Fenster geschlossen bleibt! Und weg mit dieser Kuttenträgerin! Keine Eigenmächtigkeiten! Und her mit diesem neuen Schmerzmittel, wie heißt es noch, ich werde noch wahnsinnig! Für zehn Francs am Tag bin ich umgeben von Versagern und Scharlatanen, die man im Keller von Les Baumettes einlochen müßte, denn sie sind eine Geißel der Menschheit! Jeder stumpfnasige Curandero im Quellgebiet des Amazonas versteht mehr von der Heilkunst! ...

»Wir haben im Haus für Privatpatienten einen Knochenkrebs im Endstadium, der sich aufführt wie ein Irrer. Kann man ihm nicht die Morphium-Dosis erhöhen?«

Dr. Antoine Trastoul, médecin en chef

Nein, ich esse jetzt nichts mehr. Von dem Morphium habe ich Verstopfung, das habe ich dir schon vor Tagen gesagt, Isabelle, soll ich das etwa mit Abführtee bekämpfen? Gib mir die Flasche Médoc da – nein, weg mit dem Glas, das fällt mir doch nur aus der Hand, ich trink ihn aus der Flasche, herrgottnochmal ... Wenn ich dir nicht alles dreimal sagen müßte, wäre ich nicht so heiser ...

A meeting, in Japan, between psychologist Robert Epstein (drrobertepstein) and Repliee Q1, a beautiful android. And the first comment is from crispybacon100 (6 hours ago): I'D SCREW HER!

Ich kann den rechten Arm nicht mehr bewegen. Der Linke ist auch schon zur Hälfte gelähmt. Herzrasen. Schlaflosigkeit. Ekel.

Meine jüngste Schwester, von der ich lange nicht gesprochen habe, ist mir wieder so nah. Erschreckt von der grenzenlosen Langeweile des Kaffs kurz vor der belgischen Grenze hat sie eines Tages die Bäume an den Straßen gezählt. »Hundertelf Kastanienbäume auf der Allee, dreiundsechzig rings um den Bahnhofsplatz«, stand in ihrem kleinen Tagebuch. Da war ihr Leben in der Strafkolonie schon fast zu Ende. Sie konnte sich nur noch aufgeben.

»Vorgestern in Vouziers gewesen und den Preußen zugesehen. Ca m'a ragaillardi ... Sollen sie doch die Ardennen besetzen und alle hemmungslos unterdrücken.«
Brief an Delahaye, Mai 1873

Ich sehe so schlecht. Das Reden fällt mir schwer. Mein Herz setzt aus, dann wird mir schwarz vor den Augen, und im nächsten Augenblick drückt mir mein eigener Gestank den Hals zu. Ich muß hier weg. Sagen Sie mir, wann das Schiff nach Suez ablegt. Ich bin völlig gelähmt, also müssen mich meine schwarzen Träger beizeiten an Bord bringen ...

»Molloy, alt, verwirrt und mit einem, noch dazu gelähmten, Bein – liegt in einem Krankenzimmer und weiß nicht, wie er da hingekommen ist ...«
Beckett, Inhaltsangabe von Molloy

Sogar die Staubwolken in den schrägen Strahlen der Sonne riechen gut, wenn am Abend die Herden zusammengetrieben werden. Und ich sehe sie wieder vor mir, meine Danakil, schlanke sehnige Gestalten, auf ihre Speere gestützt, in kurzen Lendentüchern, die langen schwarzen Haare mit Butter eingerieben ... Ich höre die Spottlieder, die sie am Lagerfeuer singen, das Geheul der Schakale und Hyänen in der Nacht, das Brüllen der Kamele, die am kalten Morgen beladen werden. Ich schmecke das Salz auf meinem verschwitzten Unterarm, und ich schmecke die Kamelpisse im Wasser der Tränke, die unsere Rettung ist nach neun Tagen in der Leere der Wüste.

Der Ras Makonen in Harar läßt mir durch die Messageries Maritimes eine Nachricht zukommen: Er wünscht mir baldige Genesung und versichert mir, daß ich einer seiner angenehmsten und zuverlässigsten Geschäftspartner bin. Er weiß nicht, daß ich morgen sterbe.

10. November 1892, kurz vor 10 Uhr
Das angetrocknete Blut
Raucht auf meinem Gesicht.

Anmerkungen des Herausgebers:

1 Im Ergänzungsband zur ersten Fauser-Werkausgabe, 1994 von Weissner herausgegeben, befindet sich das Fragment eines Krimis – Arbeitstitel *Der dritte Weg* –, das u.a. thematisiert,

wie Polizei und Staatsschützer sowohl Feinde als auch Terror brauchen, um ihren Arbeitsbereich zu rechtfertigen. Die Prämisse des Spionagethrillers sah vor, dass wegen zu wenig Terror und Bedrohung von links das Landesamt für Verfassungsschutz einen V-Mann losschickt, der am Checkpoint Charlie in West-Berlin eine Bombe hochgehen lässt. Abgebrochen hat Fauser das Vorhaben im August 1983, als bei einem Bombenattentat auf das Kulturzentrum Maison de France (am Ku'damm) zahlreiche Menschen verletzt und einer getötet wurden. Seine gegenüber Hellmuth Karasek im Fernsehinterview dargelegte Idee, einen »53-jährigen Ex-Geheimdienstmann in der Randzone zwischen Nachrichtendiensten und -Abteilungen und den kleinen illegalen Geschäften« zu schildern, wurde eingeholt von dem, was Nachrichtenredaktionen brachten. Weissner: »Bei Fertigstellung und Veröffentlichung hätte der Eindruck entstehen können, mit der zentralen Idee des Plots werde ein realer, noch unaufgeklärter Terroranschlag fix ausgeschlachtet.« Perfide: Wegen Beteiligung an dem Attentat von 1983 wurde – nach dem Ende der DDR – ein Oberstleutnant der Stasi, Leiter der Abteilung für Terrorabwehr, verurteilt – und im Januar 2000 Johannes Weinrich zu lebenslanger Freiheitsstrafe. Weinrich, häufig als »Terrorist« bezeichnet (Mitglied der Revolutionären Zellen usw.), hat den Ermittlungen zufolge nie politische Ziele verfolgt; vielmehr als rechte Hand von Ilich Ramirez Sanchez alias Carlos, der Schakal, für Geld grenzüberschreitend Bomben gezündet, Boeings beschossen, Logistik koordiniert usw.

2 vgl. Burroughs' *Naked Lunch: The Restored Text*: Salvador Hassan O'Leary, alias The Shoe Store Kid, alias Wrong Way Marv, alias After Birth Leary, alias Slunky Pete, alias Placenta Juan, alias K.Y. Ahmed, alias El Chinche, alias El Culito etc. etc.

3 *Une Saison en Enfer* ist das einzige Werk, das Rimbaud zum Druck gegeben hat. Die Textvignetten und Gedichte verfasste er als 19-jähriger. Das Buch geriet kaum in die Öffentlichkeit, da die Druckerei auf Bezahlung bestand. Wenige Exemplare der kleinen Auflage erhielten Freunde, die Restauflage wurde erst nach Rimbauds Tod im Lager der Druckerei gefunden.

Der große Graue mit den gelben Zähnen

Frankfurt Airport. Lufthansa-Flug 453 aus Los Angeles. Aus der Gepäckhalle B-5 schiebt sich eine klobige graue Gestalt, die einen monströsen Leinenkoffer mit Schottenmuster schleppt. Alles an dem Mann ist grau, und das Gesicht ist womöglich noch grauer als der Rest. Der einzige Farbfleck sind die gelben Zähne, die er in unregelmäßigen Abständen bleckt – offensichtlich aus einer Mischung von Erschöpfung und Frust. Charles Bukowski, alias »Hank Chinaski«.

Dann folgt eine zierlich gebaute Brünette mit Lachfältchen um die Augen, die in auffälligem Gegensatz stehen zu einem energischen Zug um den Mund: Linda Lee – Freundin, Teilzeitsekretärin, Blitzableiter, Allround-Lebenshilfe und Ernährungsspezialistin. Sie betreibt in Redondo Beach eine Reformkost-Kneipe und hat es dem Vernehmen nach in zäher Fleißarbeit geschafft, den Grauen von Bier und Tacos auf trockenen Weißwein plus Fisch und Geflügel umzustellen. Ihre Avocado-Stullen (»die besten westlich vom Rio Grande«) verschmäht er allerdings nach wie vor. Und schließlich taucht noch Michael Montfort auf: Fotograf, geboren in Freiburg, wohnhaft in Los Angeles. Er wird gewissermaßen einen privaten Härtetest absolvieren und Hank Chinaski während der nächsten drei Wochen mit dem Finger am Auslöser begleiten.

»Hallo«, sagt der Graue. »Lange nicht gesehen.«

Er haßt umständliche Begrüßungen, deshalb mache ich's kurz und sage: »Stimmt. Zehn Jahre, um genau zu sein.«

»Und wenn es mit rechten Dingen zuginge«, ergänzt er mit einem müden Grinsen, »dann hätte ich damals schon seit zehn Jahren unter der Erde sein müssen.« Er sieht sich suchend um. »Was ich jetzt brauche, ist eine Flasche Selterswasser.« Dazu müssen wir erst einmal diesen Schottenkoffer loswerden.

An der Gepäckaufbewahrung geht es nicht recht voran. Ein wichtig dreinblickender Mensch ist mit einer Metallsonde zugange. Mißmutig stellt sich der Graue hinten an.

»Hank hat schon fünf Minuten nach dem Start seinen ersten Stunk gekriegt«, sagt Linda Lee. »Er steckt sich eine von seinen indischen Bidis an – und was passiert? Prompt kommt der Chefsteward angerannt und blafft: ›Machen Sie das sofort aus!‹ ...«

»Der hat mich tatsächlich für einen alten Kiffer gehalten«, sagt Hank. »Die nächste habe ich dann auf dem Klo geraucht.«

Mittlerweile hat die Sonde an drei verschiedenen Stellen seines Koffers gepiept, d.h. der Koffer muß geöffnet und gefilzt werden. Unter einem Dutzend Unterhosen (Übergröße, handgenäht) kommen zum Vorschein: 1 Expander, eine Blechkassette mit einer Rolle 16mm-Film und der Aufschrift »Adults Only«, je 1 Paar Ellbogen- und Knieschützer aus Leder und ein Skateboard aus Plastik mit zwei chromglitzernden Rollen dran (ein Geschenk für meinen Sohn Mike). Der Mann mit der Sonde begehrt Auskunft über Sinn und Verwendungszweck dieser Gegenstände.

»Tell him that's none of his fucking business«, sagt Hank.

»Er sagt, das geht Sie einen Scheißdreck an.«

Der Mann mit der Sonde ist Kummer gewöhnt. Er lächelt milde und beharrt auf Auskunft. Linda verfolgt die

Szene mit ungläubigem Staunen. Nach längerem Hin und Her ringt sich der Mann schließlich zu der Erkenntnis durch, daß man in einem Skateboard aus durchsichtigem Plastik keine Bombe verstecken kann. Der Koffer wird zur Aufbewahrung freigegeben.

»Leck mich«, sagt Linda. »Jetzt weiß ich wirklich, daß wir in Deutschland sind.«

Darauf ein Apollinaris.

Das Parkhotel im Zentrum von Mannheim ist ein gemütlicher alter Kasten mit Doppeltüren, steinharten Ledergarnituren im Foyer und einem Manager, der von sich behauptet, er sei »hart im Nehmen«. Nicht hart genug für die Weißkittel vom Deutschen Ärztetag, die in diesen Tagen das Hotel bevölkern und sich jeden Abend Mut antrinken, weil sie – diesmal endgültig – ihren seit Jahren untragbaren Präsidenten in die Wüste schicken wollen.

Gleich in der ersten Nacht legt sich Hank mit einigen Medizinern an, die auf seiner Etage randalieren, und sorgt im Handumdrehen für Grabesruhe. Der Manager verleiht ihm das Prädikat ›Besonders wertvoll‹. Der Nachtportier wird angewiesen, dem Herrn Bukowski zur Hand zu gehen, wenn dieser morgens um halb 3 Uhr in der Küche rumort und nach Eiswürfeln sucht, sich auf dem Rückweg im Fahrstuhl verklemmt oder sich für den Rest der Nacht in der Wäschekammer der dritten Etage einquartieren will.

Hank, geschlaucht von Magengeschwüren und einem Langstreckenflug, verweigert während der nächsten Tage jede feste Nahrung, so daß wir uns gezwungen sehen, ihm an den langen Abenden bei mir zuhause den Wein zu rationieren. Er bekommt grundsätzlich nicht nachgeschenkt, und Linda nötigt ihn jedesmal zur Einhaltung einer Anstandsfrist von zehn Minuten. Wenn nichts mehr hilft, schindet sie Zeit mit Deutschunterricht. »Ich hätte gern ein Glas Weiß-wain«, sagt sie ihm in akzentfreiem Deutsch vor.

Er: »Ick hatte görn ... was?«

Sie: »Ein Glas Weiß-wain.«

Er: »Ah shit, gimme a drink.«

Linda Lee kann bemerkenswert patent sein und im nächsten Augenblick, übergangslos, mit einem haarsträubenden Statement aufwarten. Zum Beispiel: »Hank war in einem früheren Leben mal König von Mesopotamien, und ich war seine Lieblingskurtisane.« Ganz ohne Flachs. (Ihre Vorfahren waren Spiritisten aus dem Schwäbischen.)

»Ihren Bruder«, sagt Hank, »haben sie in eine Irrenanstalt gesteckt, weil er alles über Eisenbahnen weiß und von nichts anderem redet. Er ist natürlich kein bißchen verrückter als ich.« Nachdenkliche Pause. »Eher weniger, würde ich sagen.«

Am nächsten Tag passiert es zum erstenmal. Linda und Hank ergänzen in der Bahnhofsdrogerie ihre Alka-Seltzer-Bestände, während ich für meinen Sohn einen türkischen Comic erstehe. Im Hinausgehen überholt uns die Dame aus der Bahnhofsbuchhandlung von links hinten und will ein halbes Dutzend Bukowski-Titel signiert haben. Er sieht mich an. »Hast du das eingefädelt? Gib's zu, du hast daran gedreht.« »Keine Spur«, sage ich. Purer Zufall. Wir sind hier in der Provinz. Hier kennt dich kein Mensch.«

Eine halbe Stunde später schleppen wir einige Plastiktüten voll Weinflaschen aus dem Kaufhof und machen uns auf den Rückweg zum Hotel, der normalerweise zehn Minuten dauert. Diesmal dauert er eine dreiviertel Stunde. Zuviele Leute, die Bierdeckel u. dgl. signiert haben wollen. Er wird langsam verlegen. »Das sollte mir mal in Hollywood Park passieren.« Dann: »Ach was. Ich wette, die verwechseln mich mit jemand.«

Vor dem Alster-Café, durch das gerade Chubby Chekker tingelt, bleibt er stehen. »Na bitte. Das ist es – die halten mich alle für Chubby.« Er verzieht peinlich berührt das Gesicht. »Tut mir leid, Chubby!« ruft er ins Foyer hinein. »War nicht so gemeint! ...«

Mit der Zeit wird deutlich, daß ihm der näher rückende Termin seiner Lesung in Hamburg die Sicherungen durchschmort: Er geht rigoros in die Promille. In meinen Achselhöhlen sammelt sich immer häufiger der kalte Schweiß.

Eines Nachts schrillt bei mir das Telefon. Linda. »Er versucht, draußen über den Balkon zu klettern. Das eine Bein hat er schon drüber.« Das um 3 Uhr morgens. Ich versuche meine Gedanken zu ordnen. Ich erinnere mich, daß ich den Balkon nach einer kurzen Begehung für ›off limits‹ erklärt habe. »Sag ihm, ich muß ihn dringend sprechen.« Nach einigen bangen Sekunden ist er am Apparat. »Hank«, sage ich, »ich hab einen unheimlichen Durst und kenne eine erstklassige Bar, in der ...«

»Nicht nötig«, unterbricht er mich. »Ich hab mir nur ein bißchen die Beine vertreten. Don't worry. I'm okay.« Er legt auf.

Parkhotel, Zimmer 218. Linda entfernt einen Bettbezug, der Blutflecken aufweist. Hank ist grade mit einem Blumenstrauß unterwegs zu dem griechischen Zimmermädchen, das ihm nach einem nächtlichen Unfall in der Hotelküche eine Glasscherbe aus dem Arm operiert hat.

»Wenn er nicht bald was ißt«, sage ich, »schafft er's nie bis Hamburg.«

Linda deutet auf eine Batterie von Pillenflaschen auf der Frisierkommode. Vitamin A, B, C, D usw. »Zweimal am Tag ’ne Handvoll«, sagt sie. »Ich sorge dafür, daß er sie nimmt. Das bringt’s.« Hm.

Am Abend erscheint er nicht zur gewohnten Runde. Statt dessen klingelt das Telefon und der Manager sagt: »Der Herr Bukowski ist im Fahrstuhl zusammengebrochen. Wir haben ihn zu dritt auf sein Zimmer getragen.«

»Wahrscheinlich ein Magendurchbruch«, sage ich.

»Um gotteswillen! Er sagt, er will keinen Arzt sehen! Was sollen wir tun?«

»Nichts«, sage ich. »Bin in sechs Minuten da.«

Sein Gesicht hat das gesunde Grau verloren und eine käsige Sauermilchtönung angenommen. Montfort steht grübelnd mitten im Zimmer. Hank rafft sich zu einem schwachen Stirnrunzeln auf. »Ich komm mir vor wie eine Leiche auf Urlaub. Sorry.« Linda kämpft gegen eine Panik an.

Montfort und ich entscheiden, daß der Mann dringend eine anständige Kartoffelsuppe braucht. Wir besorgen aus

Bukowski in Deutschland

Der große Graue mit den gelben Zähnen

„Ich fürchte, ich weiß schon, wie die Sache ausgehen wird“, hat er mir einen Monat vor seiner Ankunft geschrieben. „Nach drei Wochen Deutschland werden wir uns am Gate 38 des Frankfurter Flughafens in die verschleimten Augen sehen, ich werde sagen ‚Carl, it was good‘, und du wirst sagen ‚Hank, es war die Hölle‘ . . .“

Von Carl Weissner

Frankfurt Airport. Lufthansa-Flug 453 aus Los Angeles. Aus der Gepäckhalle B-5 schiebt sich eine klobige graue Gestalt, die einen monströsen Leinenkoffer mit Schottenmuster schleppt. Alles an dem Mann ist grau, und das Gesicht ist womöglich noch grauer als der Rest. Der einzige Farbfleck sind die gelben Zähne, die er in unregelmäßigen Abständen bleckt – offensichtlich aus einer Mischung von Erschöpfung und Frust. Charles Bukowski, alias „Hank Chinaski“.

Dann folgt eine zierlich gebaute Brünette mit Lachfältchen um die Augen, die in auffälligem Gegensatz stehen zu einem energischen Zug um den Mund: Linda Lee – Freundin, Teilzeit-Sekretärin, Blitzableiter, Allround-Lebenshilfe und Ernährungsspezialistin. Sie betreibt in Redondo Beach eine Reformkost-Kneipe und hat es dem Vernehmen nach in zäher Fleißarbeit geschafft, den Grauen von Bier und Tacos auf trockenen Weißwein plus Fisch und Geflügel umzustellen. Ihre Avodaco-Stullen („die besten westlich vom Rio Grande“) verschmäht er allerdings nach wie vor. Und schließlich taucht noch Michael Montfort auf: Fotograf, geboren in Freiburg, wohnhaft in Los Angeles. Er wird gewissermaßen einen privaten Härtetest absolvieren und Hank Chinaski während der nächsten drei Wochen mit dem Finger am Auslöser begleiten.

„Hallo“, sagt der Graue. „Lange nicht gesehen.“

dem Restaurant um die Ecke eine halbe Terrine voll, die er mit Genuß bis auf den Grund auslöffelt. Dann fallen ihm die Augen zu. Am nächsten Morgen ist er so gut wie neu. Zwölf Stunden später geht er wieder auf dem Zahnfleisch.

Wir beschließen, zur Abwechslung mal deutsche Kultur zu tanken.

Das Schwetzinger Schloß ist geschlossen. Wegen Renovierung. Auch gut. »Früher war hier Voltaire in der Sommerfrische«, sage ich. »Im Mai '45 hat sich dann der Panzergeneral Patton das Ding geklemmt.«

»Der alte Patton«, sagt Hank, »hatte schon immer was übrig für Wohnkultur. Im Gegensatz zu mir.« Damit ist das Schloß für ihn gestorben.

Es hat keinen Sinn, daß ich jetzt vom Beitrag des Kurfürsten zur dt. Jagdkultur anfange, denn die Beweise (zeitgenössische Bilddokumente) hängen drinnen im Schloß, und ohne die Beweise glaubt es mir kein Mensch: Der Fürst ließ hinten im Schloßpark einen künstlichen See anlegen, am einen Ufer standen robuste Schleudervorrichtungen, mit denen die Eber und Dachse usw. bei bengalischer Beleuchtung in hohem Bogen übers Wasser katapultiert und von den dekadenten Adligen im Flug abgeknallt wurden.

Zum Schloß gehört auch eine Moschee.

»War dieser Kurfürst etwa Moslem?«

»Nein«, sage ich, »er hat sich das Gotteshaus nur aus Angeberei da hinten hinstellen lassen. Jetzt wird es von türkischen Gastarbeitern benutzt.«

Die Moschee-Frau steigt grade von ihrem Fahrrad. Sie schließt auf und bittet uns, die Schuhe auszuziehen.

»Der Mullah«, sagt sie, »ist sehr streng. Seh'n Sie mal den Zettel da an der Wand. Da hat er aufgeschrieben, wieviel die Leute von ihrem Lohn an ihn abführen müssen.«

Wir sehen uns das an. Die Beträge sind enorm.

»Ich habe mal in einer Hundekuchenfabrik gearbeitet, die von der Mafia kontrolliert wurde«, sagt Hank. »Die haben uns nicht halb soviel abgenommen wie dieser Mullah hier.«

»Und da hinten, die Burgruine«, sagt die Frau. »Die wurde gleich als Ruine gebaut.«

»Als Ruine?« fragt Hank entgeistert.

»Ja. Das galt damals als schick, sowas zu haben. Oder als romantisch, was weiß ich.«

»Pervers«, sagt Linda.

Der Säulengang rings um den Innenhof der Moschee ist bis in Kopfhöhe und darüber mit Sprüchen in allen Weltsprachen bekritzelt. Hank entdeckt hoch oben einen japanischen Schriftzeug.

»Donnerwetter«, sagt er, »hier muß mal ein zwei Meter großer Japaner durchgekommen sein.«

Die Moschee-Frau lacht. »Nee«, sagt sie, »für Japaner haben wir extra eine Leiter.«

Hamburg. Hank ist in passabler Verfassung. Er hat sich an eine bewährte Lebensregel seiner ehemaligen Wirtsleute aus der DeLongpre Avenue in L.A. erinnert: 1 Tag Alkohol. 1 Tag Pause.

Lokaltermin in der ›Markthalle‹. Derschau, der ihn vor Ort in Los Angeles zu dieser Lesung überredet hat, muß sich nebenbei als Requisiteur betätigt haben, jedenfalls steht auf der Bühne ein Kühlschrank. Er enthält etwa zwei Dutzend Flaschen. Ich räume die Flaschen aus und deponiere sie hinter der Bar.

»Wieviel müssen die Leute hier Eintritt bezahlen?« erkundigt sich Hank. »Fünf Dollar? ... Mhm. Da sollte ich vielleicht sehen, daß ich mit Anstand über die Runden komme. Zwei Flaschen. Nicht mehr. Unsere Sorte.«

Zwei von den mitgebrachten Müller-Thurgau kommen in den Kühlschrank.

Thomas Schmitt vom WDR ist mit seinen beiden Kamera-Teams am Aufbauen. »Mehr Licht«, sagt Montfort. (Berühmte letzte Worte ...)

Inzwischen ist Hank vom Österreichischen Fernsehen abgeschleppt worden. Eine halbe Stunde später finden wir ihn wieder, zwei Stockwerke tiefer, in einem Antiquitätenladen mit Butzenscheiben und künstlichen Blumen. Er nippt an einem Weinpokal, dessen Inhalt die Farbe und Konsistenz von Ochsenblut aufweist.

»Oh shit«, sagt Linda.

Er beantwortet gerade die Frage, wie er es nun wirklich mit der Frauenbefreiung halte. »Einige meiner besten Freundinnen sind Emanzen«, sagt er, ohne mit der Wimper zu zucken.

»Ain't that the cat's pajamas«, fügt Linda Lee trocken hinzu.

Weitere Interviews. Der Mann vom *Hamburger Abendblatt*. Der Mann von den *Stuttgarter Nachrichten*. »Ist der antikapitalistische Zug, der sich wie ein roter Faden durch Ihr Werk zieht ...«, usw.

glaubt es mir kein Mensch. (Der Fürst ließ hinten im Schloßpark einen künstlichen See anlegen, am einen Ufer standen robuste Schleudervorrichtungen, mit denen die Eber und Dachse usw. bei bengalischer Beleuchtung in hohem Bogen übers Wasser katapultiert und von den dekadenten Adeligen im Flug abgeknallt wurden.) Zum Schloß gehört auch eine Moschee.

„War dieser Kurfürst etwa ein Moslem?"

„Nein", sage ich, „der hat sich das Gotteshaus nur aus Angeberei da hinten hinstellen lassen. Jetzt wird es von türkischen Gastarbeitern benutzt."

Die Moschee-Frau steigt gerade von ihrem Fahrrad. Sie schließt auf und bittet uns, die Schuhe auszuziehen.

„Der Mullah", sagt sie, „ist sehr streng. „Seh'n sie mal den Zettel da an der Wand. Da hat er aufgeschrieben, wieviel die Leute von ihrem Lohn an ihn abführen müssen."

Kühlschrank

Wir sehen uns das an. Die Beträge sind enorm.

„Ich habe mal in einer Hundekuchenfabrik gearbeitet, die von der Mafia kontrolliert wurde", sagt Hank. „Aber die haben uns nicht halb soviel abgenommen wie dieser Mullah hier."

„Und da hinten, die Burgruine", sagt die Frau. „Die wurde gleich als Ruine gebaut."

„*Als Ruine?*", fragt Hank entgeistert.

„Ja. Das galt damals als schick, sowas zu haben. Oder als romantisch, was weiß ich."

„Pervers", sagt Linda.

Der Säulengang rings um den Innenhof der Moschee ist bis in Kopfhöhe und darüber mit Sprüchen in allen Weltsprachen bekritzelt. Hank entdeckt ziemlich hoch oben einen japanischen Schriftzug.

„Donnerwetter", sagt er, „hier muß mal ein zwei Meter großer Japaner durchgekommen sein."

„Die Moschee-Frau lacht. „Nee", sagt sie, „für Japaner haben wir extra eine Leiter."

Darauf eine Schwetzinger Spargelsuppe.

Hamburg. Hank ist in passabler Verfassung. Er hat sich an eine bewährte Lebensregel seiner ehemaligen Wirtsleute aus der DeLongpre Avenue in L.A. erinnert: 1 Tag Alkohol, 1 Tag Pause.

Lokaltermin in der „Markthalle". Derschau, der ihn vor Ort in Los Angeles zu dieser Lesung überredet hat, muß sich nebenbei als Requisiteur betätigt haben, jedenfalls steht auf der Bühne ein Kühlschrank. Er enthält etwa zwei Dutzend Flaschen. Ich räume die Flaschen aus und deponiere sie hinter der Bar.

„Wieviel müssen die Leute hier Ein-

Abends gegen halb 9 steigt er die Stufen zur ›Markthalle‹ hinauf und blickt in die Kamera des NDR-Freitagsmagazins. Frage: »Charles Bukowski schreibt so viel vom freien Leben ...« (Nanu, seit wann denn das?) »Fühlt sich Charles Bukowski auch selbst frei?«

Seine Geduld ist strapazierfähiger als ich dachte: Er dementiert auch dieses Gerücht.

Die Halle ist überfüllt. 1200, vielleicht auch ein paar mehr. Er bahnt sich einen Weg zur Bühne. Die Lautstärke, mit der ihn das Publikum begrüßt, übertrifft meine Erwartung um einige Dezibel. »Hello«, sagt er, »it's good to be back.« Er läßt einige Beispiele für »standard bullshit«, wie er es nennt, vom Stapel, ehe er zu den ernsteren Sachen übergeht; die Leute gehen mit, reagieren größtenteils sogar an den richtigen Stellen, und ein Kontingent von Stänkerern sorgt für Ausgewogenheit.

Zwischendurch stellt er Linda Lee vor, erkundigt sich nach einem Fluchtweg (»Gibts hier eine Feuerleiter, über die ich abhauen kann?«), geht auch mal eine Viertelstunde auf Zwischenrufe aus verschiedenen Ecken des Saales ein und sagt am Ende: »Menschenskind, ihr redet hier mehr als ich ... you Germans are too tough for me ...«

Die Luft ist zum Schneiden, der Sauerstoffgehalt sinkt, die beiden Müller-Thurgau sind leer, letztes Gedicht, anhaltender Beifall, Trampeln, Johlen ... »Dankeschön ... and good night ...«

Chinaski was here.

Handfeste Rock-Lyrics

Wolf Wondratschek: *Chuck's Zimmer.* Zweitausendeins-Versand, 6 Frankfurt/M., Postfach 600874, DM 6,90 (+ DM 2,50 Porto & Verpackung)

Gedichte von Wondratschek bekam ich zum ersten Mal vor ungefähr zehn Jahren zu sehen. Sie waren so, daß sie an meinem Gedächtnis keine Schrammen hinterlassen haben. An einem Tag des Jahres 1968 soll Wondratschek hundert seiner Gedichte auf einen Schlag vernichtet haben. Das Gedicht, für das er tags zuvor den Leonce-und-Lena-Preis erhalten hatte, gehörte mit Sicherheit nicht dazu. In diesem Gedicht hieß es unter anderem: »Als Alfred Jarry bemerkte, daß seine Mutter eine Jungfrau war, bestieg er sein Fahrrad«. Hier hatte Wondratschek das erfolgsversprechende Strickmuster gefunden, nach dem er dann auch seine Prosatexte anfertigte: es waren Sätze, von denen keiner auf eine Pointe verzichten wollte, auch wenn er dadurch zum Kalauer wurde; Sätze, die oft nicht mehr zu sagen hatten, als daß sie eben schick formuliert seien. Für die beiden Prosabände, in denen diese Sätze versammelt sind, fanden sich im Laufe der Jahre etwa 50.000 Abnehmer, und für Wondratschek schien es keinen Grund zu geben, weshalb er eines Tages – Erfolgsrezept hin oder her – über seinen eigenen Schatten springen sollte.

Genau das hat er aber jetzt getan – mit seinem Gedichtband *Chuck's Zimmer*, an dem zwei Dinge bemerkenswert sind: 1. Wondratschek redet jetzt Klartext (und das heißt unter anderem: Umgangssprache), und er redet von handfesten Erfahrungen aus dem Alltag von Leuten, die wie er selbst nicht viel älter als Dreißig sind und nach einer Reihe von Trips (die nicht immer die besten waren) einiges dazugelernt haben; 2. Wondratschek hat das Buch auf eigene Kosten produziert und kümmert sich auch selbst um den Vertrieb.

BÜCHER

Wolf Wondratschek
Chuck's Zimmer

Von Carl Weißner

Gedichte von Wolf Wondratschek bekam ich zum ersten Mal vor ungefähr zehn Jahren zu sehen. Sie waren so, daß sie an meinem Gedächtnis keine Schrammen hinterlassen haben. An einem Tag des Jahres 1968 soll Wondratschek hundert seiner Gedichte auf einen Schlag vernichtet haben. Das Gedicht, für das er

2. Wondratschek
Kosten produzi
auch selbst um
„Es ist eine
gung, etwas, was
hat, selbst zu d
der Frankfurter
er es nötig hätt
genau wie seine
Verlag erscheinen
Stattdessen is
chen nach Fertigs
erschienen, koste
Preis ist es wert
nur ‚wieder so
band'.
Einer ganzen
merkt man an, d
Message von Le
Harry Gelb St
(„Blaue Flecken
nicht spurlos vo
genau wie diese b
auch er die Ged
Charles Bukowsk
gelesen. Zwar m
krampfigen For
‚alte' Wondratsch
los, besoffen vo
alle Marxisten"
komisch finde,

»Es ist eine unglaubliche Befriedigung, etwas, was man selbst geschrieben hat, selbst zu drukken«, sagte er auf der Frankfurter Buchmesse. Nicht daß er es nötig gehabt hätte – er hätte das Buch genau wie seine bisherigen im Hanser-Verlag erscheinen lassen können.

Stattdessen ist das Buch wenige Wochen nach Fertigstellung des Manuskripts erschienen, kostet DM 6,90, und diesen Preis ist es wert, denn es ist mehr als nur ›wieder so ein deutscher Lyrikband‹.

Einer ganzen Reihe seiner Gedichte merkt man an, daß die hautnahe direkte Message von Leuten wie Fauser (*Die*

Harry Gelb Story) und Theobaldy (*Blaue Flecken*) an Wondratschek nicht spurlos vorübergezogen ist; und genau wie diese beiden hat auch er die Gedichte des Amerikaners Charles Bukowski mit einigem Gewinn gelesen. Zwar meldet sich in manchen krampfigen Formulierungen noch der ›alte‹ Wondratschek: »Ich redete drauflos, besoffen vom Leitungswasser wie alle Marxisten« (was ich auch deshalb komisch finde, weil er mir als Marxist eigentlich nie aufgefallen ist), aber wenn er z.B. mißmutig auf seine frühere Tätigkeit als Zulieferer des offiziellen Kulturbetriebs zurückblickt, klingt das ziemlich glaubwürdig:

> *… eine Reihe nutzloser Gespräche, lausige Interviews, die ich immer in einer genau ausgedachten, politisch symmetrischen Harmonie absolvierte, rechts ein Konservativer, sonnengebräunt, halbrechts der liberale Universitätslehrer, der seine Schwäche für Neger durchblicken läßt, sobald er Zeit dafür hat, in der Mitte Schweinchen Schlau, daneben meistens Günter Grass …*

So direkt und ohne Schlenker geht es in diesem Band nicht immer zu, aber oft genug, um interessant zu sein für Leute – vor allem jüngere –, die sonst mit gutem Grund um Gedichte einen Bogen machen.

Da ist zum Beispiel die Rede von einem alten Bekannten, den der neue Wondratschek (»barfuß«) auf der Buchmesse trifft: »Wenn wir früher mal zusammen ins Puff gegangen wärn, anstatt immer nur in die Funkkantine, wir wären bestimmt zeitlebens gut miteinander ausgekommen, aber so lief's halt nicht besonders«.

Es ist auch öfter die Rede von einem Typ namens Chuck. der plötzlich feststellt, daß er während der letzten zehn Jahre in einen ziemlichen Sumpf geraten ist, aus dem er nicht mehr herausfindet; er streicht sein Zimmer schwarz an, setzt sein Frühstück in Brand, die Leber macht Schwierigkeiten, und er sagt sich: »Too late to be legal«; schließlich: »Chuck beschließt, völlig entmutigt, glücklich zu sein«, aber daraus wird nicht viel werden:

> *Im Osten bleibt die Leuchtschrift hängen. Im Westen eröffnet ein neues Lokal. Ein leerer Arm liegt neben dem Verstärker. In den Särgen wird englisch gesprochen ...*

Das Mädchen in Apartment 302 ist auch nicht besser dran: sie fühlt sich »wie ein Astronaut, der heimlich Fingernägel kaut, auch nicht weiß, wie's weitergeht.« Man hängt also ziemlich rum, keiner sieht so recht, wo es langgehen soll, auch Wondratschek selbst sagt an einer Stelle zu seinem Freund, dem Boxer:

> *Deine Freundin wird irgendwann am Blitzlicht der Modefotografen ersticken und ich lande in irgendeiner tödlichen Folterkammer, die den Vorteil hat, ganz sanft zu funktionieren ...*

Ich weiß nicht, ob er sich hier mit dem Gedanken vertraut machen will, daß er eines Tages, wenn alle Stricke reißen, Beamter werden wird. Auf jeden Fall scheint er für die Zukunft wenig reelle Chancen zu sehen, und unterm Strick bleibt für ihn vorerst nur die trockene Feststellung übrig, die er auf Seite 28 einem Rock'n'Roll-Freak mit auf den Weg gibt: »Was soll ein Typ wie du machen außer weitermachen.«

Dazu liefert er allerdings eine Bestandsaufnahme in Form von handfesten Rock-Lyrics, die (von einigen Ausrutschern abgesehen) zum Besten gehören, was in dieser Art bisher in deutscher Sprache zu Papier gebracht worden ist. Das ist umso weniger zu verachten, als man um die Feststellung nicht herumkommt, daß deutschen Popgruppen auf diesem Gebiet schon seit jeher nicht eben viel Brauchbares eingefallen ist. Es wäre deshalb keine schlechte Idee, wenn sie sich hier bedienen würden:

Die Show ist restlos ausverkauft
Die toten Typen tanzen Rock'n'Roll
2001 steht an der Wand in Kreide
Ein Raumschiff wird in Elvis umgetauft

Henry Miller geht wieder auf den Strich

In diesem Zusammenhang trifft es sich ganz gut, daß Wondratschek auch einen sehr sinnvollen Dreh gefunden hat, um mit diesen Texten die richtigen Leute zu erreichen: der Frankfurter Pop-Schallplatten-Versand ›Zweitausendeins‹ hat das Buch in seinen Katalog aufgenommen.

Der Schatten zwischen Leben und Leinwand

Jörg Fauser: *Marlon Brando. Der versilberte Rebell.* Verlag Monika Nüchtern, München. 172 Seiten, DM 22,80

Sartre hat einen Nobelpreis abgelehnt, Brando ließ einen Oscar zurückgehen. Mindestens in einem scheinen die Handlungsweisen dieser beiden gleichrangig zu sein: als souveräne Absage an die Mauschler und Macher, die Zinker und professionellen ›little men‹ der Bewußtseinsindustrie. Unterschied: Der unbequeme Denker aus Frankreich verzichtete damit zugleich auf den materiellen Zugewinn, der mit dem Wisch aus Stockholm verbunden ist, und wehrte sich insoweit erfolgreich gegen das Versilbern seiner unbequemen grauen Zellen. Das Naturtalent aus Omaha/Nebraska dagegen, als unbequemer Verweigerer angetreten und nicht trotzdem, sondern (auch) gerade dadurch erfolgreich geworden, bekam auch hier noch den längeren Arm der Branche zu spüren, der jedes Motiv ins Unglaubwürdige verbiegt: die Versilberung folgte auf dem Fuße, unbeirrt und wie gehabt.

Der Untertitel, den Jörg Fauser für seine Brando-Biographie gefunden hat – *Der versilberte Rebell* – ist also nicht bloß eine griffige Formulierung; es wird damit der schwierige Rahmen abgesteckt für ein Buch, das von vornherein mehr als nur die Biographie eines Filmstars sein mußte.

In der Tat. Die Brüche in der privaten und öffentlichen Figur des Mannes aus Omaha – deutlicher und exemplarischer als bei Hollywood-Mitläufern, die an ihrem Image kaputt gingen – haben hier den Stoff geliefert für eine glänzend geschriebene Auseinandersetzung mit dem, was das T.S. Eliot-Zitat auf Seite 7 meint: »Zwischen Idee und Wirklichkeit fällt der Schatten.«

Fauser: »Dies ist ein Buch über den Schatten; wenn es etwas taugen wird, ist es ein Buch über den Schatten zwischen Idee und Realität ... Marlon Brando ist ein Mann, der den Schatten immer gespürt hat, der immer gewußt hat: man kann sich die Rebellion versilbern lassen, den Schatten nicht.« Denn: »Der Schatten ist DER ZWEIFEL.«

Ein hoher Anspruch. Er wird, meine ich, auf den folgenden 155 Seiten eingelöst. Und wie das geschieht, ist wahrhaftig lesenswert. Das Buch ist, fast auf jeder Seite, zugleich eine Streitschrift wider die Kontrolleure und Verhunzer, und ein Pamphlet für die Selbstbehauptung des Individuums in der Verweigerung, des Outlaw mit der ›Waffe der Phantasie‹. Es geht in dieser Biographie, und zwar gründlich und gekonnt, um das Ergebnis von Überlegungen und Recherchen, die mit der Hauptfigur und ihrem ›Umfeld‹ zu tun haben; es geht aber auch immer wieder um den, der da schreibt – und: wo er schreibt.

»Alles Geschriebene ist Sauerei, schrieb Artaud ... Nehmen Sie das nur wörtlich ... Denken Sie daran, wenn Sie die Verwertungsverwalter von der AG Volksverdummung sehen, denken Sie, wenn Sie Aasgeier sagen, immer an diese Gesichter im Fernsehen, und wenn Sie Aas sagen, denken Sie an Artaud im Irrenhaus ...«

»... Ausblick auf städtisches Hinterland, Kneipe an der Ecke, Bratwurst und Bier und ein bißchen Schnee auf Asphalt. Und in tausend Stehausschänken singt Bernd Clüver *Frieden braucht auch der Rebell.*

Und wenn sich einer den ganzen Tag abgestrampelt hat für das Dach überm Kopf und die Unbedenklichkeitserklärung vom Verfassungsschutz und das *Heitere Beruferaten*[1] und das Badespray ... will der nun auch noch Liebe und Wahrheit und letzte Dinge? Natürlich will er, aber er will, daß andere den Kopf dafür hinhalten und den Griffel und den Schwanz – er will Idole.«

Das war am Anfang des Kapitels *Das Idol*, und danach erst die Betrachtung von drei männlichen Hollywood-Idolen – a) als Idol (öffentliche Kunstfigur) und b) im sog. wirklichen Leben: Montgomery Clift (»homosexueller Puritaner«), James Dean (»genialischer Psychopath«), Marlon Brando (im Vergleich dazu »fast banal wie ein Kleinbürger«).

Dieser radikale persönliche Einstieg, mit vollem Risiko durchgehalten, macht das Buch so wichtig. Und daß es damit für Brando-Fans schon wieder unbequem wird, macht gerade seinen Wert aus. Ein Buch, dessen Autor seinen Blick genauso beharrlich auf die Realität hinter der Idee (und dem Schatten dazwischen) trainiert hat, wie es der Mann aus Omaha getan hat, der seinen *Letzten Tango* ungerührt und illusionslos auf die Formel bringen konnte: »Let's just say we're taking a flying fuck on a rolling doughnut.«

Anmerkung des Herausgebers:

1 *Was bin ich? Das heitere Beruferaten* war eine Quizsendung, die von der ARD bis 1989 ausgestrahlt wurde. Abgeschaut vom US-amerikanischen Vorbild, in der BRD mit Unterbrechung ab 1955 produziert, zum Zeitpunkt der Brando-Bio entsprechend faltig und schlaff.

Die toten Seelen in der Bronx

Hubert Selby: *Requiem für einen Traum*. Roman. Deutsch von Kai Molvig. Rowohlt Verlag, Hamburg. 320 S., 36 Mark.

Harry sperrte seine Mutter in den Wandschrank.« Schon wieder so eine Nummer von Sam Beckett? Nein, es handelt sich um den neuen Roman von Hubert Selby, und Harry Goldfarb mutet seiner Mutter wieder einmal einen Cold Turkey zu, damit er, zusammen mit seinem schwarzen Freund Tyrone C. Love, ihren Fernseher wegschleppen und beim Pfandleiher Rabinowitz an der Ecke versetzen kann. Die paar Lappen, die es dafür gibt, reichen gerade für den nächsten Fix.

Harry und Tyrone sind also abhängig von jenem Gift, das seine deutschen Erfinder um die Jahrhundertwende als harmloses Schnupfenmittel propagierten, und Mutter Sara ist abhängig von den Werbespots und Seifenopern ihres elektronischen Hausfreundes, der ihr den verstorbenen Mann und noch manches andere ersetzt, aber bald zieht sie auch auf der chemischen Ebene gleich: Sie macht eine Schlankheitskur (man hat ihr die Teilnahme an einer Quiz-Sendung in Aussicht gestellt) und läßt sich mit Pillen vollstopfen.

Harry, dem die Symptome sofort bekannt vorkommen, versteht die Welt nicht mehr: Speed! Leck mich am Ärmel! Meine eigene Mutter! Auf Speed! ... Aber was soll man da machen in der Bronx, einem der trostlosesten Slums in Amerika? Man peilt den großen Traum an.

Für Sara Goldfarb soll der Spruch von Andy Warhol wahr werden, wonach angeblich jeder in seinem Leben einmal für fünfeinhalb Minuten berühmt sein kann, und für Harry und Tyrone heißt der Fixpunkt am Horizont: »one pound of pure« – ein Pfund reines Heroin, das man mit Milchzucker aufs Doppelte und Dreifache strecken und flugs verdealen kann, und dann ab in die Vollen ...

Doch eines Tages wird der Shit in New York so knapp, daß es kaum noch für den eigenen Bedarf reicht. Die beiden Spritzer, von der Suchtkrankheit schon halb um den Verstand gebracht, verstellen sich darauf, die Connections an der Quelle aufzusuchen – in Miami.

Dabei müssen sie feststellen, daß sich da unten nicht viel geändert hat. Als Nigger hat man ungefähr soviel Chancen wie ein Schneeball in der Hölle, und als weißer jüdischer »Niggerlover« kann man es gleich vergessen. Harry fault zwar schon der linke Arm ab, den er sich mit unzähligen dreckigen Nadeln eitrig gebohrt hat, aber auch dafür gibt es keinen Bonus. Im Gegenteil:

> »Der Arzt und die Beamten flachsten miteinander und lachten und tranken Coca-Cola, während die Sträflinge in Ketten an ihnen vorbeischlurften. Der Arzt sah sie an und stellte allen die gleiche Frage: Kannst du mich sehen? Kannst du mich hören? Sie nickten und der Arzt schlug sie auf den Rücken und gab damit sein Okay fürs Arbeitslager ... Harry stöhnte und seine Knie gaben nach und der Bulle riß ihn hoch. Er sagt, daß irgendwas mit seinem Arm nich in Ordnung is. So? Der Arzt zerrte den Ärmel von Harrys Hemd hoch und Harry brüllte auf und sackte in sich zusammen und sie rissen ihn wieder

> hoch. Der Arzt sah den Arm an und kicherte. Ich glaube nicht, daß du noch mehr Dope in diesen Arm schießen wirst. *Boy*. Pfui Teufel, der stinkt schlimmer wie'n Nigger. Sie lachten alle. Wird die Woche wohl kaum überleben. Noch welche? Nein, das wär's, Doc. Schön. Dann bis nächste Woche.«

Sara Goldfarb ist mittlerweile im Bellevue-Hospital in den Fängen von Psychiatern und wird mit Elektroschocks gequält.

Selbys große Stärke ist sein unfehlbares Gespür für den Originalton. Er hat das, was man bei Musikern den »perfect pitch« nennt, das absolute Gehör. (Zum Glück – für ihn und für uns – hat er auch einen Übersetzer, der selbst bei Sachen wie »Ya scum bag muthafuckas ah got ya fuckin strawberry douche ya douche bag pricks« nicht einen Augenblick in Verlegenheit kommt.) In der Eindringlichkeit, mit der er den Weg seiner Gestrauchelten und Geschundenen in die Vernichtung protokolliert, erreicht er eine Überzeugungskraft, die auch hart gesottene Naturen in die Knie zwingen kann.

Sein erster Roman, *Letzte Ausfahrt Brooklyn* (1964), »explodierte wie eine rostige Höllenbombe über Amerika« (Allen Ginsberg). Die Sprengkraft seines neuesten ist kein bißchen geringer.

Eine Corrida am Highway 50

Die spannendste amerikanische Radiosendung des Jahres 1969 ging so: »Dritter März ... achtzehnter Oktober ... elfter Juni ... zwanzigster August ...«

Es war keine Aktion von Burger King.

Sondern die Auslosung der nächsten Teilnehmer am Vietnamkrieg – nach ihrem Geburtstag. Wer zu den Jahrgängen 1944–1951 gehörte und im Radio seinen Geburtstag hörte und alphabetisch unter den ersten 120 war, hatte gute Aussichten, demnächst im Mekong-Delta oder in Khesanh zu landen, wo ihm Victor Charlie und die Commies aus dem Norden nach dem Leben trachteten.

William Cody Maher, Jahrgang 1950 (den bürgerlichen Namen von Buffalo Bill trägt er, weil sein Vater ein Wildwest-Fan war) saß mit seinem älteren Bruder am Küchentisch der Eltern vor dem Radio und ließ die geballte Faust niedersausen, so oft sein Datum knapp verfehlt wurde. Er weiß heute noch, welche Tischdecke auflag und auf welchem der fünf Stühle er saß.

Das Haus der Eltern sah aus, als hätte ein Bulldozer zwei Sklavenhütten zu einem »L« zusammengeschoben. Es lag in einer Sackgasse in Hunter's Point, einem schwarzen Slum am südöstlichen Rand von San Francisco. Der weiße Mitmensch fuhr nur in diese Richtung, wenn er ins Baseballstadion Candlestick Park wollte. Nach der Ermordung von Martin Luther King war paramilitärisch ausstaffierte Riot Police vorgefahren, um weiße Familien wie die Mahers mit der Maschinenpistole im Anschlag vor dem schwarzen Mob zu schützen. Der Mob fackelte aber nur die Streifenwagen ab.

Der Geburtstag von Cody wurde nicht verlesen, aber der seines Bruders. Dessen Boss, ein Spediteur, hatte Beziehungen und brachte ihn bei der Nationalgarde unter. Es gab damals keine gesetzliche Grundlage für den Einsatz von Nationalgardisten in einem Krieg. Das wußte auch George W. Bush, der sich bei der Air National Guard von Texas in Sicherheit brachte.

Bill Cody kennt die Nachteile der Rassentrennung von beiden Seiten, und deshalb darf man ihm mit Multikulti-Schmus nicht kommen. In seiner Schulzeit konnte es passieren, daß ihn Schwarze, die eben noch seine Spielkameraden gewesen waren, in den Maschendrahtzaun des Basketballplatzes droschen, so daß ihn der ältere seiner beiden Brüder heraushauen mußte. Und es kam vor, daß er als vorübergehendes Mitglied einer schwarzen Bande einem weißen Boy auflauerte, der sich unbeliebt gemacht hatte und eine Abreibung nötig hatte.

Den Rest seiner Freizeit verbrachte er lesend in dem uralten Rambler Kombi, den er einem Freund für fünfzig Dollar abgekauft hatte. Das Wrack parkte vor dem Elternhaus am Straßenrand, und der Zündschlüssel steckte immer. Für den Fall, daß Typen aufkreuzten, die noch eine Rechnung mit ihm offen hatten.

In seinem langen Gedicht *Mein Name ist Hunter's Point* ist jede Zeile autobiographisch: Der weiße Nachbar wurde von drei schwarzen Teenagern angepöbelt, als er vor dem Haus sein Auto reparierte. Ein Wort gab das andere. Sie schossen nicht auf ihn und stachen nicht auf ihn ein, sondern schnitten ihm den Schwanz ab. Dann gingen sie ins Haus und vergewaltigten seine Freundin.

Drei Häuser die Straße runter wurde einer mit der Machete geköpft.

Ein Bursche von 15 oder 16 erschoß seinen Bruder, der ihm die Freundin ausgespannt hatte. Mit der Schrotflinte. Im Vorbeifahren.

Vater Maher liebte Tiere und fand nur Arbeit in den Schlachthöfen der Umgebung, wo er sie anfangs noch mit dem Vorschlaghammer umbringen mußte und später mit dem Bolzenschußgerät. Er wurde wie viele seiner Kollegen zum Alkoholiker. Nach der Kündigung bekam er einen Job als Straßenkehrer und kippte oft mitsamt dem Besen um. Seine letzte Anstellung fand er in einem Tierheim, wo er Hunde und Katzen vergasen mußte, die keine Abnehmer fanden. Mit 55 starb er an Krebs.

Die Mutter, Spanierin, arbeitete in Fabriken und ernährte irgendwann nicht nur den alkoholkranken Mann, sondern auch die fünfzehn Hunde und Katzen, die er im Lauf der Zeit aus dem Tierheim mit nach Hause brachte. Nach einem Nervenzusammenbruch schied sie aus und bezog Invalidenrente.

Eines Tages las Bill Cody, damals noch in der Highschool, einen Roman von Kerouac und war nicht beeindruckt. Die Poetry & Jazz-Veranstaltungen, eine Erfindung der Beat Generation, ließen ihn kalt. Seine Musik war die von Roy Orbison, Bob Dylan, The Doors, The Beach Boys.

Das Geld fürs College verdiente er sich als Nachtportier in einem Billighotel und als Automatenbefüller auf amerikanischen Kriegsschiffen. Man kann sich den Job nicht immer aussuchen.

Auf dem Flugzeugträger USS Coral Sea, der gerade unterwegs war in vietnamesische Gewässer, füllte er ein Kilo Snickers nach und sagte anschließend an Deck zu einigen umstehenden Ledernacken: Wir haben kein Recht, in Fernost Zivilisten zu killen, die uns nichts getan haben.

Worauf ihn die Marines an seinen langen Haaren zu ihrem Hauptmann schleiften.

In Los Angeles schloß er sich einer Horde Jesus-Freaks an. Er suchte nicht Gott, sondern eine Ersatzfamilie. (Sein älterer Bruder war seit der Grundausbildung bei der Nationalgarde auch nicht mehr derselbe.) Der Chefprediger der Freaks redete in Zungen, ließ sich von altersschwachen Nattern beißen und praktizierte die Ganzkörpertaufe im Ozean, gern auch für Nichtschwimmer.

Cody hatte eine Erleuchtung: Mexiko. Er fuhr sofort los. In Orange County sah er bei Einbruch der Nacht die riesige Neonreklame eines Bowling Centers. Er parkte, ging rein und kegelte bis früh um sechs.

So ist er, und so schreibt er auch seine Texte. Man kommt gar nicht erst auf die Idee, dumme Fragen zu stellen. Warum züchten Sie weiße Stiere in Utah? Reicht Ihnen die Vielweiberei nicht? Na, weil wir auf dem Hotelparkplatz illegale Stierkämpfe veranstalten. Mit hohen Wetteinsätzen. Deshalb.

Jesus hates bald pussy. Auch das ein Spruch, der ihn keine Sekunde aus dem Takt bringt: Er erkennt ihn sofort als Zitat von Hunter S. Thompson.

Das mit den Dialogen, sagt er, hat seinen Ursprung in den Selbstbefragungen von François Villon, und ansonsten bezieht es den ätzenden Ton aus den bekannten Verhören der Polizei. Den ersten Text dieser Art schrieb er, nachdem er in dem Zierteich hinter der Musikhochschule von Ann Arbour, Michigan, einen Toten entdeckt hatte.

Auf solchen Texten liegt oft ein verführerischer Schimmer von Endgültigkeit, als wären es lauter letzte Worte von

Opfern, Tätern, Passanten, von denen manche nicht mehr ausreden durften. Die Katastrophe war schneller.

*

In New York zog er mit Delphine Seyrig (*Letztes Jahr in Marienbad*) einen halben Tag durch die Kinos. Er weiß nicht mehr, was sie alles gesehen haben, aber es war wohl ein Reigen von Schundfilmen – da ein schnödes Happy End, dort ein Stück aus der Mitte – und vielleicht war auch das Bumskino dabei, wo alte Männer auf ächzenden Klappsitzen in der ersten Reihe die Beine langmachen und sich einen runterzittern. Delphine ist nicht so etepetete, wie man denkt.

Und es begegnete ihm der Ethnologe, der für ihn Schicksal spielte. Das Spezialgebiet des Mannes waren die Kopfjäger von Papua-Neuguinea, und sein sechster Sinn sagte ihm, die Bestimmung dieses jungen Menschen liege in Europa. Er spendierte Cody einen Flug mit Icelandic nach Luxemburg. So kam es, wie es kommen mußte. In Paris traf er den schwarzen Beat-Poeten Ted Joans, der ihn zum Schreiben antrieb und ihn bei seiner nächsten Lesung auf die Bühne holte.

Seitdem hat er zwischen Paris, Mexico City, Odessa, Moskau und Berlin zahllose Lesungen absolviert und dabei ein Spezialwissen erworben: Wie man weit unterhalb des Existenzminimums durchkommt, und zwar lange.

Sein erstes richtiges Geld sah er in Berlin. Erst spielte er für Claude Chabrol einen Toten in der Gerichtsmedizin. (Nach einer halben Stunde spürte er seine Zehen nicht mehr – bei Chabrol hat eine Leichenhalle, klar, Betriebstemperatur.) Dann gab ihm die Senatsverwaltung für kulturelle Angelegenheiten ein Stipendium.

Natürlich wird einer wie er nie wirklich ankommen im Land der Mehlschwitze und des Angstsparens, weil ihm solche Dinge doch recht wesensfremd sind.

Als die Mauer fiel, bezog er im Osten der Stadt eine spottbillige Zweiraumwohnung (»ein finsteres Loch ohne Heizung«) in der Chodowieckistraße und lieh sich in der JFK-Library die passende Lektüre aus: Bukowski. Eine Russin, die ihn manchmal besuchte, pflegte zu baden in einer Kinderbadewanne aus Plaste und Elaste, aus der sie jedesmal umständlich befreit werden mußte. Wie könnte sein Abschied von der Mauer ausgesehen haben, als die Ossis durchs Brandenburger Tor kamen und mit Bananenschalen warfen? Vielleicht stand er an jener Stelle, wo ein Genie die Umrisse einer Tür aufgemalt hatte und daneben die Worte: »Wer hier durchkommt, kriegt ne Mark.«

Tja. Fordern wird das Unmögliche.

Das Unmögliche heißt heute Angela Merkel.

Geschieht euch recht.

Jesus took the A-Train.

*

Es gibt von William Cody Maher ein Textfragment mit dem Titel *Vergeblicher Versuch einer Autobiographie*. »Ich bin 1950 geboren«, fängt es an, »damals war noch alles schwarz-weiß ...«

Keine wehmütige Erinnerung an die Zeit, als der Hotdog noch 29 Cents kostete und das erste bunte Fernsehbild eine Sensation war.

Cody ist von allen Dichtern, die ich kenne, der einzige, dessen Texte durch und durch schwarzweiß sind. Klartext. Unbezahlbar. (Da fällt mir ein, daß der viel zu viel bemäkelte Cocteau immerhin den Satz geschrieben hat: »Das Klassenzimmer roch nach Gas, Kreide und Sperma.« Punkt. Ende der Durchsage.)

Nach etwas mehr als drei Seiten bricht die gescheiterte Autobiographie ab. Und zwar so: »Ich schreibe das in einem Krankenbett. In einem Altersheim. Ist es die Rede, die ich halten werde, nachdem ich den Nobelpreis in Empfang genommen habe? Bin ich sediert bis dorthinaus? Ist es mein Testament? Liest es jemand vor, während der Nebel vom Pazifik heranwabert und man mir Dreck aufs Gesicht schaufelt?..«

Die letzten Tage von ’67

US-Notizen
feat. »Neuer Titel für das Buch«

Früh um sechs schrillt das Telefon. Bukowski. Mit schwerer Schlagseite. Bei ihm in L.A. ist es jetzt drei Uhr nachts.

»Wir haben uns doch für die Silvesternacht zum Doppelselbstmord verabredet, nicht?«

»Richtig«, sage ich, obwohl ich von nichts weiß.

»Ich dreh jetzt das Gas auf«, sagt er. »Und du?«

»Ich dreh das Gas auf *und* ich hab eine 38er Midnight Special, die ich gleichzeitig betätige.«

»Du jagst ja das ganze Haus in die Luft.«

»Genau.«

»Vergiß es«, meint er resigniert und legt auf.

Im Moment hat er ein krasses Ding in *Cop Killer*, einem hektographierten Magazin aus New Orleans, und in der edlen *Evergreen Review* hat er ein Gedicht, das nennt sich *Men's Crapper* (Männerscheißhaus).

Seit er beschlossen hat, ordinär zu werden, reißen sie ihm die Sachen aus der Hand.

Auch richtig so.

Mit experimenteller Prosa hat noch keiner die Miete bezahlt. Mit Gedichten auch nicht. Er verdient sein Geld mit Pferdewetten. Vom Rennplatz fährt er direkt zur Nachtschicht bei der Post, die Punkt 18.30 Uhr beginnt. Und oft elf Stunden dauert. So ein strukturiertes Arbeitsleben hat doch was.

Lyndon Baines Johnson (»LBJ, LBJ! How many kids did you kill today?!« schreien sie bei Demos[1]) ist ein gerissener Hund, der sich merkwürdig verschätzt hat, als er dachte, an Colleges und Universitäten würden sie ihm aus schierem Patriotismus für seine Eskalation des Vietnamkriegs Beifall spenden. Statt Massendemonstrationen zu organisieren. Es heißt, er hat die Lust an der Macht verloren.

Kandidat Nixon hat das Niveau einer gebückten Kaulquappe.

Das wird noch vielen weh tun, falls er im November drankommt.

Es gibt bekanntlich ein Gefühl von exzessiver Peinlichkeit, das als körperlicher Schmerz erfahren wird.

Bobby Kennedy, ein irritierend jugendlich wirkender, eiskalter Volkstribun, hat seine katholische Frau gezwungen, schon zehn oder elf Kinder auszutragen. Er soll der letzte gewesen sein, der Marilyn Monroe lebend gesehen hat.

Klartext: Als er sich das letzte Mal aus ihrem Bett wälzte, hat sie angeblich noch gelebt.

Die politische Klasse in diesem Land, und nicht nur sie, ist verwahrlost bis ins Knochenmark.

Sie geben es auch ungeniert zu.

Das macht sie so unwiderstehlich.

»Warum macht ihr das in Vietnam?« fragt der saudiarabische Außenminister beim Hintergrundgespräch mit McNamara[2].

»Weil wir's können.«

»Nichts mit Dominotheorie, Vormarsch des Kommunismus stoppen..?«

»Blödsinn.«

Ich bin zwar erst auf Seite 28; trotzdem – wie soll das Buch einmal heißen, an dem ich schreibe?

In einem Bericht des Israel-Korrespondenten der *New York Times* sehe ich die Worte »Muschar blee rosch.«[3] Hm.

Dann fragt Dan Georgakas[4] seine Großmutter, was das heißt ... »Das Blut der Hühner.« Um gotteswillen. Dan (linker Aktivist aus Detroit) ist letzte Woche mit Melina Mercouri zum UNO-Gebäude marschiert. Dort haben sie das Lied aus *Never on Sunday*[5] a capella gesungen. Jetzt muß er dringend nach Griechenland und sich dem Untergrund anschließen. Eigentlich ist er *hier* schon Underground, aber im Herzen ist er eben Grieche. Mach was dagegen.

Jan schickt Exemplare seiner Zeitschrift *The San Francisco Earthquake*, für mich und für Roy Lichtenstein, dessen »Pistol Banner« das Cover ziert. Also zum Atelier von Mr. L. in der Bowery.

Atelier und Loft nehmen das ganze erste Obergeschoß eines größeren verwitterten Gebäudes ein, das früher eine Textilfabrik war. Es hat Erker aus rostigem Eisen, und es gibt noch den Lastenaufzug von einst, in dem man sich an dicken Seilen nach oben und wieder nach unten pullt.

Roy L. mit seinem ältlichen Kindergesicht wirkt schwul, ohne es zu sein, und ist verheiratet mit einer Dorothy. Drei Jünglinge auf verschieden hohen fahrbaren Gerüsten malen Rasterpunkte einer riesigen stilisierten Landschaft wie aus einem Comicstrip – rot, grün, violett. Mr. L. produziert dieses Jahr nur Landschaften.

Er betrachtet sein Cover, nickt, blättert ... »Burroughs *und* Jean-Jacques Lebel – also bitte.«

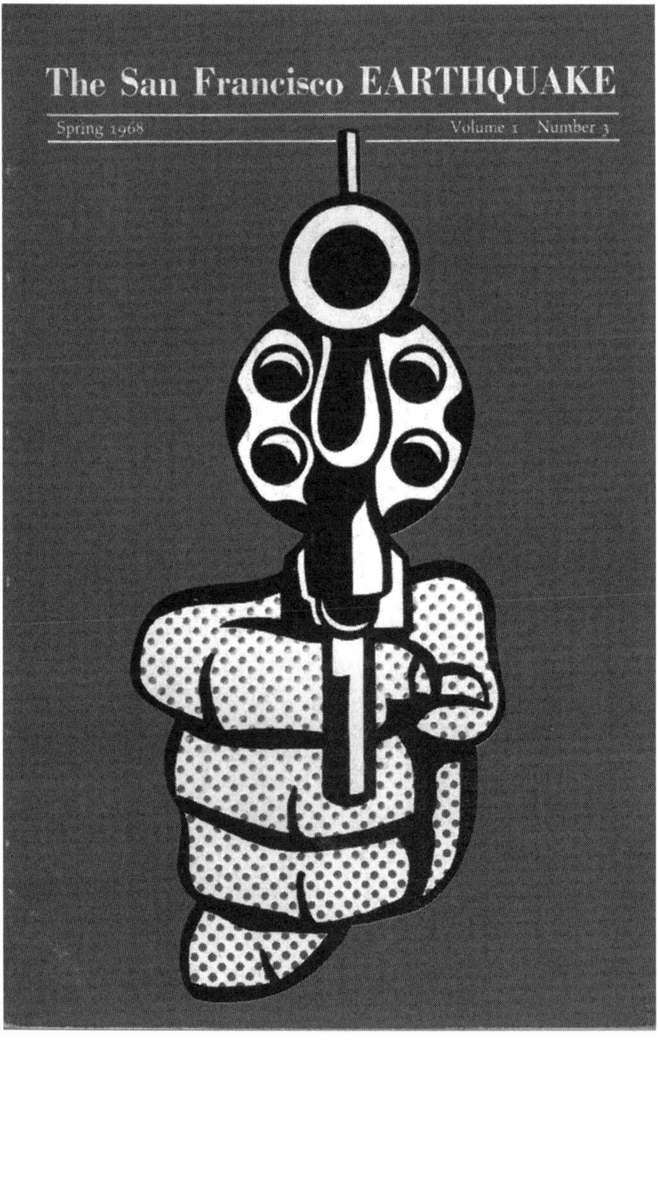
The San Francisco EARTHQUAKE
Spring 1968
Volume 1 Number 3

Ich erwähne in einem Nebensatz, daß ich aus Westdeutschland komme.

»Kennst du Vostell?«

»Ja.«

»Spinnt der?«

»Nein. Er wäscht sich nur nicht mehr, seit er auf orthodoxer Jude macht.«

»Bestechende Erklärung.«

Ein vierter Jüngling serviert mir eine gußeiserne chinesische Teekanne, die nach Mokka duftet, und eine Dose gezuckerte Kondensmilch. Ich mixe mir eine Tasse, nippe, strahle ...

»Dieser Kaffee schmeckt wie eine Grabbeigabe von Ramses II. Schon nicht mehr von dieser Welt ...«

»Es ist türkischer Mokka für einsfünfundneuzig aus dem Supermarkt an der Ecke.«

»Ich bleibe trotzdem dabei.«

»Na, dann bleib halt dabei«, sagt er und lacht in sich hinein. »Hyrch, hyrch, hyrch.«

Mein Text im *SF Earthquake* gefällt mir nicht[6]. Als ich ihn abgeschickt habe, war er für mich ein Spitzenprodukt moderner Prosa. Jetzt ist er mir peinlich. Und ich muß für immer damit leben.

»Als Alien hat man es schwer in einer hektischen Stadt wie New York. Am Times Square gelang es mir endlich, einen Junkie zu besetzen. Ich hatte kaum noch genug Energie für ein Kontakt-High. Der abgespacete Schmecker schleppte mich in den Keller des Time-Life Bldg. Als ich mich an ihm aufgeladen hatte, verließ ich seine tote Hülle mit einem leisen *shlup* ...«

Holy shit. *The Time Traveler's Almanach*, Vol. 10788.

John Wayne dreht sein Durchhalte-Epos *The Green Berets*[7] in der Umgebung von Fort Benning, Georgia.

Nach dem Überfall einer Vietcong-Einheit auf ein Dorf im Mekong-Delta sieht man durch abziehenden Pulverqualm und roten Staub Hunderte von blutigen verrenkten Körpern. Der Mann, der von Fort Apache bis Dien Bien Phu noch keinen Krieg verloren hat, stelzt vor der Pressetribüne auf und ab und bellt in sein Megaphon:

»Willkommen in unserem Krieg! Wir haben hier sechshundert Komparsen, in der Mehrzahl Frauen und Kinder, alles Schlitzaugen, die blutige Bandagen tragen und sich totstellen! Nächste Woche killen wir sie noch mal, und zwar in den Everglades! Oder in den Sümpfen von Louisiana! Dieser Film wird dem amerikanischen Volk zeigen, was Sache ist! ...« Gähn.

Hinter der Tribüne irrt die Pressedame von Cannon Films in Jungle Boots und Tarnanzug durch die Standard-Elemente einer G.I.-Zivilisation (Shrimp Boat, Econ-o-Wash, Hi-Ho Drive-In, Ban Nuoc Fried Chicken Stand) und keucht vor sich hin: »Wir hätten diesem Irren kein grünes Licht geben sollen ...«

4th Smash Week!
ANDY
WARHOL
MY HUSTLER
Adults Only
42nd Street Cinema

Thelonius Monk im Village Vanguard. Sie haben hier viel Geduld mit ihm. Die halbe Zeit umschlurft er den zerschrammten Konzertflügel und tritt ab und zu dagegen. Das ist der angenehme Teil des Abends. Wenn er sich hinsetzt und spielt, wird es grausig. Vielleicht sollte man Musiker, die grade eine finstere Phase durchmachen, nicht vor zahlendem Publikum ausstellen.

Zuhause wird gegen den amerikanischen Kulturimperialismus auf deutschem Boden angeschrieben und -gesungen. Davon sollte man erst reden, wenn es in Mannheim 16.000 Nutten gibt – für jeden G.I. eine. So weit sind wir noch lange nicht. Ich glaube, es sind 12.000.

WBAI (listener-sponsored radio) bringt die halbe Nacht Jimi Hendrix. »Besser als Sex«, meint Lynn. Niemand sonst bekommt von ihr so einen Superlativ.

Diese ewige Dichterei und Schreiberei und Singerei. Ein einziger LSD-Trip macht alles hinfällig. Und mehrere Trips machen dich selber hinfällig, und irgendwann springst du von der Brücke.

Micheline[8] (Bronx *1929) bewohnt das Hinterzimmer einer Galerie, für zwei oder drei Bilder pro Monat. Er hat keine Ahnung von Malen, tut es aber trotzdem, und wer weiß schon, was in zehn oder zwanzig Jahren ist.

»Hab ich nicht schon Bilder an Touristen verkauft, sogar an der Spanischen Treppe in Rom, da sind ja auch Akademiker dabei.« Warum nicht Pflastermaler? »Krieg ich Kreuzweh von. Es dauert zu lang. Außerdem kann ich keine Madonna mit Kind.«

Das Underground-Theater Café La Mama, Lower East Side, hat am 4. Januar ein Stück von ihm gestemmt. Titel:

East Bleecker[9].

Dritte Szene

Mackey's Bar, Bowery. Nacht. Die Akteure sitzen um einen Tisch, auf dem eine halbleere Flasche steht. Spärliche Beleuchtung. Am Nebentisch hat

einer den Kopf auf die verschränkten Arme gelegt und ist eingeschlafen.
Coco, Cheese, Rabbit und Nellie lassen die Flasche herumgehen.
COCO: Ein Gedicht, dieser Fusel.
NELLIE (singt): Meine Mutter hat 'n blaues Auge ...
CHEESE: Ich hab meine nie gekannt. Die war schneller weg, als man gucken kann.
RABBIT: Du meinst, sie hat 'n Veilchen, hm?
NELLIE: Hier stinkts nach Fisch.
COCO *(langt unterm Tisch durch und greift Nellie unter den Rock)*: Gibt nix Besseres als ne verstunkene Fut.
CHEESE: Scheiße. Diese Welt is nix für mich.
RABBIT: Gib endlich Ruh. Stinkfinger. Also wirklich. Barkeeper! Noch ne Flasche!
NELLIE: Mit fünfzehn hab ich schon den ganzen Block rangenommen. Die ganze Straße!
COCO: Gott sei Dank, daß der Washington den 5-Dollar-Schein erfunden hat.
CHEESE: George Washington hat um die Ecke gewichst.
NELLIE: Laß die Pfoten von meinem Arsch. Selber verstunken, Coco.
COCO: Aach, du zickst mir zuviel rum.
CHEESE: Schieb dir deinen Washington in den Arsch. Im Querformat.
NELLIE: Bloß weil du für den Stoff zahlst, denkst du, du bist der Graf Rotz.
COCO *(steht auf und macht torkelnd ein paar Tanzschritte)*: Ich *bin* der Graf Rotz.
RABBIT: Washington war unser erster Präsident.

NELLIE: Mir doch egal. Rotz oder Präsident oder Zuhälter. Herrgottsack, wo bleibt der Wein?

COCO *(zieht einen 5-Dollar-Schein aus der Tasche und mustert ihn)*

(Barkeeper bringt eine Flasche)

RABBIT: Dieser Miles bläst 'n harten Strahl, aber ich steh auf Mingus. Wie der auf seinem Baß rumschnalzt, Mann. 'ne Wucht.

NELLIE: Jungs, ihr wißt genau, wo der richtige Jazz abgeht. Diese Musiker sind doch alles Luschen.

COCO: Meine Worte, Baby. Die Welt ist voll von Luschen.

CHEESE: Aach, du hast doch Hühnerscheiße im Kopp.

RABBIT: Ihr macht mich ja sowas von durstig.

COCO: Die Luschen werden nicht alle, das steht fest.

NELLIE: Wenn du noch lang so dastehst, rempelt dich der Mond.

COCO: Die verlausten Luschen. Sind überall. Die Luschen sind unser Tod, sag ich.

RABBIT: Und du bist meiner.

COCO: Von wegen. Du tust dich auf meine Kosten abfüllen. Den Sprit hab ich bezahlt. Das ist mein Geld!

(Die Flasche geht mittlerweile zum dritten Mal herum)

CHEESE *(legt ihm den Arm um die Schulter)*: Komm, reg dich ab. Was ist schon Geld.

COCO: Ich bezahl hier den Sprit, also pump dich nicht auf. Nix als Schnorrer hier.

CHEESE: Mach kein' Zappes. Stopf dir die Flasche hinten rein. 'ne Flasche ist doch bloß 'n Traum.

Nellie *(greift Coco vorn in die Hose)*: Immer mit der Ruhe. Ist erst viertel vor drei. Ich besorgs dir noch, heut nacht.

Coco: Barkeeper! Noch eine!

Rabbit: Noch ne Runde, ja.

Cheese: Ich krieg nie genug.

Nellie: Zum Deibel mit den Luschen. Sprit wollen wir.

Coco: Stoff hab ich gesagt, Barkeeper! Gott, was'n Lahmarsch.

Cheese: Für den Abschaum der Welt!

Rabbit: Ich hab nix gegen Luschen.

Nellie: Ich hab mit fünfzehn schon den ganzen Block abgefertigt. Ich kenn mich aus mit Luschen. Mir kannst du nix erzählen.

Der Barkeeper kommt bleich und mechanisch wie ein Zombie an den Tisch und stellt die nächste Flasche hin. Keiner achtet darauf. Für einen Augenblick erstarrt die Szene zum Tableau. Plötzlich stehen alle wankend da, fassen sich an den Schultern und singen durcheinander:

Unten, da funkeln die Sterne / Im Loch ist es dunkel und kalt / Im Loch sind wir alle Brüder / Da unten wird keiner alt.

Komm Harry, komm Shannon, es ist noch Platz. Hier versackt man richtig gut! Komm Tommy, komm Sally, es ist noch Platz.

Das Loch ist tief genug!

Die Szene verdunkelt sich. Sehr laut und übersteuert die letzten Takte eines wütenden Baß-Solos von Charles Mingus.

Vor Coney Island sind einmal deutsche U-Boote aufgekreuzt. Ist das zu fassen. In McSorley's Old Ale House (East 7th Street) hängt noch, hinter Glas, die Verdunkelungs-Verordnung des damaligen Bürgermeisters.

Das frisch renovierte Apartment in der East 6th Street (mit Einrichtung, sogar mit der Kaution) hat mir Margot de Gramont[10] überlassen, die sich mit Gary Y. überworfen hat und zurück nach Paris gegangen ist.

Brave Margot.

640 E 6 ist praktisch Ecke Avenue C. Dahinter ist London, erfahre ich von Andrei Codrescu[11], der solche Dinge weiß. Erklärung: Der Schutt, in den Londoner Gebäude durch Hitlers Luftwaffe verwandelt wurden, hat in zahllosen Schiffsladungen den Southside Seaport von Manhattan erreicht und ist in den East River gekippt worden, um das East Village zu verbreitern.

Ich möchte mal *einen* Tag erleben, ohne daß mir ein Poet über den Weg läuft. Heute komme ich mit Micheline aus dem Odessa (Borschtsch, Kuddelsuppe usw.) – wer verstellt uns den Weg? Ein pensionierter Maurer, der jetzt Haikus aus der Arbeitswelt schreibt. A fucking bricklayer! Can you believe this shit?

(»Der einzige Hauch Frischluft kommt/ Punkt 5 aus der Feierabendsirene.«)

»In Deutschland«, sage ich und zwinkere ihm zu, »wird die Literatur der Arbeitswelt repräsentiert von einem Adligen. That's right. I kid you not.«

The Braille Film. Neuer Titel für das Buch (– ob es ein Roman wird, ist noch nicht raus.)

Motto, von McLuhan: »Fernseh-Ingenieure und Neurologen experimentieren damit, das TV-Pixelbild auf den

Rücken von Blinden zu übertragen, um sie »sehend« (Rimbaud hätte seine Freude daran) zu machen. Eine Methode, nach der wir alle Medien aufnehmen müßten, um unsere Lage zu erfassen.«

31. Dezember 1967. The Fugs beenden ihr Engagement im Player's Theater in der MacDougal Street nach 600 Auftritten in zwei Jahren. Für nächstes Jahr sind sie zu den Essener Songtagen eingeladen, zusammen mit Zappa und den Mothers of Invention. Dort wird ihnen das teutonische Liedgut von Hannes Wader und Franz-Josef Degenhardt auf die Ohrwaschln gedrückt.

Im Vanguard treibt heute abend der blinde schwarze Roland Kirk sein Unwesen. Er steckt in einem Taucheranzug aus schwarzem Gummi, in dem er elend schwitzt, und bläst auf drei Saxophonen gleichzeitig.

Anmerkungen des Herausgebers:

1 Mehr zum Parteitag der Demokraten in Chicago in Anmerkung 13 zu *Wir fuhren die ganze Nacht wie in einem Film*, S. 41.

2 Robert McNamara war als Verteidigungsminister unter John F. Kennedy und nach dessen Tod für Lyndon B. Johnson einer der Hauptverantwortlichen für den Vietnamkrieg. Unter ihm wurden Bombardierungen verstärkt, die Truppen auf 485.000 Soldaten aufgestockt – bis McNamara 1967 begann einzuräumen, die

Strategie sei gescheitert, der Krieg koste zu viel Menschenleben, auch zu viel Geld (zuvor war er tätig für die Wirtschaftsprüfer von PriceWaterhouseCoopers und als Finanzanalyst für Ford). Den Gesinnungswandel McNamaras teilten weder der Präsident noch das Verteidigungsministerium. Seine in Talkshows offensiv verteidigte Kehrtwende nahmen ihm selbst Kriegsgegner und Medien nicht ab. Er wurde schnell zu einem der unbeliebtesten Politiker, geriet wiederholt an den Rand eines Nervenzusammenbruchs und trat im November 1967 von seinem Amt zurück.

3 *Muschar Blee Rosch* wurde Titel eines Beitrags Weissners für *The San Francisco Earthquake*, Summer/Fall 1968, No. 4.

4 Amerikanischer Poet und auf Oral History spezialisierter Historiker, 1966 Mitbegründer der Anarchogruppe Up Against the Wall Motherfucker; veröffentlichte mit Friederike Poessnecker und Weissner *Manifesto for the Grey Generation*, 20 Seiten Umfang, verlegt bei PANic Press, 1966, Heimat von *Klacto/23* usw.

5 Griechische Filmkomödie von 1960 (dt. Fassung: *Sonntags ... nie!*) mit Melina Mercouri als Hauptdarstellerin.

6 Für *The San Francisco Earthquake* No. 3, Ausgabe mit Cover-Motiv von Roy Lichtenstein (Abbildung auf S. 123), hat Weissner eine Collage beigesteuert; Texte lediglich in No. 2 und No. 4 von 1968, ebenso in No. 5 von 1969.

7 Anlaufen wird der Film in den USA im Juli 1968, produziert von Waynes Firma Batjac Productions für Warner Brothers-Seven Arts. Die etwas später genannte Firma Cannon klingt klasse, wie Kanonenfutter zu dem Propagandastreifen, der neben den für Produktion verantwortlichen Firmen auch der US Army dankt.

8 Jack Michelines *Skinny Dynamite: Stories* wird Weissner übersetzen für den Maro Verlag, Augsburg 1979.

9 Lt. *Guide to the Jack Micheline Papers, 1948–1986* (Collection number: BANC MSS 87/174 c), hinterlegt in The Bancroft Library der University of California (Berkeley, CA), wurde Michelines *East Bleeker: A Drama with Music* im Café LaMama 1967 aufgeführt.

10 Margot alias Marguerite de Gramont war eine Baronin Philippe de Gunzbourg (1920–1998), verwandt mit der Königin von Frankreich, Margarete von Valois, deren Leben und Tragödien etliche Bücher und Schmonzetten behandeln. Aus Margots Leben und Ansichten ließen sich ganz andere Bücher extrahieren: Sie engagierte sich in der Résistance, als Frankreich von den Nazis besetzt wurde (Tage vor der Geburt Carl Weissners). Zum Unmut einiger Vertreter ihres Adelsgeschlechts ging die Baronin zum Roten Kreuz, lernte, wie man Lkw lenkt, und schmuggelte ab 1942 Juden und Widerständler aus dem Land. Um die Flüchtlinge aus dem Département Basses-Pyrénées im Zickzack übers Baskenland nach Spanien zu bringen, wandte sie – wie Zeitzeugen festhielten – abenteuerliche Mittel an, bezirpte auch mal Offizielle und riskierte Kopf und Kragen.

11 Andrei Codrescu, 1946 geboren als Andrei Perlmutter, veröffentlichte in Rumänien erste Gedichte unter dem Pseudonym Andrei Steiu. Seiner Mutter gelang 1965 die Ausreise mit ihrem Sohn nach Italien – für vom Staat Israel gezahlte $2000 oder $10.000, je nach Quelle. Im folgenden Jahr zogen sie in die USA, wo sie sich in Detroit niederließen und Codrescu den Artists and Writers' Workshop von John Sinclair besuchte, bis der ins Gefängnis kam. Sinclair, Vorsitzender der White Panther Party – und Manager der MC5 – hatte im Juli 1969 verdeckten Ermittlern zwei Joints verkauft, woraufhin er in einem Eilverfahren zu zehn Jahren Haft verurteilt wurde ... und kurz darauf in Woodstock Abbie Hoffman auf die Bühne kletterte, um vor dem Auftritt der Who das Mikro zu ergreifen; und John Lennon mit Yoko Ono auf der ›Free John Now Rally‹ das Stück *John Sinclair* sang (es half, '71 kam er raus). Codrescu ging nach New York, wurde Teil der Lit-Scene der Lower East Side, freundete sich an mit Ginsberg, Ted Berrigan u.v.m., sein Gedichtband *License to Carry a Gun* sorgte für Aufsehen. Nach dem Umzug nach San Francisco, um die fünfzig weiteren Büchern und einer Professur an der Louisiana State University gründete er 1983 *Exquisite Corpse*, ein »Journal of Books & Ideas«.

Die Hammett-Tour

In San Francisco gibt es als Alternative zur ordinären Stadtrundfahrt die Punk-Tour, die Kabelbahn-Tour, die Erdbeben-Tour, die Gourmet-Tour, die bewußtseinserweiternde Killer-Shit-Wandertour (»Endet meistens im Koma«, weiß Joe Wolberg vom City Lights Bookstore zu berichten), die Architektur-Tour und die Penner-Tour (Frisco hat als einzige Stadt der Welt einen Penner-Park, der unter der Bezeichnung »Hang-over-Hilton« läuft und hunderttausend Dollar gekostet hat: extra lange Bänke für warme Nächte, Kanalisationsröhren für kühle Nächte).

Es gibt auch die »Go Gay and Let it all hang out«-Tour, in verschiedenen Ausführungen, je nach dem Grad der Risikobereitschaft. Ein weites Feld angesichts der 150.000 Schwulen in der Stadt. Als Führer und Bodyguard bietet sich mir ein Zwei-Zentner-Mann namens Neeli Cherry an, der einmal Rabbiner werden wollte, dann zum Saufkumpan von Bukowski verkam und heute ein lebenslustiger Homo ist. »Im *Stud* gehst du rein, da ist so eine Serie von Verschlägen mit faustgroßen Löchern in Hüfthöhe, da steckst du dein Ding durch und auf der anderen Seite fängt einer an zu lutschen, und gleichzeitig plättet dir einer mit dem Dampfbügeleisen den Arsch.«

Das klingt mir zu strapaziös. Ich mache statt dessen die Hammett-Tour. Eine Reise in die Vergangenheit beziehungsweise die Fiktion von Frisco. Was annähernd dasselbe ist.

Mein Mann ist Dave Sloman, Privatdetektiv. Nach den wüsten Geschichten, die sie mir in L.A. von ihm erzählt haben (einschließlich Mädchenhandel), erwarte ich einen eisengrauen abgebrühten Ex-Cop von Ende Fünfzig. Dave ist 36, hat einen schwarzen Wuschelkopf und einen etwas angefressen wirkenden Schnauzbart, und in seinem karierten Blazer, den weiten Chino Pants und schwarzweißen Tango-Tretern sieht er aus wie ein leicht flamboyanter Buchhalter.

Die Hammett-Tour ist seine Spezialität. Er kann praktisch zu jedem Quadratmeter Trottoir die entsprechende Stelle aus Hammetts Stories oder Romanen zitieren.

Wir treffen uns in Enrico's Straßencafé, das ich sonst eigentlich gerne meide, weil die Kellner hier einen derart hüftschwenkenden Gang haben, daß der Drink jedesmal schon halb verschüttet ist, bis er auf den Tisch kommt. Der Besitzer von Enrico's ist ein unverbesserlicher Caruso-Fan und hat schon seit Jahren ein selbstverfaßtes Drehbuch in der Schublade, dessen zentrale Szene davon handelt, wie der Belcanto-Jodler am 18. April 1906 morgens um 5 Uhr 13 vom großen Erdbeben aus seinem Hotelbett geschleudert wird und lauthals den Schwur tut, in diesem kaputten Kaff nie mehr zu singen.

Bei einem halben Screwdriver erklärt mir Dave die Route (wir werden uns auf zehn oder fünfzehn Spots beschränken), dann steigen wir in seinen verbeulten schwarzen Buick und fahren los. An der Ecke Broadway und Columbus fällt mein Blick kurz auf das Hauptquartier von Francis Ford Coppola mit der goldenen Kuppel, und ich denke daran, daß Wim Wenders für ihn das »Hammett-Projekt« realisieren soll[1], von dem man die ganze Zeit nur hört, daß es hinten und vorne klemmt – die Originalschauplätze aus den zwanziger Jahren, soweit sie noch da sind, sehen nicht mehr aus wie sie sollen, deshalb muß man sie nachbauen, aus Holz, da unten in dem Riesenstudio von Hollywood. Ein Eldorado für Kunsttischler.

Unser erstes Ziel ist 111 Sutter Street – das Gebäude, in dem Sam Spade sein Büro hat. Ein wuchtiger, fast quadratischer Eingang, der über zwei Etagen reicht und an dem sich ein Steinmetz hemmungslos verausgabt hat. Die beiden Eingangstüren, getrennt durch ein hohes Basrelief im Jugendstil, sind heute aus Glas. Über einem steinernen Blumenfries das Oberteil, verglast, links und rechts die Hausnummer, und davor hängt in der Mitte ein Ding, das an eine gotische Kanzel erinnert.

»Am Eingang zu seinem Office Building«, zitiert Dave aus dem *Malteser Falken*, »stieß Spade auf den Jungen, den er zuletzt bei Gutman gesehen hatte. Der Junge machte einen Schritt und versperrte ihm den Weg. ›Kommen Sie‹, sagte er. ›Er will Sie sehen.‹ Er hatte beide Hände in den Manteltaschen. Die Taschen beulten sich stärker aus, als man es von bloßen Händen gewohnt ist.«

Geary Theatre, 450 Sutter Street. »Spade ging zum Geary Theatre und postierte sich vor dem Eingang am Bordstein ... zehn Minuten nach acht erschien Joel Cairo.« Wir stehen unter dem leicht gewölbten steinernen Baldachin, der links und rechts von einer massiven Eisenkette zwischen zwei Säulen an der Front des Gebäudes gehalten wird. Ich kann sie richtig vor mir sehen, die weiße teigige Visage von Peter Lorre.

Golden West Hotel, 114 Powell Street. (Inzwischen heißt es Golden State Hotel.) »Hier hat Josephine Dolan übernachtet, ehe sie mit Hammett zum Standesamt ging«, sagt Dave. »Woher weiß man das?« will ich wissen. »Na, aus der Heiratsurkunde natürlich.«

Das Ferry Building am Embarcadero. Sam Spade im Taxi, auf der Spur von Brigid O'Shaughnessy: »Sie hat gesagt, sie will sich 'ne Zeitung kaufen.« »Welche Zeitung.« »Den *Call.*« (Mit dem Bericht über ihre beiden Morde an Miles Archer und Floyd Thursby auf der Titelseite.) »Und dann, als wir grad über die Van Ness kamen, hat sie wieder an die Scheibe geklopft und gesagt, ich soll sie zum Ferry Building fahren ...«

856 Market Street. Samuel's Clock. »Für Albert Samuels Juweliergeschäft hat Hammett ab und zu Anzeigentexte geschrieben.« Die Uhr ist wirklich ein Prachtstück. Da steht sie, auf einer schlanken gußeisernen korinthischen Säule. Sie sieht aus wie ein Taucherhelm für drei Meter große siamesische Vierlinge.

870 Market Street. Das James Flood Building. Der Eingang etwas weniger imposant als der von Sam Spade's Office Building. »Hier war die Pinkerton-Detektei«, sagt Dave. »Modell für die Continental Detective Agency.« Mhm. Von hier aus hat er also seinen legendären »Continental Op« in Aktion treten lassen.

Jetzt geht es die Brannan Street hinunter. »*Fly Paper*[2]«, sagt Dave. Aha. Die Geschichte mit Babe McCloor. »Wir fuhren die Brannan wieder hinunter bis zur Third, dann quer hinüber zur Townsend – nirgends eine Spur von Babe McCloor. Gegenüber von der Southern Pacific Passenger Station hielten wir ...«

Waverly Place, Chinatown. »Hier ist der Hintereingang zum Haus von Chang Li Ching, mit dem der Op in *Dead Yellow Women* leichte Schwierigkeiten hatte ... ›Ich konnte schlecht raten, wo es reinging. Vier Türen von Jair Quon's Spielhölle, hatte Cipriano gesagt, aber ich wußte nicht, wo Jair Quon's war. Ein Stück weiter die Straße hoch war der Tempel der Himmelskönigin, eine Schlitzaugen-Kirche ...‹.«

Spofford Alley, Chinatown. So, jetzt sind wir am Vordereingang. Sieht heute sehr harmlos aus. Eine Tür mit zwei Flügeln, in die man Scheiben aus Fensterglas eingesetzt hat, bis auf halbe Höhe verdeckt durch einen geblümten Vorhang. »Ich ging die Spofford Alley hinauf und fand das Haus ohne Schwierigkeiten«, zitiert Dave.

»Es war ein schäbiges Gebäude. Tür und Stufen hatten die Farbe von geronnenem Blut«, sage ich.

Er sieht mich an und zieht eine Augenbraue hoch. »Stimmt auffallend.« Wir müssen beide lachen.

228 Filbert Street. »Ich stieg den Telegraph Hill hinauf, um mir das Haus einmal anzusehen. Es war ein großes Holzhaus, dem man einen dottergelben Anstrich verpaßt hatte. Es hing da am Steilhang, als sei ihm schwindelig.« In der Tat. Da hat er nicht übertrieben.

Union Square. Das St. Francis Hotel. (Im *Malteser Falken* heißt es St. Mark Hotel.) Zwei monströse Säulen wie die Vorderbeine eines Elefanten mit Wassersucht. Darüber ein zwei Meter dicker Quader mit einer Krinoline ringsum. Könnte die Einfahrt zu einem Atomschutzbunker für die besseren Kreise sein. Hier hat Miles Archer die Spur von Floyd Thursby und Miss Wonderly aufgenommen – mit schlimmen Folgen für ihn.

»Spade ging durch die langgestreckte violette Lobby des St. Mark zum Empfang und fragte einen rothaarigen Dandy, ob Miss Wonderly auf ihrem Zimmer sei.«

Die Gasse, in der es Archer erwischte, gibt es schon lange nicht mehr – ein paar Schritte hinter dem Punkt, »wo die Bush Street den Stockton-Tunnel überquert, ehe sie bergab nach Chinatown führt.« Außerdem bin ich an der Stelle vor 12 Jahren täglich zweimal vorbeigegangen. Sechs Monate lang. Das reicht.

859 O'Farrell Street. »Blanco's Restaurant«, sagt Dave. Natürlich keine Spur von einem Restaurant. Hier ist heute die Great American Music Hall. »›Es war jetzt nach fünf Uhr, und da ich zu keinem Lunch gekommen war, ging ich hinauf zu Blanco's, um etwas zu essen.‹ Sagt wer?«

»Der Op in *The Dain Curse*.«

»Richtig.«

1805 Divisadero. »Hier war zu Hammetts Zeit die Oakwood Hall«, sagt Dave. Den Text sprechen wir inzwischen mit verteilten Rollen:

»Rhino sagte: ›Geht niemand was an, woher ich mein Geld habe. Ich hab's, das reicht.‹«

»Minnie sagte: ›Er hat's in 'nem Würfelspiel gewonnen, Mister, da oben im Happy Day Social Club. Ich will tot umfallen, wenn's nicht stimmt.‹«

Von einem Hügel hoch über der Golden Gate Bridge, bis vor kurzem noch militärisches Sperrgebiet, inzwischen vom Commissioner of Parks wieder für die Stadt in Besitz genommen, wirkt San Francisco wie eine Disneyland-Fata-Morgana zum Anfassen. Ist es aber nicht. Frisco ist ein Fossil. Eine versunkene Stadt, der jemand das Wasser abgepumpt hat. Ein versteinertes Gerippe, von einem Jahrhundert Sonne gebleicht. Während der Hammett-Tour blättern die Pastellfarben ab, und dunkle modrige Schichten kommen zum Vorschein. Und dann kriecht es an einem hoch, ein grauschwarzes Wabern wie aus einem unterbelichteten Film, ein Gemurmel von Kinostimmen, ein Geruch nach alten verschwitzten, verqualmten Büros, die nie gelüftet werden, und dazwischen immer wieder ein Hauch von Blut und Kordit, als sei es gerade passiert.

Hammett und seine Figuren gehen und reden und sterben weiter in ihrem alten Film. Ihre Adressen bleiben dieselben. From Here to Eternity.

Anmerkungen des Herausgebers:

1 *Hammett*, nach einem Roman von Joe Gores, Drehbuch von Ross Thomas und Dennis O'Flaherty, war Wenders' erster in Hollywood gedrehter Film. Executive Producer Francis Ford Coppola, ursprünglich beeindruckt von Wenders' *Der amerikanische Freund*, forderte wiederholt Überarbeitungen, wodurch sich der Dreh vier Jahre lang hinzog – und Wenders nebenbei zwei andere Filme fertigstellte.

2 Weissner übersetzte *Fliegenpapier. Nach Dashiell Hammett's Kriminalgeschichte*, adaptiert von dem Grafiker Hans Hillmann erschien es ab 1982 bei drei Verlagen in mehreren Auflagen.

Tour durch NYC-Episoden von *Naked Lunch*

US-Notizen, revisited

Ich bin ja *femme*«, sagt Sydney vor der Falafel-Bude an der Südwestecke des Tompkins Square. »Aber schon auch interessiert an, ehm, Dominieren. Verwirrt dich das? Abgesehen davon würde ich gern mit dir in die Kiste.«

Sie hat zwei Pferdeschwänze, hinter jedem Ohr einen, und trägt unförmige Bellbottoms, die ihre Tante Emily aus zwei dicken dunkelblauen Militärmänteln von der Heilsarmee genäht hat.

»Nichts lieber als das, Sid«, sage ich. »Aber was ist, wenn du mich, marxistisch gesprochen, nur als Produktionsmittel verprivatisieren willst, als Demonstration für deine Freundin, die irgendwie auch meine ist?«

»Carl«, sagt sie und gibt mir einen Rippenstoß, »das war jetzt unnötig um die Ecke gedacht.«

»Du hast recht. Das war es.«

Die intellektuellen Girls des Village sind ein Fall für sich.

»Da wollen welche die Filmrechte an meinen Stories«, sagt Bukowski am Telefon, »aber ich will denen nicht meine Seele verkaufen. Wer weiß, was sie daraus machen ...«

»Hank«, sage ich, »deine Seele ist im Moment das Unwichtigste auf der Welt. Aus neun von zehn Filmprojekten wird nichts. Also nimm das Geld.«

»Ich habe mal eine Dreierwette gewonnen. Knapp dreitausend Dollar. Damals war der Dollar noch was wert. Einen Teil hab ich in Caliente wieder verspielt, aber mit dem Rest bin ich wochenlang die Küste rauf und runter gezogen, von einem Motel zu anderen, und hab gutes Zeug geschrieben, interessante Nutten kennengelernt, und bei Sonnenuntergang saß ich auf einer Veranda im Schaukelstuhl, mit ner Flasche Whisky im Schoß. Und ich hab gewusst: So gut wird es nie mehr sein ...«

Ist es nicht erschreckend, daß alle ein Leben haben, nur ich habe keins? Die machen ihr Ding und ich halte mich mit Herrn Jandl auf. Plus Enz & Schmidt. Während der Überfahrt hatte ich die Gelegenheit, einen Sack europäischen Bildungsballast im Atlantik zu versenken, und habe es nicht getan. Neulich bin ich sogar rückfällig geworden und habe den *Spiegel* gelesen (dazu war ein Trip nach uptown zu Brentano's nötig, for krissake). Das erste, worauf mein Blick fällt, ist »Apo«[1]. Keine Ahnung, wer oder was das sein soll. Ich glaube, ich will es auch gar nicht wissen. Vielleicht ein Schritt in die richtige Richtung. Und eine Junglesbe aus Fallon/Nevada will mit mir in die Kiste.

Im Phoebe's (gehämmerte schwarzgestrichene Decke aus Zinkblech, fettige Tische mit eingeritzten Namen, Sägemehl auf dem Dielenboden) sitzt auf einmal ein 20jähriger mit SS-Haarschnitt am Tresen und muß dir unbedingt erzählen, was er da drüben zuletzt angestellt hat.

»Neun Hubschrauber haben kurz vor dem Hellwerden das erste Platoon und die Hälfte vom zweiten abgesetzt und dann den Rest der Charlie-Kompanie geholt. Wir hatten inzwischen das Dorf umzingelt. Auf einem Reisfeld hat so ein alter Gook die Hand gehoben, bäng! war er tot.

In dem Moment fangen alle an zu ballern. Ich weiß nicht mehr, ob aus dem Dorf auf uns geschossen wurde, aber will ich vielleicht rumstehen und drauf warten?

Wir sind durchs Dorf und haben Splitterhandgranaten in die Hütten geworfen. Wir haben auch ihre Schweine und Wasserbüffel abgeknallt. Wenn welche noch aus den Hütten kriechen konnten, haben wir sie mit der Pistole per Genickschuß erledigt. Frauen, Kinder, Alte – wer sagt mir, dass das keine Vietcong sind?

Ein paar von den Jungs haben Weiber von den Gooks gefickt und dann den Lauf vom Karabiner in die Fut und abgedrückt. Wir haben auch ein paar richtig Durchgeknallte in der Kompanie, verstehst du, die haben Gooks skalpiert und sind rumgetanzt mit Kriegsgeheul und allem.

Dem Captain hat es zu lang gedauert. Der Lieutenant sagt, da ist ne größere Ansammlung von Zivilisten, die halten uns auf. Macht sie fertig, sagt der Captain. Da hat der Lieutenant Befehl gegeben, alle zu erschießen, und wir haben unsere Karabiner auf Dauerfeuer gestellt.

Am Ende hatten wir, würde ich mal sagen, so fünfhundert Gooks gekillt, alles in allem. Ich will damit sagen, wir sind nicht zum Ostereiersuchen da drüben. Und was hast du so gemacht?«

»Nichts. Unser Krieg, in Germany, ist schon seit dreiundzwanzig Jahren vorbei.«

»Aber dein Alter – was hat der gemacht?«

»Belgische Dörfer eingeäschert, aus einer Entfernung von dreißig Kilometern, mit einem Eisenbahngeschütz.«

»Das war alles?«

»Mir hat es gereicht. Er hatte übrigens den gleichen Haarschnitt wie du.«

»Ich versteh euch Deutsche nicht. Kein Wunder habt ihr den Krieg verloren.«

The Judson Gallery presents
MEREDITH MONK
Two shows daily
7:30 & 8:30
Reservations: SP7-0033
(limited seating)
COURTESY OF AUNT JEMIMA & THE UNITED PANCAKES

Luftaufnahmen von der Mauer, die vom Hudson bis zum East River durch die 23. Straße verläuft.

»Die Mauer wurde nach den Health-Act-Unruhen von 1984 gebaut. Innerhalb von dreißig Minuten kann Lower Manhattan abgeriegelt und die Mauer mit Truppen besetzt werden. Eine ähnliche Mauer trennt Harlem von Uptown ...«

Der Helikopter fliegt die Fifth Avenue entlang. Schutt, zerstörte Gebäude, Trümmergrundstücke. Sieht aus wie London nach dem Blitzkrieg. Viele Straßen sind durch Müllberge unpassierbar geworden. Das einzige öffentliche Verkehrsmittel ist eine alte U-Bahn, die mit 15 km/h durch düstere Tunnels kriecht. Alle anderen Strekken sind stillgelegt. Waren werden mit Tretbooten und Lieferwagen mit Holzvergaser befördert ... (Burroughs)

»Was schreibst du grade?« fragt der alte Tante-Emma-Rico vom Nebenhaus.

»Los secuestrados de la Loisaida.«

Er lacht. »Die Eingeschlossenen von der Lower East Side[2]! Damit kann ich was anfangen ...«

Seine Frau hat eine ätzende Stimme, mit der sie mehrmals am Tag nach der Tochter ruft: »Merr-ce-deees!!«

Selten hat der Name einer Automarke so hässlich geklungen.

DAS BUCH. Das gottverdammte Buch ::::::: Ray[3] sitzt vor dem Kühlschrank auf dem Boden und klemmt die Hände unter die Achselhöhlen. Das zerzauste Haar hängt ihm in das graue faltige Gesicht, sein verkniffener Altweibermund zuckt. (Er hat seine Zähne im Zuchthaus von Trenton/New Jersey verloren – »Ich war länger drin als Jean Genet!«)

Jetzt schaut er hoch und sagt beleidigt: »Meine Connection am Sheridan Square hat mir Milchzucker mit Strychnin angedreht! Mußte beim Italiener kaufen. Was hätt' ich machen sollen? Ich war am Abschnappen!«

Kurz und gut, er hat die Gasrechnung nicht bezahlt. Außer dem Gas ist auch die Heizung abgestellt. Alle Heizlüfter sind ausverkauft. Es hat null Grad in der Wohnung. Weiter unten an der Avenue C brennt ein halber Häuserblock. Die haben es warm.

Die Schießereien nehmen zu. Die Geschäfte in der Avenue C schließen. Als letzter gibt Joe's Pizza Parlor auf. Wer nicht unbedingt aus dem Haus muß, bleibt in Deckung.

Vor acht oder zehn Tagen hatten wir hier noch die reine Idylle. Ray, der ein paar von der Delancey Gang kennt, versorgte uns mit dem Nötigsten: Cornflakes, Whisky, Ölsardinen, Pumpernikel und Schinken in Dosen. Einmal brachte er einen Mohair-Mantel, Dizzy-Gillespie-Platten und sechs Bomberjoints.

Sechs Uhr früh, nach dem letzten Film der *Late Late Show*. Das kalte bläuliche Licht vom leeren Bildschirm. Ray, auf einem Plastikhocker mitten im Zimmer, macht sich seine Morgenspritze. Im Schlafzimmer sitzt John Wieners[4] (noch so ein Beat Poet) in Unterhose und Rollkragenpullover auf der Bettkante und schreit: »Ich hab den Horror! Ich halt die Scheiße nicht mehr aus!«

»Klar hältst du sie aus«, sagt Ray in seinem trockenen gutmütigen Tonfall, während er die Spritze mit Alkohol durchspült. »Du bist bloß plemplem. Reg dich ab.«

Und Paul[5] sieht ihn über den Rand seiner Cornflakeschüssel an und sagt: »Ray, warum musst du mir immer diese kreischenden Tunten auf die Bude schleppen ...«

An der Ecke nehme ich die neue *EVO*[6] mit und sehe was? Pélieu. Wieder in Hochform:

> Ranzige Kolumnen in geistlosen Zeitungen, die von französischen Rüstungskonzernen finanziert werden ... alte Säcke wie Jonesco und Gombrowicz ... Bewunderer von mexikanischen Polizeiaktionen ... lapprige Hunde wie Neruda und Jewtuschenko ... Wir haben nicht vor, uns das Veilchenparfüm dieser Hausnigger um die Nase wehen zu lassen: Wir werden ihnen den Arsch mit Sandpapier bearbeiten! Wie werden ihnen ihre Luxusausgaben, in ihre eigene Vorhaut eingebunden, um die Ohren hauen!
> Klaut ihnen die Wärmflasche! Versaut ihre Autogrammstunden! Setzt ihre Museen in Brand!
>
> ›Wenn die Musik sich ändert, zittern die Mauern der Stadt‹ – wer weiß, ob Platon gemerkt hat, was für eine Perle ihm da rausgerutscht ist ... Laßt uns hinter den Barrikaden des Rock'n'Roll ficken, bis uns die Ohren sausen! DIE ABSCHAFFUNG DER KUNST IST DAS GEBOT DER STUNDE! ...

Recht so. Keine halben Sachen.

»I wonder what Carl's doing for sex.« – Burroughs, Brief an Mary Beach, 1966.

Kann ich dir sagen, Bill: Ich wichse morgens um 4 aus einem der beiden Fenster an der Straßenseite, bis mir vor Kälte alles klamm wird. Wouldn't you?

Ginsberg ist gelernter Buddhist. Er meint, ich sollte vielleicht versuchen, giftiges Karma loszuwerden, indem ich mir eine weniger zynische Sicht der Dinge zulege. Aber die Zustände, hier und anderswo, machen es mir schwer. Also ...

General William C. Westmoreland, wegen krasser Erfolglosigkeit aus Saigon zurückbeordert, knickt ein. Als Geste des guten Willens, und um sein schlechtes Karma auf einen Schlag loszuwerden, stößt er sich einen spitzen Pfahl ins Herz.

Om raksha raksha raksha pitt svahaa!

Ah, jetzt setzt mich auch noch Micheline unter Druck ...

Nigger rannte quer durch den Park. Er erreichte den Pelham Sumpf, watete durch den Morast, auf den Fluß zu. Hinter sich hörte er Stimmen. Dann auch von der Seite. Sie kamen näher und kreisten ihn ein. Er stolperte, fiel in den Schlamm, kam wieder hoch. Er schaute nach hinten. Zwischen den Bäumen sah er sie jetzt. Uniformen. Cops.

Es mussten an die zwanzig sein. Keuchend watete er durch den saugenden Schlamm, auf die Brücke zu, alles drehte sich in seinem Kopf, sein Blut hämmerte an die Schläfen, Güterzüge, Touchdowns, Schlägereien, Parties, Abigail, Forty Winks, Trillerpfeifen, Löschzüge in den nächtlichen Straßen von Harlem, gellende Hilfeschreie, das hohe jaulende Geräusch der Querschläger, das Splittern und Bersten von Glas.

Die Cops gingen in Deckung und eröffneten das Feuer. Nigger stand da und schoß sein Magazin leer. Johnny Pollack, Holy Cross, Mary Sean, Forty Winks, Güterwaggons, pickelige Blondinen, verlauste Buden, pelzige abgegriffene Dollars, Bosse, Straßen, Stimmen und Träume und Alpträume.

Einige Cops sprangen aus der Deckung. Eine Kugel zerriß ihm den Schädel. Blut und Hirn spritzte an den Betonpfeiler hinter ihm. Sein Körper drehte sich halb um die eigene Achse und klatschte in das schwarze Wasser.

Beneidenswert, dieser Mitch. Keine Umwege, keine Schlenker, kein Zögern. Zip, Bang.

Zum Lunch mit Ron Tavel im Naked Lunch. Die Eclairs, oder was sich hier so nennt, sind schon alle. Junkies brauchen ständig süßes Zeug. Also Kaffee, Kartoffelpuffer und Spiegeleier.

Ich erzähle Ron, daß mir Pat Pool vom Tompkins Sq. Bookstore (– dort ist mir Ray Bremser das erste Mal begegnet, wie lange ist das schon wieder her) angeboten hat, die nächste Nummer von *The Great Society* herauszugeben.

»Tolle Zeitschrift.«

»Und am Tag darauf bringt sich ihr Mann um.«

»Mhm.«

»Womit auch das Magazin gestorben ist. Theoretisch.«

»Ich höre, sie macht den Laden zu und zieht nach Kalifornien.« Er rührt mit dem Zeigefinger die Eiswürfel in seinem Glas Pepsi um. »Das Magazin hat mir gefallen. Allein die Nummer zwei mit ›Die weiße Sau von der Medina‹. Was für eine Story. Die Nutte hat es wirklich gegeben.

Eine dralle Französin, schon etwas älter. Die Araber waren verrückt nach ihr.«

»Man sollte ein Magazin machen, das nur den Fantasien von Jack Smith gewidmet ist ...«

»Und wie kapriziös er immer ist. Für einen, der so hässlich ist wie er. Aber man soll nicht piefig sein, wenn einer so ein Genie ist.«

Er schaut konzentriert in sein kreiselndes Pepsi und schiebt den Teller mit dem halb gegessenen Rührei und Guacamole weg. Seine Alabasterhaut schimmert matt. Im matten Winterlicht, das durch die beschlagenen Scheiben dringt.

»Wie du siehst, muß ich auf meine Linie achten. Ich laufe demnächst in einer Show dieses Hippie-Labels ... ›Chocolate Soup‹. Als androgynes Model. Ich könnte eine Karriere auf dem Laufsteg haben, aber ich hab nicht die Zeit.«

Godards *Weekend* und Melvilles *Le Samourai*. Zum Fürchten. Ich möchte jetzt kein amerikanischer Jungregisseuer sein. Na gut: *Cool Hand Luke* mit Paul Newman. So geht's auch.

Und 20th Century Fox bringt *The St. Valentine's Day Massacre*. Also bitte.

Wenn Albert und Donald Ayler im Slugs' im Feinripp-Unterhemd auftreten, wird es gefährlich. Dann zerlegen sie mit Trompete und Tenorsaxophon alte Gospel Songs und Militärmärsche. Es hört sich an wie eine Massenkarambolage auf der Autobahn.

»I tried to dance to this and I broke four bones«, sagt die Mulattin hinterm Tresen.

Der Dr. Behrendt beim Südwestfunk Baden-Baden hat ein offenes (strapazierfähiges) Ohr für diese Burschen. Als

Donald A. von mir wissen will, wie er an einen Mitschnitt von seinem Konzert bei den Berliner Jazztagen[7] kommt, schreibe ich ihm die SWF-Adresse auf. Dafür kann er dem Doc, wenn er mal wieder im Schwarzwald ist, ein Weihnachtslied zerlegen.

Ich habe nichts gegen Free-Jazzer, die hupen, tröten und schrillen. Ich habe auch nichts gegen Cecil Taylor, der das Klavier mit den Ellenbogen traktiert. So lange alle zwischendurch beweisen, dass sie auch anders können.

Ich habe nur etwas gegen Dumpfbacken des Rock'n'Roll, die ganze drei Griffe auf der Klampfe beherrschen und den Rest mit aufgedrehten Verstärkern machen.

Hendrix ist technisch ein Segovia. Mindestens ein Manitas de Plata.

Der Typ von Ten Years After würde in Tirol aus jeder Schrammelkapelle fliegen.[8]

Manchmal hätte ich wirklich gern eine Stenotypistin, der ich das Buch in zwei Tagen und Nächten diktieren kann, während ich kettenrauchend auf und ab gehe ...

Oder stell dir vor, du hast ein Glioblastom von 8cm Durchmesser, das operieren sie dir aus dem Kopf, jetzt hast du noch knapp ein Jahr, ABER – du redest schneller und denkst schneller als vorher, und du schreibst doppelt so schnell und zehnmal so viel. Und? Is it a deal?

Statt dessen: Noch ein halbes Jahrhundert durchstehen, dann erst in die ewigen Jagdgründe. Nein, da ist ja schon Karl May.

Schaurig-schöne Aussichten.

Barney Rosset von *Evergreen Review* und Grove Press (Nabokov, Burroughs, Genet, Miller) will jetzt auch noch ins

Filmgeschäft und macht ein Midnight Screening des bereits verbotenen Renners *I am curious (yellow)*[9].

Inhalt, falls das Wort nicht zu hoch gegriffen ist: Schwedin lässt sich von ihrem Schäferhund flachlegen. Fein. Wieder ein Tabu weniger.

In der Bronx ist einer Amok gelaufen. Das gab es bisher nur in Malaysia, aber die Zeiten ändern sich. Ehefrau und Mutter blieben auf der Strecke. Auch der hat sein Löschblatt-Acid nicht vertragen. Es gibt den erwünschten Amoklauf, und es gibt den, der bestraft wird.

Ron hat eine Überraschung für mich, deshalb sind wir jetzt in der U-Bahn, Linie 6, wo die Waggons so alt sind, dass sie noch Wände aus Holz haben. Wir sind unterwegs zu einer Bar downtown, wo man einen krassen Kabarettisten namens Al Pacino antreffen kann.

Die #6 macht so einen Krach, daß wir uns nur schreiend verständigen können ...

»Kommst du mit dem Buch voran!«

»Geht so!«

»Zeigst du mir mal was!«

»Klar!«

»Ich sag nichts dazu! Außer, ich bin überwältigt!«

»Was!«

»Über-wäl-tigt!«

»Ah so!«

Pacino, Typ jugendlicher Raufbold, hat eine laute Stimme und einen raumgreifenden Stelzgang. Er ist einszweiundsechzig, hat seine free drinks schon drin und verprellt seine Zuhörer mit Beschimpfungen.

Abschließend gibt er bekannt, dass er demnächst in einem Kellertheater in der Rivington Street auftritt.

»Und dort kommen nur Leute, die begriffen haben, dass es *geil* ist, von mir beschimpft zu werden!«

Man könnte eine geführte Tour durch die New-York-Episoden von *Naked Lunch* anbieten ...

»Bleib weg von der Queens Plaza Station, Junge. Zuviele Ebenen. Zuviele Bullen ... Sie stürzen aus dem Abstellraum und beißen sich an deinen Waden fest ...«

Der F-Train rast vorbei, ein Schwall von schwarzem Eisen ...

»Das, Gentlemen, ist ein Todeszwerg«, buchstabiert der Narco hinter seinem Exemplar der *Herald Tribune*. »Wie Sie sehen, wird er per Fernsteuerung bedient.«

»Gebt mir 'n Fix«, knurrt der Zwerg, »dann erzähl ich euch was Intressantes ...«

Anmerkungen des Herausgebers:

1 Auch dazu: Ausgabe 19/1968, 46/1968, 47/1968, 39/1969, 51/1969 und Ausgabe 46/1969 (Titelseite hier abgebildet)

2 Eine Story Weissners mit dem Titel *Die Eingeschlossenen von der Lower East Side* erschien in *Amok/Koma. Ein Bericht zur Lage* bei Expanded Media Editions, Bonn/Hamburg 1980; herausgegeben von Jürgen Ploog / Pociao / Walter Hartmann

3 Zu Ray Bremser, mehr in der Anmerkung 20 zu *Wir fuhren die ganze Nacht wie in einem Film*, S. 42

4 Auch vertreten auf der LP *Cold Turkey Press / Klacto present: A Cold Turkey Press Special*, aufgenommen von Weissner in NYC, veröffentlicht mit Gerard Belart 1972

5 Paul Blackburn: Vertreten auf der CD *12 Great Americans*

6 New Yorker Underground-Zeitung *East Village Other* (1965–1972); hier evtl. Ausgabe vom 14. Mai oder 9. Juli 1969

7 Albert Ayler Quintet am 3. November 1966 in der Berliner Philharmonie

8 Alvin Lee missfiel ihm wirklich nachhaltig. Zum Woodstock-Jubiläum diktierte Weissner dem Herausgeber für einen Artikel (in *Rocks* 4/2009): »500.000 im Schlamm. Ein Helikopter, der in Seidenpapier gewickelte Mandarinen der Marke Sunkist abwirft. Am Morgen des zweiten Tages stapft eine christusgleiche Figur durch die Reihen und teilt mit segnender Gebärde Armeedecken aus. Auf der Bühne spielen alle weit unter ihren Möglichkeiten (außer Richie Havens und Ten Years After, die immer schlecht waren) ... Und doch ergibt alles zusammen einen Mythos und verdient das Prädikat ›jenseitig‹. Das begreife, wer kann. Eine gute Bekannte von mir (Eileen Myles, lesbische Dichterin, mit 19 dabei) reimt es sich so zusammen: ›Ich liebe Klischees, und Woodstock war das größte Klischee von allen!‹ «

9 Vgl. Albert Goldman: *The Old Smut Peddler* in *Life* vom 29. August 1969

Only In It For The Money?

Ein heißer Sommer für das amerikanische Rock Business

»Als ich anfing«, sagt Star-Promoter Bill Graham, »lagen die Eintrittspreise bei 2 Dollar. Wenn damals eine Veranstaltung 2000 Dollar einbrachte, war das ein Riesengewinn, und wenn man 1500 Miese machte, war's eine Katastrophe ...«

Nun, Miese hat er nie gemacht. Im Gegenteil: Seine beiden Fillmore-Paläste in New York und San Francisco warfen jede Woche einen Reingewinn von 20.000 Dollar ab.

Das lief so einige Jahre lang, und als er dann im Juni 1971 die beiden Goldgruben dichtmachte, geschah das nicht nur aus reiner Verzweiflung über die zunehmend härteren Gagenforderungen der Bands, sondern auch in der richtigen Erkenntnis, daß der Markt inzwischen reif war für Unternehmungen – und Profite – von ganz anderen Dimensionen.

Wie diese Dimensionen mittlerweile aussehen, zeigte z.B. die USA-Tournee von Bob Dylan und The Band, Anfang dieses Jahres (Organisator: Bill Graham) – 39 ausverkaufte Konzerte in 21 Städten vor insgesamt 658.000 Fans, bei Eintrittspreisen von durchschnittlich 8 Dollar. (Auf dem schwarzen Markt, der z.T. fest in der Hand lokaler Ticket-Agenturen war, wurden Spitzenpreise von 75 Dollar erzielt.)

Geschätzte Brutto-Gesamteinnahmen (laut *Rolling Stone*): 5 Millionen Dollar (netto: 2,5 Millionen).

Und nun kommt das Entscheidende an diesem Test: Graham konnte feststellen, daß er selbst mit einer Tournee dieser Größenordnung nur etwa 5 Prozent der zahlungswilligen Dylan-Fans in den USA erreicht hatte – es gingen nämlich fünfeinhalb Millionen Vorbestellungen für Eintrittskarten im Gesamtwert von sage und schreibe 92 Millionen Dollar ein.

So gesehen ist ihm mit seinem kürzlich gemachten Ausspruch, »das Goldene Zeitalter des Rock – das war gestern«, zweifellos das Understatement des Jahres herausgerutscht. Das Rock Business jedenfalls – das zeichnet sich inzwischen klar ab – erlebt in diesem Sommer einen Goldrush von nie gekannten Ausmaßen.

Bill Graham hat auch gleich den größten Claim für sich abgesteckt. Zu seinen Attraktionen gehört die ›Wiedervereinigung‹ von Crosby Stills Nash & Young, die in mindestens 25 Städten über die Bühne gehen wird; Eric Clapton, der sich drei Jahre lang rar gemacht hat, geht wieder auf Tournee (mindestens 23 Konzerte allein in den USA); weitere ›big names‹ auf Grahams Veranstaltungsliste: Allman Brothers, Grateful Dead, The Band, George Harrison und Steve Winwood.

Ein Umstand vor allem kommt der Branche zugute: Reinfälle wie Altamont und Atlanta Pop, die das Geschäft mit Mammutkonzerten jahrelang gelähmt hatten, sind in Vergessenheit geraten. Das ebenso friedlich wie profitabel verlaufene Summer Jam von Watkins Glen im vergangenen Sommer hat mit seinen 600.000 Besuchern endgültig den neuen Aufwärtstrend signalisiert. Die Massen strömen wieder: nur sollen sie nicht mehr so billig strömen dürfen wie bisher – und vor allem nicht mehr so unkontrolliert.

»In Watkins Glen sind 300.000 einfach so reingelatscht, ohne einen Penny zu bezahlen!«, stellt Graham mißmutig fest. Das wird sich nicht wiederholen; dafür haben er und seine Kollegen von der Zunft gesorgt. Die Parole für diesen Sommer heißt: Die grüne Wiese ist out – Beton ist in.

Die Promoter reißen sich um die großen Sportarenen des Landes – Los Angeles Coliseum (100.000 Plätze), Cleveland Municipal Stadium (80.000), Kansas City Stadium (65.000); aber auch kleine, namenlose Box- und Eishockey-Hallen werden nicht scheel angesehen: Interessant ist alles, was eine rigorose Kartenkontrolle gewährleistet.

Die Eintrittspreise beginnen bei 6,50 Dollar, werden aber in vielen Fällen die 12-Dollar-Grenze überschreiten. Bill Graham ist sogar überzeugt, daß der Markt ohne weiteres einen Preis von 20 Dollar pro Ticket verkraftet[1].

Phil Walden, Präsident von Capricorn Records (der allein im letzten Jahr am Auftritt der Allman Brothers in Watkins Glen eine sechsstellige Summe verdient hat) stellt lapidar fest: »Es ist eine unglaubliche Menge Geld im Spiel. Man hört nur noch sechsstellige Zahlen ...«

Frank Barselona, Boß einer großen Rock-Konzertagentur, drückt sich präziser aus: »Von Eric Clapton höre ich, daß er erst bei Angeboten ab 100.000 Dollar anfängt hinzuhören. Die Band macht's nicht mehr unter 50.000. Die Allmans sortieren Angebote zwischen 100.000 und 250.000, Carole King verlangt 150.000 ...« Pro Auftritt, wohlgemerkt.

Kurze Rückblende zum Vergleich: Beim Woodstock-Festival 1969 traten 32 Bands und Einzelinterpreten auf; die erhielten damals zusammen gerade 250.000 Dollar[2].

Besonders attraktiv wird's dann bei den sogenannten ›package deals‹: So sollen z.B. Eric Clapton für zwei Konzerte, am gleichen Tag und am gleichen Ort, 250.000 Dollar garantiert worden sein.

Die bisher höchste Notierung kommt aus Los Angeles: Für zwei gemeinsame Auftritte der Allman Brothers mit CSNY im Los Angeles Coliseum am 6. und 7. Juli sollte jede der beiden Bands 650.000 Dollar erhalten. (Eintrittspreis pro Konzert: 12,50 Dollar; erwartete Gesamteinnahmen für die beiden Abende: 2 Millionen Dollar.)

Daraus wurde allerdings nichts. Zum Leidwesen des Veranstalters (Bill Graham, wer sonst?) verfügte der Polizeipräsident von Los Angeles in letzter Minute, daß das Coliseum statt mit 100.000 Plätzen nur mit 65.000 ausgelastet werden dürfe. Das machte die ganze Sache natürlich uninteressant. Bill Graham hat's nicht weiter gekratzt, er disponierte rasch um – neues Date: Ontario Speedway, 3. August, CSNY, The Band und Beach Boys. (Eintritt 12,50 Dollar wie gehabt.)

Natürlich, immer wenn es ans Absahnen geht, ist auch das Finanzamt zur Stelle und genehmigt sich gleich mal einen ansehnlichen Happen. Trotzdem bleibt für alle Beteiligten mehr übrig als je zuvor. Und wenn auch ein Promoter wie Chris Fritz, Präsident der Agentur ›Musical Productions‹, angesichts der steigenden Kosten eine Schmälerung seiner Gewinnspanne beklagt (1973: 20 Prozent; 1. Quartal 1974: 17 Prozent) – das neue Volumen des Markts hat dafür gesorgt, daß sein Profit, in nackten Dollar gemessen, dennoch neue Höhen erklommen hat.

Freilich, eins ist nicht zu übersehen: Mit dem Goldfieber gehen schon gelegentlich Anfälle von Schüttelfrost einher. Die Einsätze im Rock'n'Roll-Poker sind atemberaubend geworden und einige Spieler beginnen Nerven zu zeigen.

»Rock-Konzerte im Sommer sind das reine Vabanquespiel«, sagt Promoter Howard Stein, »eigentlich könnte ich mit meinen Kohlen gleich nach Las Vegas gehen ...«

Only In It For The Money?

Ein heißer Sommer für das amerikanische Rock Business

„Als ich anfing", sagt Star-Promoter Bill Graham, „lagen die Eintrittspreise bei 2 Dollar. Wenn damals eine Veranstaltung 2000 Dollar einbrachte, war das ein Riesengewinn, und wenn man 1500 Miese machte, war's eine Katastrophe..."

Nun, Miese hat er nie gemacht. Im Gegenteil: Seine beiden Fillmore-Paläste in New York und San Francisco warfen jede Woche einen Reingewinn von 20 000 Dollar ab.

Das lief so einige Jahre lang, und als er dann im Juni 1971 die beiden Goldgruben dichtmachte, geschah das nicht nur aus reiner Verzweiflung über die zunehmend härteren Gagenforderungen der Bands, sondern auch in der richtigen Erkenntnis, daß der Markt inzwischen reif war für Unternehmungen – und Profite – von ganz anderen Dimensionen.

Wie diese Dimensionen mittlerweile aussehen, zeigte z.B. die USA-Tournee von Bob Dylan und The Band, Anfang dieses Jahres (Organisator: Bill Graham) – 39 ausverkaufte Konzerte in 21 Städten vor insgesamt 658 000 Fans, bei Eintrittspreisen von durchschnittlich 8 Dollar. (Auf dem schwarzen Markt, der z.T. fest in der Hand lokaler Ticket-Agenturen war, wurden Spitzenpreise von 75 Dollar erzielt.)

Daß er es trotzdem nicht tut, wird seinen guten Grund haben.

Sicher, passieren kann allerhand. Keiner ist dagegen gefeit, daß eine streßgeplagte Band kurzfristig absagt oder sonstwie verrückt spielt; daß die Bühnenarbeiter mal ganz spontan auf den Gedanken kommen, zu streiken; oder – Alptraum jedes Promoters – daß das Publikum randaliert und die Stadtväter daraufhin keine weiteren Veranstaltungen mehr genehmigen.

Immerhin, was getan werden kann, wird getan: doppelte und dreifache Kartenkontrollen; Sondereinsätze der Polizei; sturmsichere Absperrungen zur Abwehr von ›gate crashers‹; und drinnen werden kleine Privatarmeen von angemieteten Saalschützern die Konzertgänger in Schach halten und dafür sorgen, daß nicht allzu viel Stimmung aufkommt. (Bei einem Konzert der Who, Anfang Juli im Madison Square Garden, kam auf jeweils vier Fans ein Uniformierter vom ›Sicherheitsdienst‹ ...)

Es bleibt abzuwarten, wie lange solche ›maximumsecurity‹-Veranstaltungen für das Publikum attraktiv sein werden, und wieviele sich finden werden, die unter solchen Bedingungen mehr als ein Konzert für 12,50 Dollar (oder mehr) gutgelaunt und diszipliniert absitzen.

Bill Graham indessen wird von solchen Gedanken nicht geplagt. Im Gegenteil, der Gipfelstürmer der Branche hat eine rosige Vision: Der Gipfel, davon ist er fest überzeugt, wird sich als Hochplateau erweisen ... »Dann sehe ich am selben Abend 50.000 zahlende Besucher in Kansas City, 90.000 in Los Angeles, 80.000 in Cleveland, 40.000 in San Francisco ...«

In diesem Zusammenhang stellt sich nun die interessante Frage: Was verdient Bill Graham an einem Konzert durchschnittlicher Größenordnung?

»25.000 Dollar«, sagt er, »sind heute ein durchschnittlicher Gewinn.«

Gut, Spaß muß sein, aber hier scheint ihn sein Hang zur Untertreibung doch ganz bedenklich in die Nähe von unfreiwilligem Humor gebracht zu haben.

Vor einigen Wochen hat er jedenfalls gegenüber einem Reporter von *Rolling Stone* folgende Rechnung aufgemacht:

»Bei einem Stadion mit 50.000 Plätzen und einem Eintrittspreis von 8,50 Dollar muß ich, bevor ich einen einzigen Dollar verdiene, erstmal 203.000 Dollar einspielen, damit meine Unkosten wieder reinkommen.«

Na schön. Ein volles Haus würde 425.000 Dollar bringen. Dann hätte er nach dieser Rechnung einen Brutto-Gewinn von 222.000 Dollar (der um einiges niedriger ausfallen kann, wenn die Bands nicht für eine pauschale Garantiesumme, sondern für eine prozentuale Beteiligung, (bis zu 50 Prozent), an den Gesamteinnahmen abgeschlossen haben).

Das hört sich auf jeden Fall schon ganz anders an. Oder sollte Bill hier ausnahmsweise einmal übertrieben haben?

Anmerkungen des Herausgebers:

1 Für einen Big Mac bezahlte man in den USA zu der Zeit $ 0,65, für einen Quarter Pounder mit Käse $ 0,70. Die Schmerzgrenze für Höchstpreise bei Tickets – $ 12,50 – entspricht demnach, übertragen auf einen Hamburger Royal TS und heutige Ticketpreise hierzulande € 81,00.

2 Aktueller Geschichtsschreibung zufolge eher $ 150.000 (für Hendrix $ 18.000, relativ viel auch für Blood, Sweat & Tears, die gerade ein Nummer-1-Album hatten, The Who knapp vor Mega-Durchbruch mit *Tommy*, Joan Baez und Creedence Clearwater Revival auch noch im fünfstelligen Bereich, alle anderen drunter bis hin zu Santana ($750) und, halb so viel für Quill.

Der Kamikaze vom Woody Creek

Er kandidierte in Colorado für das Amt des Sheriffs, zog mehr als ein Jahr lang mit den Hell's Angels herum und berichtete, den Koffer voller Drogen, über die Jahrestagung der Rauschgiftfahnder in Las Vegas. Hunter S. Thompson, Chefreporter des amerikanischen Magazins *Rolling Stone*, gehört zu den populärsten Vertretern des *new journalism*. Carl Weissner hat die bizarre Karriere des Mannes, der wahnsinnig geworden sein soll, beschrieben

Im September 1967 fiel mir im *8th Street Bookstore* in New York ein Magazin aus Kansas auf. Es hatte ein gekonnt schauerliches Cover von S. Clay Wilson[1] – Grund genug, das Heft unbesehen zu kaufen.

Beim Durchblättern stieß ich dann auf ein paar alte Bekannte, von Burroughs bis Charles Plymell und Ed Sanders, ferner eine reichlich entartete Science-Fiction-Nummer[2], die ich offenbar einmal im Zustand verminderter Zurechnungsfähigkeit abgesondert und an Plymell geschickt hatte, und dann kam etwas, bei dem man förmlich die Spucke fliegen sah ...

Es war eine wütende Attacke gegen eine Bande von Rednecks in Colorado, mit denen der Autor, ein gewisser Hunter S. Thompson, anscheinend eine verlustreiche Dauerfehde ausfocht. Unter anderem war die Rede von zerschossenen Schlafzimmerfenstern. Und am Ende stand der Schwur, diese Typen »mit politischen Mitteln« zu erledigen.

(Zwei Jahre später machte er ernst damit: Er kandidierte in Aspen, Colorado, für das Amt des Sheriffs und verkündete, er werde in Ausübung seines Amtes nicht nur hemmungslos dem Genuß von Meskalin frönen, sondern auch sämtliche Straßen aufreißen und in Rasenflächen verwandeln lassen, Langhaarige unnachsichtig gegen jede Art von Übergriffen schützen und zusammen mit dem von ihm unterstützten Bürgermeisterkandidaten – einem 29jährigen Rechtsanwalt, Kiffer und Motorrad-Fan – rücksichtslos gegen bauwütige Landschaftsverhunzer und Tourismus-Profiteure vorgehen. Das Wahlziel wurde nur knapp verfehlt. Der Wahlkampf von Thompson & Co. machte Schlagzeilen im ganzen Land.)

Jedenfalls, Hunters Wutausbruch las sich so hervorragend, daß ich unbedingt wissen wollte, wer dieser Mensch war. Mein Freund Jim Silver, ein junger Junkie und Trebegänger aus Kalifornien, konnte dienen: »Aber sicher kenn ich den! ...«

Es stellte sich heraus, daß Thompson – geboren in Louisville/Kentucky, Dr. phil. an der School of Joumalism der New Yorker Columbia-Universität, anschließend Südamerika-Korrespondent verschiedener Zeitungen – seit mehr als einem Jahr mit den kalifornischen Hell's Angels herumzog und inzwischen angeblich ein Buch über sie geschrieben hatte.

Er machte sogar ihren alljährlichen »Großen Run« am Tag der Arbeit mit (auf einer 650cc BSA Lightning Rokket; Spitze: 210 km/h) – eine Massenorgie von PS, Abgasen, Bier und Blut. Dabei schlugen sie ihn aus Versehen krankenhausreif, aber er hatte seine Story.

Im November kam das Buch heraus und landete sofort auf den Bestsellerlisten. Ich las es in einem Zug durch und wurde zum bedingungslosen Thompson-Fan.

Eine lohnende Sache, denn Dr. Thompson lieferte nun Schlag auf Schlag – als Chefreporter des Magazins *Rolling*

Stone. Besonders hohe Wellen schlug seine wahnwitzige Story über das Kentucky Derby, ein physischer und schriftstellerischer Amoklauf, bei dem ihn der englische Karikaturist Ralph Steadman nur mit Mühe davon abhalten konnte, dem Gouverneur des Staates Kentucky in seiner Ehrenloge eine volle Ladung Mace (»Chemische Keule«) zu verpassen.

Dies war die Geburtsstunde des »Gonzo«-Journalismus, der zu Thompsons Markenzeichen wurde. Auf eine kurze Formel gebracht: Voll reingehen, ohne Rücksicht auf Verluste. *Anything goes*.

Sein nächster Bestseller hieß *Fear and Loathing in Las Vegas*. Zunächst ging es nur darum, für eine Sportillustrierte über ein Querfeldein-Rennen zu berichten, das ein Hotelbesitzer in Las Vegas jedes Jahr aus Gründen der Publicity veranstaltete.

Thompson reiste in einem knallroten gemieteten Chevy Kabriolet an, begleitet von seinem Freund und Anwalt Oscar Zeta Acosta, einem braunen Bomber aus Los Angeles, und der Kofferraum des Schlittens »sah aus wie ein mobiles Labor des Rauschgiftdezernats«.

Im Drogenwahn geraten die beiden in Vegas prompt in solche Schwierigkeiten, daß sie das Rennen verpassen. (Acosta: »Ich glaube, in diesem Fahrstuhl hier befindet sich ein ignoranter Hühnerficker, dem dringend das Gesicht aufgeschlitzt gehört!« Er fuhr mit der Hand in die Tasche seiner schwarzen Plastikjacke. »Ihr billigen Gringo-Schwuchteln«, fauchte er. »Wer von euch will sich in Scheiben schneiden lassen?!« ...)

Da trifft mitten in einer Amphetamin-Psychose ein Eilauftrag von *Rolling Stone* ein: Verlangt wird eine Reportage über die Jahrestagung der amerikanischen Rauschgiftfahnder, die gerade im Dunes-Hotel beginnt – genau das Richtige in dieser Situation. Auch dieses Buch ist inzwischen Legende. (*Angst und Schrecken in Las Vegas*, Zweitausendeins, Frankfurt 1977.)

Und dann holt Thompson zu seinem größten Rundschlag aus – neun Monate Berichterstattung über die Vorwahlen, die Wahlparteitage und die Präsidentenwahl des Jahres 1972. (*Fear and Loathing on the Campaign Trail '72*. Popular Library Pocketbooks, New York, 505 S., 1.75 Dollar)

HUNTER S. THOMPSON

DER KAMIKAZE VOM WOODY CREEK

Er kandidierte in Colorado für das Amt des Sheriffs, zog mehr als ein Jahr lang mit den US-Hell's Angels herum und berichtete, den Koffer voller Drogen, über die Jahrestagung der Rauschgiftfahnder in Las Vegas. Hunter S. Thompson, Chefreporter des amerikanischen Magazins »Rolling Stone«, gehört zu den populärsten Vertretern des *new journalism*. Carl Weissner hat die bizarre Karriere des Mannes, der wahnsinnig geworden sein soll, beschrieben

Neun Monate auf Achse mit dem Grand Circus, und am Ende bestätigt das Volk einen ordinären Kleinkriminellen namens Richard M. Nixon für weitere vier Jahre im Amt – mit dem größten Erdrutschsieg in der amerikanischen Geschichte.

Der US-Wahlkampf – als Medienspektakel, als Tour de Force der Intrigen und Illusionen, als Dreckschleuder-Wettbewerb, als Spiel ohne Grenzen und ohne Bandagen – erweist sich als die ideale Herausforderung für Thompsons Gonzo-Genie und wird von ihm in voller Breite und nicht zu überbietender

Schärfe als das vorgeführt, was er tatsächlich ist – übelstes Show-Business. Mit übelsten Folgen.

Vieles von dem, was Thompson in jenen neun Monaten über die Präsidentschaftskandidaten schrieb, konnte nur veröffentlicht werden, weil man es mit der Pressefreiheit in den USA trotz allem noch etwas genauer nimmt als anderswo: »Eine Partei, die nichts besseres aushusten kann als einen opportunistischen, hirnlosen und verlogenen Aasgeier wie Hubert Humphrey, verdient jede Niederlage, die man sich nur denken kann. Typen wie Humphrey werden heute zwar nicht mehr produziert, aber um sicher zu gehen, daß er uns nicht selbst noch einen Nachfolger in die Welt setzt, sollte man ihn vorsorglich kastrieren.«

Einem entnervten Mitarbeiter des Kandidaten Edmund Muskie entlockt Thompson das Statement: »Für Big Ed zu arbeiten ist ungefähr so, als wäre man in einem Güterwaggon mit einer zwei Zentner schweren, lebensgefährlich bescheuerten Wasserratte eingesperrt.« Tatsächlich legt Muskie im Wahlkampf ein zunehmend unkontrolliertes und absonderliches Verhalten an den Tag. Ungerührt schreibt Thompson, der Senator aus Maine habe sich aus Brasilien einen schwarzen Wunderdoktor einfliegen lassen, der ihn mit einer gefährlichen Urwalddroge namens »Ibogain« behandle. Die Erklärung klingt so plausibel, daß Thompsons Ente von großen Establishment-Zeitungen übernommen wird.

Schließlich seine große Haßliebe – Richard Nixon: »Eine räudige tollwütige Hyäne, die um Mitternacht aus einem Fenster im Ostflügel des Weißen Hauses springt und mit triefenden Lefzen durch die Straßen hechelt ...«

Der besessene Freak und Drogenfresser Thompson erlebt aus nächster Nähe das »Adrenalin-High« der Machtbesessenen und sieht einen alten Verdacht bestätigt: Das politische Geschäft erzeugt die schlimmsten und unberechenbarsten Junkies weit und breit.

Doch der brillante Schreiber Thompson spielt nicht nur den wilden Mann. Er beweist auch, daß er ein hervorragend informierter Kenner der politischen Szene ist, der es in punkto Durchblick mit den gewieftesten Profis der Branche aufnimmt – was von diesen auch neidlos anerkannt wird: »Das beste Buch über einen Wahlkampf, das ich je gesehen habe« (Nicholas von Hoffmann, *Washington Post*).

Besonders eine Unart kommt dem Wahrheitsgehalt seiner Berichte zugute und verschafft ihm einen entscheidenden Vorsprung gegenüber den Kollegen von der Establishment-Presse: Seine rigorose Mißachtung einer ehernen Anstandsregel des Journalismus – »Wenn ein Politiker bei mir den Mund aufmacht, und es rutscht ihm etwas heraus, was er nicht gedruckt sehen will – keine Chance, Baby. Wird alles veröffentlicht. Nichts bleibt vertraulich.«

Keiner dürfte damals seine Gesprächspartner und Informanten so schnell verbraucht und »verbrannt« haben. Und keine Frage, daß er sich damit eine Fortsetzung seiner Karriere als politischer Journalist selbst unmöglich gemacht hat. Aber das Ergebnis war es wert.

»Meine Art, witzig zu sein, besteht darin, daß ich die Wahrheit sage« (Muhammad Ali).

Thompsons Kommentar: »In der Tat. Und das ist gleichzeitig die beste Definition von Gonzo-Journalismus, die ich bis jetzt gehört habe.«

PS: *The Great Shark Hunt*, eine 600 Seiten starke Auswahl von Thompson Berichten und Reportagen seit Anfang der sechziger Jahre, erscheint auf deutsch im nächsten Jahr.

Anmerkungen des Herausgebers:

1 Wie Wilson im Interview mit *The Comix Journal* im Jahr 2012 vermittelt, kannte, sah und schuftete er für sie alle – *Hustler*, *Oui*, *ZAP* uswusf. – und er hing ab mit Chrissie Hynde, Kathy Acker u.v.m. »Bukowski habe ich nie getroffen ... aber ich habe Burroughs Munition beschafft, diese Knarre hier bekam er von Hunter Thompson. Am Illustrieren seiner Sachen versucht sich Ralph Steadman, aber ... Wenn man den Illustrator und den Autor zusammenbringt, werden sie zu einem Package. So was will ich nicht. Jetzt die Sachen von Hunter S. Thompson illustrieren: will ich nicht. Steadmans Stil gefällt mir nicht sonderlich. Er ist ein guter Grafiker.«

2 Letzte Ausgabe von *Grist*; außer Beiträgen von Thompson und Weissner mit Ishmael Reed, Diane Wakoski, Joanne Kyger, Bill Berkowitz, Jim McCrary.

Clint Eastwood ist Hamlet

Es gibt Karrieren, die so gradlinig verlaufen, dass man es kurz machen kann: »Er malte Suppendosen und wurde Millionär.« Ich weiß nicht, was Andy Warhol im Alter von sieben Jahren gemacht hat. Mein Freund Fauser jedenfalls trat mit sieben, als wollte er da schon eine falsche Spur legen, in Werbesendungen des Hessischen Rundfunks auf. Mit 14 schrieb er zwei Artikel für die *Frankfurter Neue Presse*. Auch nicht verkehrt. Danach Sendepause. Und dann dies: Mit 20 schwänzt er energisch das Gymnasium, folgt einer englischen Freundin nach London, macht seine ersten Erfahrungen mit Heroin und schreibt für das Anarchistenblatt *Freedom*. Hm.

Das nachgeholte Abitur in Frankfurt war kaum abgehakt, da verschwand er ganz aus dem Land: Mit 23 hauste er in einer Bretterbude auf dem Flachdach eines Billighotels in Istanbul, lebte von Desoxyn, Opiumtinktur, Nembutal und gesüßter Nudelpampe und schrieb einen Roman. Es ging um einen Zivildienstleistenden, der in Heidelberg in einer Lungenklinik, gleich hinterm Hauptfriedhof, den Medizinschrank plündert und süchtig wird. Der Zivi war er selbst.

Natürlich waren die Zeiten längst vorbei, als ein flamboyanter französischer Marineoffizier, der sich Pierre Loti nannte, während des Dardellenkonflikts eine türkische Haremsdame anschmachtete und gegen seinen Kummer das einzig Richtige tat: Er nebelte sich mit Opium ein und schrieb einen Bestseller.

Fausers Manuskript geht verloren und im Junkie-Viertel bricht die Cholera aus. Er gerät mit anderen Ausländern in eine Polizei-Razzia, wird im Knast zwischengelagert, dann abgeschoben. Als er in Frankfurt eintrifft, wiegt er noch 45 Kilo.

Drei Jahre später, Anfang 1970, lernte ich ihn dort kennen. Er hatte zwei Kommunen in Berlin hinter sich (»selten so wenig Stoff gezogen!«) und hing immer noch an der Nadel. Auf der Haschwiese am Eschenheimer Turm gab es Morphium aus Apothekeneinbrüchen.

Er schrieb jetzt abgedrehte experimentelle Prosa, wie ich und ein paar andere, und bald gehörten wir zu einem Team, das die »Ultimative Underground Zeitung« herausgab. Auf der Titelseite von Nr. 1 prangte eine muskulöse Amazone, die den antriebsschwachen Junkies der Welt ins Gesicht blaffte: »Euer Problem ist nicht fixen, sondern ficken!«

Brotlose Kunst, aber maximaler Unterhaltungswert.

Ich sehe ihn noch vor mir: Kordhose, kariertes Hemd, dunkle Hornbrille, das schwarze Haar nicht lang und nicht kurz. Dass er fixte, merkte man ihm so gut wie nie an. Wenn es der Unauffälligkeit diente, erschien er auch mal im grauen Anzug. Er zeigte mir ein halbes Dutzend Gedichte, die er nach seinem Schichtdienst bei der Gepäckverladung auf dem Frankfurter Flughafen geschrieben hatte. Sie waren gut. Wie ein Tritt ans Schienbein. Paar Wochen später hatte er einen Gedichtband beisammen. »Hey«, dachte ich, »dem ist es wirklich ernst.« Ich schrieb ihm ein Vorwort. Der erste Satz hieß: »Das deutsche Gedicht ist ein Beitrag zur Innenweltverschmutzung.« Die braven Seelchen ringsum machten auf »Neue Innerlichkeit«. Fauser war das Kontrastprogramm.

Als der Gedichtband (*Die Harry Gelb Story*, Maro Verlag Augsburg – dort bis auf den heutigen Tag unverändert

UFO

lieferbar) auf dem Markt war, kam von den Halbgebildeten sofort der Spruch: »Der imitiert doch bloß Bukowski.«

Falsch, Seine Sachen lagen genau auf der Linie von Gottfried Benn und Rickie Lee Jones (wenn sie damals schon so alt gewesen wären wie heute).

»There's a halfway house for sex offenders by the school«: Für solche schnöden Erscheinungen unseres Alltags hatte auch Fauser einen geschärften Blick.

Mit Experiment und Underground war er fertig. Er wollte vom Schreiben leben können. Ich traute es ihm zu. Falls er den Affen der Sucht loswurde. »Pass auf«, sagte ich mir, »der wird jetzt immer besser.« Es traf sich gut, dass ich fast nur für Zeitschriften in England und USA schrieb. So konnten wir einander nicht in die Quere kommen. Außerdem hatte ich meine Amis zu übersetzen: Warhol, Ginsberg, Bukowski, Bob Dylan – es nahm kein Ende.

»Hochtourige Prosa«, sagte er, »das muss her.«

»Schreib das Ding, das du in Istanbul verloren hast, noch mal richtig«, schlug ich vor. »Bethanien-Krankenhaus. Lungenkrebs so weit das Auge reicht. Der Alte mit der Asbestlunge, der pro Tag zwei Packungen Reval qualmt und mit dem Oberarzt um die Wette säuft.«

Fauser lieferte innerhalb einer Woche. Drei Seiten, einfacher Zeilenabstand, glänzend geschrieben.

»Mehr«, schrieb ich zurück. Und bedauerte meinen Egoismus sofort. Denn im Begleitbrief zu den drei Seiten hatte gestanden: »Am Freitag war ich so down, dass ich der Versuchung erlegen bin & drei Tage gejunkt habe.« Ich wartete, bis er soweit war. Eines Tages stand sein Entschluss fest: Entzug. Schluss mit dem Shit.

Ich gab ihm die Adresse von Burroughs in London. Der Kultautor hatte 15 Jahre lang alles genommen, was man schnupfen, schlucken und spritzen konnte. Und er schwor auf eine Methode, die ihn wieder clean gemacht hatte. »Bei Burroughs«, sagte ich, »musst du die erste halbe Stunde überstehen, dann geht alles von selbst.« Die erste halbe Stunde wurde man angeschwiegen und niedergestarrt; während der Dilly-Boy, ein ehemaliger Stricher vom Piccadilly, in der Pantry rumorte und irgendwann missmutig zwei Humpen Tee brachte. Bill Burroughs war damals voll auf Scientology.

Mir hatte er zwei Jahre zuvor die zwei Blechdosen seines E-Meter in die Hände gedrückt und auf deutsch ein paar Reizwörter vorgeflüstert: »Vaterland. Vatermord! Ah! You see?« Und er deutete auf die Skala des Messgeräts (Materialwert 7 Dollar 50) und schnalzte genießerisch mit der Zunge, als der Zeiger ausschlug.

Fauser blieb davon verschont. Er hätte aber auch das auf der linken Arschbacke abgesessen.

Er berichtete dem finster dreinsehenden Fachmann von der Tinke, die er sich in Istanbul gebraut hatte. Aus Rohopium, an dem noch die Kamelscheiße pappte.

»Was? Das haben Sie sich doch nicht in die Vene gepumpt?«

»Doch.«

Damit war das Eis gebrochen.

Und von Burroughs kamen jetzt die sachdienlichen Angaben. Ein Brechmittel namens Apomorphin. »Wird gewonnen, indem man Morphin mit Salzsäure aufkocht, so dass es seine euphorisierende Wirkung verliert. Den meisten wird von der bloßen Idee schon schlecht ...«

Die Dosis muss jedenfalls knapp unterhalb der Grenze zum Brechreiz liegen. Alle zwei Stunden eine Injektion. Nach 24 Stunden können die Abstände länger werden.

(»Selbstentzug? Schwierig. Kaum durchzuhalten. Besser, man sucht sich einen Arzt.«) Und nach acht bis zehn Tagen steht man auf wie Lazarus von den Toten.

Fauser kannte keinen Arzt, dem er über den Weg traute. Hm. Drück dir mal alle zwei Stunden ein Brechmittel rein, während du zitterst und frierst und Krämpfe hast.

Er schaffte es. Kam von dem harten Zeug runter. Und blieb runter. Eine der großen Erfolgsgeschichten der Szene zu Beginn der 70er Jahre.

Jörg Fauser, 27, angehender Profi-Schreiber (Bukowski: »Es gibt Vollblüter bei Pferden und es gibt Vollblüter, wenn es ums Schreiben geht«), stellte seinen Stoffwechsel auf Binding-Bier um, erkor sich das Schmale Handtuch in Frankfurt-Bornheim zur Stammkneipe und legte los. Artikel, Stories, Reportagen. Ein Hörspiel für den WDR. Ich bekam eine Rolle als triefnasiger verbitterter Dolantin-User. Anschließend musste das Stück diskutiert werden. Mit einem Bürokraten vom Bundesministerium für Familie & Gesundheit. Live. Das war uns grade recht. Der WDR-Redakteur (more power to you, Faecke) schlug gleich den richtigen Ton an: Die Pharma-Industrie sei doch schon drauf und dran, die halbe Bevölkerung ruhig zu stellen, mit Valium und lauter so Scheißdreck, da sei die Verfolgung des kleinen Kiffers nichts als ein verlogenes Ablenkungsmanöver.

Fauser war inzwischen nach München gezogen. Ein Arzt murmelte etwas von Thrombose und setzte ihn auf Selterswasser. Er spielte mit. »Lebensverlängerungsmaßnahme«, sagte er am Telefon. »Der Mensch ist ja nicht uneinsichtig.«

Es kamen Ansichtskarten aus Wien und von einer Balearen-Insel. Dort schrieb er ein Hörspiel und bot es dem falschen Sender an. »Aus einem kaputten Bewusstsein«, moserte der Redakteur, »lassen sich doch wohl keine Funken schlagen.«

Amen.

Dann war er auf einmal in Great Falls, Montana. Unterwegs mit einem deutschen Filmteam, dessen Drehbuch noch etwas vage war, weshalb er ihnen an Drehorten spät abends die Dialoge für den nächsten Tag schreiben musste.

Hoch im Norden stießen sie auf eine Hutterer-Gemeinde, deren Mitglieder ein altertümliches Pfälzisch sprachen und auch entsprechend gekleidet waren. Sie überredeten eine Dreizehnjährige, sich mitten in der Nacht in ihrer Schlafkammer filmen zu lassen. Da liegt sie im Bett, angetan mit Kittelschürze und Häubchen wie Rotkäppchens Großmutter, und neben ihr liegt die Fassbinder-Schauspielerin Y Sa Lo[1]. Und die beiden reden davon, wie toll es wäre, einfach abhauen zu können, in die Freiheit. Stattdessen muss die Kleine um sieben in der Früh wieder antreten zu Hafergrütze und Beten. Eine bizarre, herzerwärmende Szene, wie sie der deutsche Autorenfilm sonst nur selten zu bieten hatte.

Anfang Juni kam ein Brief von Bukowski: »Gestern Abend war Fauser da. Wir haben schwer gezecht, und ich kann mich an nichts mehr erinnern.«

Fauser hatte natürlich alles behalten: Das Filmteam war im Stardust Motel am Sunset Boulevard abgestiegen. In dieser Gegend kann man keinen Schritt tun, der nicht klischeegefährdet ist. Da tut es gut, auf ein paar Drinks bei einem Einheimischen vorbeizuschauen, der den ganzen Firlefanz ignoriert und lieber von seiner Hassliebe zu der Pferderennbahn Hollywood Park erzählt. Und wie er einmal einen Nachruf auf Janis Joplin schrieb (»Zehn Seiten!«), den er zerreißen musste, weil er ihm zu sentimental geriet.

Fauser war, wie erwartet, in diesen Jahren immer besser geworden; ich las seine Sachen in der *Basler Zeitung* und anderswo; aber auf eins war ich dennoch nicht gefasst gewesen – den Knaller, den er 1978 ablieferte: eine Marlon-Brando-Biografie, randvoll mit brillanten Ausfällen gegen die Kulturverweser und Schleimer und Verhunzer auf beiden Seiten des Atlantik. (Das Buch ist zum Glück grade mal wieder neu auf den Markt gekommen. Unbedingt lesen!)

»Sie seichen, schleimen und laichen, gemietete Schreiberlinge jeder Provenienz, bezahlte Zuträger der Macht, von den Managern der Bewusstseinsindustrie ins Fernsehen gehievt, ausgehalten von den Zuhältern jener Konzerne, die das Abendland und das Morgenland bis auf den letzten Quadratmeter ausplündern, um sich sodann dem Weltraum zuzuwenden.«

Weiß Gott, da schrieb kein Leisetreter. Das saß wie eine verdeckt geschlagene rechte Gerade und machte Appetit auf mehr.

Wir brauchten nicht lange zu warten.

Januar 1980. Eine Karte aus der Hauptstadt von Malta. Erste Station eines Romans, in dem es um geklautes Kokain und falsche Hoffnung geht. Hauptfigur: ein nicht unsympathischer deutscher Abstauber, der eigentlich bloß einen Stapel Dänenpornos verscheuern will, und auf einmal geht es um viel mehr.

Ich spürte, wie meine Kopfhaut kribbelte. »Das ist es«, dachte ich. »Dafür hat er die ganzen Jahre trainiert. Jetzt passiert's.«

Im März schrieb er mir aus München: »Nächste Woche mache ich mich auf den Leidensweg meines Romanhelden Blum mit seinem Koffer voll Koks: Frankfurt – Ruhrpott

– Friesland – Amsterdam – Antwerpen – Ostende. Tote Möwen im Ölschlick. Endstation.«

Ende des Jahres schickte er mir das fertige Manuskript. Schon nach dem ersten Abschnitt schlug ich vor Begeisterung mit der flachen Hand auf den Tisch. Dabei blieb es nicht. Selten tat mir die rechte Hand so weh wie an jenem Tag. Eines stand fest: Wer sich in diesem Blum nicht auch selber erkannte, dem gehörte (O-Ton Fauser) »der Bockschein entzogen und die Schreibmaschine verseucht«. Wie trafen uns in München, ich sah ihm über den Rand eines doppelten Screwdriver in die Augen und sagte:

»Wenn das nicht voll hinhaut, wandere ich mit dir nach Nordkorea aus.«

Der Schneemann (so der treffende Titel des Romans) wurde Fausers Durchbruch. Das nordkoreanische Exil blieb uns erspart. Das Buch wurde vom Erfolgsduo Peter F. Bringmann und Marius Müller-Westernhagen (*Theo gegen den Rest der Welt*) verfilmt Irgendwann, nach zwei oder drei Taschenbuchausgaben, erreichte es eine Gesamtauflage von 250.000.

Und ein Experten-Gremium setzte Fausers Erstlingsroman sogar auf der Liste der weltbesten Krimis auf Platz 10. Vor ihm waren nur noch Chandler, Hammett, Gabriel Garcia Marquez und ähnliche Kaliber.

»Weiter so, Joe«, meldete sich Bukowski aus Los Angeles. Im September 1977 hatte er Jörg eines der besten *Playboy*-Interviews seit langem abgeliefert und sich seither immer wieder nach weiteren Taten des deutschen Kollegen erkundigt.

Natürlich reagierte er auch sofort, als er von mir erfuhr, dass dieser rastlose Joe Fauser (inzwischen in Berlin beim *Tip*-Magazin) einen Profizocker aufgetan hatte, der jedem

Partner einen Jahresgewinn von 30.000 Mark garantierte. Auf der DDR-Rennbahn Hoppegarten.

»Was? Wie heißt die Anlage? Hop Hop Garden? Was für ein beschissener Name für eine Rennbahn!«

Und dass man den Gewinn nicht mitnehmen durfte und daher in Ostberliner Kommunistenkneipen versaufen musste, fand er doch eine wahre Schnapsidee.

»Ich nehme an, auch kommunistische Jockeys sind bestechlich, aber gegen Galopper kommst du nirgends an. Nicht mit einiger Regelmäßigkeit. Ich weiß Bescheid. Ich habe es versucht. Natürlich bleibe ich dabei: Wer gegen die Rennbahn gewinnt, kann so gut wie alles erreichen. Sag Joe, ich wünsche ihm Glück.«

Drei Monate später verkrachte er sich wieder einmal mit seiner Freundin Linda, die deutsche Vorfahren hat (Pietisten aus dem Schwäbischen). Prompt ließ er uns eine Warnung vor deutschen Frauen zukommen: »Seht euch nur vor. Die deutschen Frauen wirken auf mich so unwiderstehlich, aber dahinter ahne ich auch die verbiesterten deutschen Mütter, die dich in ihren Hexenbackofen stecken und goldgelb gebacken wieder rausholen und vertilgen wollen. Ja, genau die mit den großen gloriosen Augen voll Liebe!«

Wir danken für den Rat und sündigen weiter. Wie er selbst.

Ach herrje, und hier ist ein angegilbtes Foto von J. Fauser in seiner schwarzen Bert-Brecht-Lederjacke am Grab von Gottfried Benn auf dem Waldfriedhof in Berlin-Dahlem. Wer weiß, was da wieder ausgeheckt wurde. Vielleicht ein barscher Nachruf auf den geschassten Bausenator. »Ein Mann, der wahrscheinlich nie begreifen wird, warum sich Kreuzberg 1980 nicht so düngen ließ wie die Blumenrabatten in seinem Schrebergarten.«

Fauser, stets für eine Überraschung gut, schrieb Texte für Achim Reichel. Die Single-Auskopplung von *Der Spieler* wurde ein Hit. Der Autor verdiente mit einem einzigen Song mehr als mit seinem zweiten Roman.

Dann landete *Boxer Kutte* in den Charts. Fauser und Reichel leisteten sich den Gag, in Boxermänteln bei Dieter Thomas Heck ins Studio der ZDF-Hitparade einzuziehen.

Was für ein weiter, aber total stimmiger Weg seit den Tagen des *Bornheim-Blues* 1973 in der Bergerstraße – »Der Buchmacher legt die zerrissenen Wettscheine zusammen, ›Full of Beans‹ hat nichts gezahlt. ›My Love‹ nur 25 für 10! Und ›Long Tall Ernie‹ rockt auf dem ZDF-Piano.«

30. April ’84. Eine schauerliche Ansichtskarte: »Sektorengrenze Wilhelmsruh« bei Nacht, im leichenfahlen Schein der Bogenlampen; die Wachttürme sehen aus, als kämen sie aus der Konkursmasse eines jugoslawischen Karl-May-Films.

»Ich habe jetzt eine Balkonliege, wir könnten immer abwechselnd sonnenbaden und dabei diese verdammt guten Martinis schlürfen, Marke Unbefleckte Empfängnis, und eine Dreierwette fürs Trabrennen austüfteln. Und in der Nähe gibt es drei kleine schmutzige Kinos! Wie wäre es im Juni?«

Ich fuhr Anfang Juni hin. Die Martinis waren verdammt gut. Wir riskierten bei den Trabern eine Dreierwette. Wir zogen eine Niete und blieben gelassen. Wir sahen einen schmutzigen kleinen Film und redeten über einen finalen BRD-Thriller. Wir machten mitten in der Nacht den Nostalgietrip zur Oberbaumbrücke und dachten an den Mann, der aus der Kälte in die Traufe kam.

Kein Wort davon, dass Fauser beschlossen hatte, einer Einladung zum Ingeborg-Bachmann-Cup nach Klagenfurt zu folgen. Es blieb in diesem Jahr sein einziger Ausflug in den Masochismus. Wenigstens trat er im Hawaiihemd an.

Sein Output in Berlin war enorm, sein Niveau gleichbleibend hoch. Ich hatte mich daran gewöhnt, dass ich in jeder Ausgabe des *Tip*-Magazins eine erstklassige Kolumne von ihm zu lesen bekam. Bei aller nötigen Schärfe konnte er auch ein sentimentaler Hund sein, mit einem verständnisvollen Wort für die erregte Zuschauerin beim Catch-Turnier, die vergeblich die Entmannung des Schiedsrichters forderte – »So ist das Leben, Erna.«

Mit der Kolumne war inzwischen Schluss. Ich spürte Entzugserscheinungen und war damit vermutlich in bester Gesellschaft. *Clint Eastwood ist Hamlet.* Das war einer meiner Favoriten gewesen. Mit einem Zitat aus der *Bangkok Post* fing es an: »‚Es ist ein guter Tag zum Sterben', sagte Col. ›Bo‹ Gritz, als er und seine siebzehn Männer über den Mekong setzten.« Ein Söldnertrupp, finanziert von Clint Eastwood (im Austausch gegen Filmrechte), will GIs aus den Klauen der siegreichen Nordvietnamesen befreien. Und warum steht das in keiner deutschen Zeitung? Weil dort »Feminismus und ähnliche Gesinnungsdiktaturen« längst alles platt gemacht haben, was Männern einmal Spaß gemacht hat.

Ich zog es mir jedes Mal rein wie Amylnitrat, wenn er sich so aus dem Fenster lehnte. Und was schäumten sie da wieder, die Zwitterwesen der Political Correctness von halblinks.

Ich schickte dem *Tip* einen Leserbrief – »Prädikat: Härte zehn.«

Es erschien eine abenteuerliche 68er-Geschichte als Roman (*Rohstoff*), von der Kritik gefeiert, von den Lesern verschlungen; und seine nächste Station hieß: Redakteur bei der Zeitschrift *TransAtlantik*.

Ansichtskarte aus Bangkok (»Opiumfeld in den Bergen des nördl. Thailand«): »15.2.86 – Montagfrüh werde ich den Mai Tais, Kokosnuss-Pfannkuchen und Khanom Sai Kai (Hühner-Innereien) entsagen und mich auf den alten Dschungelpfad aufmachen ins Goldene Dreieck – Dein erwartungsfroher Harry.«

Einen Mann, der bis in die Shan-Berge vordringt, um eine Reportage zu schreiben über einen burmesischen Guerillaführer und Opium-Großproduzenten, hätte man mit dem Wort »Literaturkanon« wahrscheinlich jagen können. »Ich bin Geschäftsmann«, sagte er auf die Frage nach seiner Berufsbezeichnung. »Writing is my business.«

So hätte das weitergehen können. Dann wäre er in diesen Tagen 60 geworden.

Es ging nicht weiter. Sondern riss ab, schlagartig, in der Nacht nach dem 43. Geburtstag, am 17. Juli '87. Da verlor er sein Leben, zwischen vier und halb fünf, in der Nähe von München auf der Autobahn, zu Fuß. Niemand weiß, warum.

Anmerkung des Herausgebers:

1 Mit Fauser übte Y Sa Lo nachts Texte für den nächsten Drehtag – und tagsüber sang er oder flüsterte er ihr Zeilen vom neusten Dylan-Album *Desire* zu. Zur Beruhigung, Motivation, Einstimmung in die Arbeit. An einem *Day-off* stiefelten sie zu einem Dichter, für ein Interview: »Jörg hatte ein Sixpack eingekauft und stellte mich vor als seine Assistentin. Morgens um elf, bei Bukowski. Der durchschaute das schnell, machte aber mit. Auf sehr elegante Art, auch weil er Jörg nicht bloßstellen wollte vor mir. Er sprach mit einem Kollegen, gab dem Tipps – und mir die Weisheit des Schriftstellers.« In Berlin wohnte Fauser häufig bei ihr. Bei der Premiere der Fauser-Bio sitzt sie Jahre später ganz vorne, lacht lauter und mit mehr Sex-Appeal als alle und ist – natürlich – nur wegen einem da: *special guest* Carl Weissner.

Bob Dylan: *Desire*

CBS 86003

Dylan experimentiert wieder, zwar mit unterschiedlichem Erfolg, aber er experimentiert – und das ist schon mal *ein* Pluspunkt dieser LP: neue Begleitmusiker; Duo-Gesang mit weiblicher Stimme (die übrigens *erste* Stimme singt); Arrangements in ungewöhnlicher Instrumentierung; und die Texte hat er erstmals nicht allein geschrieben, sondern zusammen mit einem Off-Broadway-Theatermann namens Jacques Levy.

Die Arrangements und die etwas riskante Instrumentierung mögen Geschmackssache sein. Es führt jedoch bedenklich in die Nähe von platter »Programm-Musik«, wenn man den schwarzen Boxer *Hurricane* Carter mit Bongotrommeln untermalt, dem New Yorker Gangster mit den italienischen Vorfahren (*Joey*) eine neapolitanische Mandoline draufsetzt, und wenn man gar dem mexikanischen Desperado (*Romance in Durango*) ein elektronisches Schifferklavier beigibt, das bei Bedarf auch Fiesta-Trompeten imitieren kann.

Von Scarlet Riveras Geige läßt sich bestenfalls sagen, daß sie im großen und ganzen nicht stört. Schlimm wird's nur dort, wo ihr das Arrangement Raum zum Improvisieren läßt; und wenn sie sich in Dylans Mundharmonika-Soli reinsägt, zieht es einem die Socken aus.

Aber all das ist halb so wild, denn Dylan behandelt die Arrangements durchaus mit Ironie, indem er sich weigert, die Musik auf Perfektion zu trimmen. Und: bei einigen

Nummern ist ausgesprochener Pep dahinter. Das ist, abgesehen von einem überraschend resoluten Dylan, vor allem dem Bassisten Rob Stoner und dem Drummer Howard Wyeth zu verdanken. Bestes Beispiel: *Isis* – Dylan spuckt hier seinen Text wieder mit dem alten aggressiven *twang* aus; Stoner zieht manches starke Riff ab; und Wyeth beweist, daß er ein richtiger kleiner Shitkicker sein kann.

Ein weiterer Pluspunkt: Emmylou Harris. Mit Dylan im Duett zu singen, ist weiß Gott nicht die einfachste Sache von der Welt. Emmylou tut das einzig Richtige: sie versucht es erst gar nicht mit Routine, sondern steigt mit vollem Risiko ein. Das geht nicht immer glatt auf; aber genau so, finde ich, kommt es am überzeugendsten rüber.

Einer der besten Dylan-Songs seit langem ist *Black Diamond Bay*. Wer einmal mit Genuß die Romane von Joseph Conrad geschmökert hat, kommt hier voll auf seine Kosten.

Bob Dylan
DESIRE
CBS 86003

Von Carl Weißner

Dylan experimentiert wieder, zwar mit unterschiedlichem Erfolg, aber er experimentiert – und das ist schon mal *ein* Pluspunkt dieser LP: neue Begleitmusiker; Duo-Gesang mit weiblicher Stimme (die übrigens *erste* Stimme singt); Arrangements in ungewöhnlicher Instrumentierung; und die Texte hat er erstmals nicht allein geschrieben, sondern zusammen mit einem Off-Broadway-

Bassisten Rob Stoner und dem Drummer Howard Wyeth zu verdanken. Bestes Beispiel: „Isis"-Dylan spuckt hier seinen Text wieder mit dem alten aggressiven *twang* aus; Stoner zieht manches starke Riff ab; und Wyeth beweist, daß er ein richtiger kleiner Shitkicker sein kann.

Ein weiterer Pluspunkt: Emmylou Harris. Mit Dylan im Duett zu singen, ist weiß Gott nicht die einfachste Sache von der Welt. Emmylou tut das einzig Richtige: sie versucht es erst gar nicht mit Routine, sondern steigt mit vollem Risiko ein. Das geht nicht immer glatt auf; aber genau so, finde ich, kommt es am überzeugendsten rüber.

Einer der besten Dylan-Songs seit langem ist „Black Diamond Bay". Wer einmal mit Genuß die Romane von Joseph Conrad geschmökert hat, kommt hier voll auf seine Kosten.

Schließlich die beiden grossen „Protestsongs" dieser LP.

Schließlich die beiden großen »Protestsongs« dieser LP. Sie sind stärker als viele von Dylans früheren Balladen über Outlaws, Opfer von Rassenjustiz usw. – denn Dylan versucht hier nicht, die Sache dichterisch zu überhöhen; er geht geradezu journalistisch heran, nennt Namen und bringt schließlich harte Facts aufs Tapet. (Bei *Hurricane* ging er sogar so sehr in die Einzelheiten, daß ihm die Anwälte von CBS eine Zeile streichen mußten, um die Plattenfirma vor einer Verleumdungsklage zu bewahren.) Die musikalische Verpackung von *Hurricane* ist vielleicht ein bißchen zu eintönig für so eine lange Nummer, *Joey* dagegen geht in jeder Beziehung in die Vollen. Mit seiner Sympathie für den Outsider Joey setzt sich Dylan übrigens bewußt in die Nesseln: Joey Gallo war eine Randfigur der New Yorker Mafia, und seinen Spitznamen »Crazy Joe« trug er nicht zu Unrecht – er war crazy genug, ausgerechnet seinen schärfsten Rivalen die Klubkasse auszuräumen. Dafür wurde er prompt umgenietet.

Diese LP beweist, daß Dylan nach wie vor bereit ist, noch etwas zu riskieren. Das hat sich mit Highlights wie *Isis*, *Joey*, *Black Diamond Bay* (und, in Klammern: *Hurricane*) wieder einmal ausgezahlt.

Nachwort zu *Western Lands*

Die Romane von William Burroughs sind Traumlabyrinthe und utopische Entwürfe, in Teilen oft merkwürdig zersplittert, als Ganzes aber durchaus schlüssig. Seine Themen sind Sucht, Macht, Gewalt, Sex, Tod.

Seine Figuren sind Virus-Agenten fremder Mächte, dämonische Wissenschaftler (sein legendärer Dr. Benway ist »Spezialist für das Manipulieren und Koordinieren von Symbolsystemen, Experte für Verhörtechniken, Gehirnwäsche und Verhaltenssteuerung«), Venusier, Chlorophyll-Junkies, Piraten und Punks, Kafka-Chimären, halb Mensch und halb Reptil oder Insekt, homosexuelle Krieger-Schamanen, lebende Tote. Sie bewegen sich durch krude Scharaden und magische Rituale, Orgien im Grenzbereich von Lust und Schmerz, elektronische Folterkammern, biologische Mutationen, oszillierende Peep-Shows des Unbewußten, unirdisch halluzinatorische Landschaften des Traums und grell ausgeleuchtete Bezirke der nackten Realitäten von heute. Sie werden umgetrieben von fremdartigen Süchten und exotischem Wissensdurst und erscheinen oft als restlos fragmentierte Wesen, die in mehreren Filmen gleichzeitig zu agieren haben, ohne die Drehbücher zu kennen.

In *Naked Lunch* geht es um Sucht in jeder Form, einschließlich »Kontrollsucht« von Herrschenden, Bürokraten, Medizinern, Militärs: Sucht als Stigma einer Zivilisation in der Krise.

In *Nova Express* (»gemeint ist ein Planet kurz vor der Explosion«) kämpft die Biologische Polizei gegen eine parasitäre Lebensform außerirdischen Ursprungs, die den menschlichen Organismus unmerklich unterwandert – jeder kann der Feind sein.

In *Soft Machine* geht es um den Krieg der Geschlechter und die Frage, ob die weiche Maschine Mensch zu einem Akt der Befreiung fähig ist, indem sie sich selbst umprogrammiert. (Marshall McLuhan war, wie nicht anders zu erwarten, von diesem Buch besonders fasziniert.)

Eine Antwort gibt der Roman *Die Wilden Boys*: Banden von jugendlichen homosexuellen Kriegern, die sich durch Ableger fortpflanzen, zu einer neuen Spezies mutieren und das dualistische System mit seinen vorprogrammierten unlösbaren Konflikten hinter sich lassen. Der Untertitel des Romans lautet »A Book of the Dead«, ein Totenbuch; das heißt, am Ende sind die Boys schon nicht mehr von dieser Welt – sie haben sich in eine andere Existenzform zurückgezogen.

In der Trilogie, die Burroughs 1981 mit *Cities of the Red Night* begann, mit *The Place of Dead Roads* fortsetzte und nun mit *Western Lands* abschließt, steht im Mittelpunkt die Vorstellung von einem magischen Universum, das nicht nach einem unveränderlichen Schöpfungsplan funktioniert, sondern nach dem Prinzip von Zufall und Spontaneität. Es ist ein »game universe«, das heißt, es hat die Merkmale eines Glücksspiels, in dem durch vorsichtiges Taktieren nichts zu gewinnen ist; ein Universum mit weitgehend unbekannten Risiken und Gefahren, aber auch mit einem Angebot nie gekannter Erfahrungen.

In *Cities*, dem äußerlich konventionellsten Roman der Trilogie, werden die Zeitgrenzen durchlässig und schließlich ganz aufgehoben, so daß vier Handlungsstränge, die rein gar nichts miteinander zu tun haben, plötzlich in einen gespenstischen Schwebezustand geraten und in Synchronizität buchstäblich »aufgehen«. In *Dead Roads*, einem Science-fiction-Western, gerinnt die Vita eines Revolverhelden in einer endlos langen Dauerbelichtung zu einem grotesken amerikanischen Totenbuch für das zwanzigste Jahrhundert.

In *Western Lands* nun eine Tauchfahrt durch die Jahrtausende, zurück in die Zeit der alten Ägypter. Geschichtliches wird dabei nur gestreift, zum Beispiel das monotheistische Experiment des Ketzerkönigs Amenophis IV, der sich Echnaton nannte und heute nur noch stiller Teilhaber an dem Ruhm seiner Gattin Nofretete ist. Das Mythologische, das original bereits einen gewissen Vulgarisierungsprozeß durchgemacht hat, erscheint in krasser parodistischer Verfremdung: Osiris redet wie ein kleiner Mafioso; herrschaftliche Mumien werden in einem ganz wörtlichen Sinne »madig« gemacht; ein Pharao (eigentliche Bedeutung: »großes Haus«) bekommt prompt den Namen »Großes Scheißhaus«; die für ägyptische Götter unproblematischen Enthauptungen (sie lebten mit Tierköpfen weiter) werden bei A.J., einer Figur aus *Naked Lunch*, zum absurden Partyscherz; der Kloakenfluß Duad – ohnehin schon eine sehr eigenwillige Deutung – wird identisch mit dem im Volksmund so genannten »Fluß der Väter«, einem offenen Abwasserkanal, der sich einst durch Burroughs' Geburtsort St. Louis schlängelte.

Ernsthaftes Interesse findet dagegen das Konzept von der gefährlichen Pilgerreise der Verstorbenen durchs Land der Toten nach Aminte, in die westlichen Gefilde. Die Überzeugung, der Mensch müsse extreme Erfahrungen durchmachen, um tauglich zu werden für eine andere Existenz, prägt das gesamte Werk dieses Autors. Ein großer Teil seines Lebens ist praktisch eine einzige Serie von Selbstversuchen gewesen: Fünfzehn Jahre im Clinch mit Heroin und anderen Opiumderivaten; dazwischen immer wieder Versuche mit bewußtseinsverändernden Drogen (Peyote, Meskalin, Yage); dann folgten zehn Jahre, in denen er Möglichkeiten der Bewußtseinserweiterung auf nichtchemischem Wege untersuchte – im Mittelpunkt seine bis an den Rand der Psychose vorangetriebenen Experimente mit Cutup-Textmontagen (Zerschneiden der Sätze, Sprengen der linearen Logik und Syntax mit dem Ziel einer Befreiung von zwanghaften Denk- und Assoziationsmustern). Rimbauds Forderung nach einem »*dérèglement de tous les sens*« wurde da wirklich einmal ernst genommen. Manche Wortkombinationen, die sich an Cutup-Schnittstellen ergaben, schienen Jahre später als »Vorhersagen« deutbar zu sein, so daß diese Experimente für Burroughs zwangsläufig auch eine magische Bedeutung bekamen. (»Wenn es einer ernst meint mit dem, was er schreibt, dann will er, daß es auch *passiert*«, pflegte er damals zu sagen.) Als Reflex findet sich das in *Western Lands* an der Stelle, wo der junge Schreiber Neferti zu magischen Zwecken eine Art Hieroglyphen-Kombinatorik entwickelt.

Die Pilgerreise der Seelen (oder Astralkörper, wenn man so will) wird von Burroughs fast in Comic-Manier als grelle Allegorie inszeniert, doch dahinter steht etwas, das er als Aufgabe für die Lebenden sieht. In einem Essay hat er es vor einigen Jahren einmal so angedeutet (wenn auch gefiltert durch die Rolle eines zerstreuten und leicht augenzwinkernden Akademikers, in der er auch in seinen Sachtexten mit Vorliebe agiert):

»Wir gehen davon aus, daß der Mensch ein Artefakt ist, dessen Bestimmung im All liegt. Er ist nicht dazu bestimmt, in seiner gegenwärtigen biologischen Form zu verharren, so wenig wie eine Kaulquappe dazu bestimmt ist, eine Kaulquappe zu bleiben. Es gilt also zu erforschen, wie sich biologische Veränderungen am menschlichen Artefakt erreichen lassen. Der menschliche Körper ist bekanntlich für den Aufenthalt im All zu kompakt und zu schwer. Wir verfügen jedoch über ein *Modell*, das weder sperrig ist, noch etwas wiegt. Es ist der Astral- oder Traumkörper ...«

Solche Traumkörper sind die Hauptfiguren in *Western Lands*. Sie sind Projektionen des Autors (d. h. sie haben auch einige seiner Eigenschaften) und dienen ihm als Kundschafter in einer parallelen Welt, einer Geisterwelt, die teils wie ein ständig rochierendes Raster über der Erde liegt, teils Lichtjahre entfernt zu sein scheint. Das Personal stammt vorwiegend von der Erde, aus verschiedenen Zeiten und Gegenden, und präsentiert sich in unterschiedlichen Stadien der Transformation. Naturgesetze sind obsolet; was einmal menschliche Identität war, ist unfest und austauschbar geworden; Tiere erscheinen als Fotomontagen, die ein Eigenleben führen.

Ein Zurechtfinden in diesem Bereich ist also einigermaßen schwierig. Der tote Joe (halb Mensch, halb Maschine) testet die technischen und biologischen Voraussetzungen; Kim und Neferti sind zuständig für Logistik; Hassan i Sabbah für den ideologischen Überbau und das mentale Training.

Die Figur des alten Schriftstellers veranschaulicht das Problem des diesseitigen »Chronisten« einer solchen Expedition ins Unbekannte. Die Vernunft sagt ihm, »daß man alles nicht so ernst nehmen darf«. Als Schriftsteller interessiert ihn aber der Unterhaltungswert. Ihm geht es nicht um den Wahrheitsgehalt oder den möglichen Modellcharakter einer anderen Wirklichkeit, auch wenn er darüber noch so viel spekuliert. Zuerst einmal geht es ihm um den puren Stoff. Er will wörtlich nehmen, was Gottfried Benn einmal »eine Wirklichkeit rein aus Gehirnrinde« genannt hat. Er ist süchtig nach exotischem Material, also nimmt er es, wie es kommt. Wenn nämlich nichts kommt, drängt ihm sein Hirn nur wieder den alten Schrott auf, das Grauen vor einer hermetischen, nach ebenso behelfsmäßigen wie zwanghaften Mustern gedeuteten Welt, in der sein Schrottplatz zur Metapher für eine unaufhaltsam schrumpfende Existenz wird – Entropie, wohin man schaut.

Das ist die eine Ebene.

Auf einer anderen Ebene ist *Western Lands* ein sehr persönliches Buch, das von Zweifeln und Ängsten, vor allem aber von traumatischen Erfahrungen des Autors Burroughs handelt.

Da ist zunächst einmal die massive Schreibhemmung, die ihm bei diesem Projekt in die Quere kam. Jeder Schriftsteller lebt mit diesem Risiko, aber wenn sie tatsächlich eintritt, ist es ein Alptraum. Burroughs hat sich gezwungen, diese Schreibhemmung zu überwinden, indem er auch sie zum Thema macht und konsequent abbildet: Von den ersten selbstironischen Abschweifungen und kalauernden Verirrungen bis zum verbissen suchenden Räsonieren, das immer wieder neu ansetzt; von gewaltsam verdichteten Cutup-Passagen (die hier reines Versuchsmodell zur direkten Abbildung alogischer Vorgänge im Gehirn sind) bis zu dem Punkt, wo die Sprache sich verweigert, in Fetzen geht, zerfällt.

Diese Anstrengung hat professionelle Gründe (die Entschlossenheit, gegen das vorzeitige Verstummen anzuschreiben). Einen existentiellen Grund hat die noch weit größere Anstrengung, schreibend immer wieder die Konfrontation mit Ängsten und der Vorstellung vom Tod zu suchen. Bei Burroughs steht dahinter ein Ereignis, das sich genau datieren läßt: der von ihm verschuldete Tod seiner Frau am 6. September 1951 in Mexico City. Er wollte ihr ein Cocktailglas vom Kopf schießen – eine Zirkusnummer, die sie zur Unterhaltung von Freunden schon oft vorgeführt hatten –, und an diesem Abend traf er sie mitten in die Stirn.

Seitdem verfolgt ihn die Zwangsvorstellung, daß in jenem Augenblick eine dämonische oder jedenfalls unbekannte Macht von ihm Besitz ergriffen hat. Das bewußte Konfrontieren dieses siebenunddreißig Jahre zurückliegenden Ereignisses äußert sich auch in *Western Lands* noch in einer Häufung entsprechender Szenen: Enthauptungen; zwanghafte Schießduelle, die sich wie Endlosschleifen von Filmsequenzen wiederholen; William Bradshinkle, der seinem Lover mit einer Schrotladung den Kopf in Fetzen schießt: »Grade als ich abdrückte ... *da war es, als würde irgend etwas meinen Arm bewegen.*« Hinter der Bradshinkle-Figur wiederum verbirgt sich ein Liebhaber des siebzehnjährigen Burroughs, der mit dem Auto tödlich verunglückte. (Nachzulesen in *Auf der Suche nach Yage*.)

Natürlich wird dieser Alpdruck noch potenziert durch das unveränderte Nachwirken von fünfzehn Jahren schwerster Drogensucht. Jener »NG Joe« in *Naked Lunch*, der sich nur noch fixen konnte, indem er sich das Rückenmark mit Elektroden verschmorte, war noch nicht das letzte Schreckbild (»... aus tauben Nerven dringt wie ein Schrei unter Wasser die Warnung vor der aufsteigenden Gier. Der Körper zuckt wie in den Krämpfen der Tollwut ...«). Heute plagen ihn Visionen von Süchtigen, die sich von Giftschlangen beißen lassen.

Merkwürdig wirkt auf den ersten Blick die Episode mit der »Orgie skurriler Organverpflanzungen« im Stil des Robert-Altman-Films *MASH*, die unversehens übergeht in die einigermaßen mystische Vorstellung von einem Geisterwesen, das man aus seinem ganzen Wesen erschafft – weshalb die Liebe zu ihm jede Liebe zwischen Menschen übersteigt. Dies steht in einem inneren (nämlich autobiographischen) Zusammenhang mit jenen Traumsequenzen, in denen Burroughs ein Albino-Baby in den Armen hält und in einem Korb (engl. *basket*) ein sterbendes Kind durch eine stumme Menschenmenge trägt. Dabei fällt der Ausdruck *basket case* (ein Endzustand von Verkrüppelung, nach Amputation von Armen und Beinen).

Burroughs hatte einen Sohn (für einen Homosexuellen vielleicht doch eine besondere Erfahrung), der zu einem Zeitpunkt drogensüchtig wurde, als der Vater seine Sucht bereits überwunden hatte. 1976 konnte den Sohn nur noch eine Lebertransplantation retten. Anschließend erlitt er (wahrscheinlich unter der Wirkung der abstoßungshemmenden Medikamente) einen drastischen Persönlichkeitszerfall und trank sich zu Tode.

Hier muß allerdings angemerkt werden, daß die Texte von Burroughs so offen angelegt sind, daß sie sich einer eindeutigen Festlegung und Interpretation weitgehend entziehen. Er scheint oft in einem Trancezustand zu schreiben – ein Teil seiner Arbeit besteht ja darin, daß er sich anhand von Notizen zurückversetzt in Träume (oder, in früheren Jahren: Drogenvisionen bzw. die quälenden Halluzinationen während der Phasen des Entzugs), und dieser Zustand affiziert mindestens zeitweise auch die analysierenden und spekulativen Diskurse, die er gleichzeitig einarbeitet. Die Rohfassungen seiner Manuskripte sind mit Absicht nie durchnumeriert, oft nimmt er kurz vor der Drucklegung noch Umstellungen vor – was veröffentlicht wird, ist also immer auch ein Zwischenergebnis, Teil eines »work-in-progress«.

In *Naked Lunch* hat er es einmal auf die radikale Formel gebracht: »Ein Schriftsteller kann immer nur über eines schreiben – *was seine Sinne im Augenblick des Schreibens wahrnehmen*. Ich bin ein Instrument, das Sinneseindrücke registriert. Ich maße mir nicht an, dem Leser eine ›Story‹, eine ›Handlung‹, eine ›Kontinuität‹ aufzunötigen. Nur sofern es mir gelingt, gewisse psychische Vorgänge *direkt* aufzuzeichnen, mag ich eine begrenzte Funktion haben ...«

Der Schriftsteller als Sekretär des Gehirns. Mehr noch: als Flugschreiber seines Nervensystems.

Entsprechend weitgefächert sind die Reaktionen auf das Werk. Jack Kerouac sah seinen Freund Burroughs in erster Linie als großen Satiriker in der Tradition von Jonathan Swift. Der Kritiker und Literaturprofessor Leslie Fiedler erklärte 1965, Burroughs sei der Chef-Astronaut des »Inner Space«, der »poeta laureatus« der Bewußtseinserweiterung. *Times Literary Supplement* sah 1975 den Diagnostiker im Vordergrund: »Kein Schriftsteller hat das wahnwitzige gewalttätige Spektakel unserer Zivilisation bisher so klar durchschaut ... als Droge der Irrealität, ohne die wir anscheinend nicht mehr leben können.« Dame Edith Sitwell fand alles nur unappetitlich: »Ich habe etwas gegen Leute, die mich mit der Nase an ihre Klobrille nageln wollen.« Saul Bellow sekundierte: »Eine einzige Ungeheuerlichkeit.« George P. Eliot in der *New York Times*, kurz und bündig: »Reine Zerstörungswut. Totaler Nihilismus.« Anthony Burgess, ebenso bündig: »Der bedeutendste Schriftsteller unserer Zeit.«

Die ergiebige Ausdeutbarkeit der Burroughs-Romane hat in den letzten Jahren auch verstärkt die Profi-Exegeten an den Universitäten gereizt. Jüngere Literaturwissenschaftler in Frankreich und USA sehen in den experimentellen Werken aus der ersten Hälfte der sechziger Jahre große Teile der Theorien von Roland Barthes, Jacques Derrida und Deleuze/Guattari vorgedacht und praktiziert. Robin Lydenberg, Professorin für englische Literatur am Boston College, zieht sogar vorsichtige Parallelen zu heutigen radikalfeministischen Theorien, etwa von Julia Kristeva und Hélène Cixous.* Das erfordert allerdings schon einige Verrenkungen.

»Der alte Schriftsteller konnte nichts mehr schreiben, denn er hatte das Ende aller Worte erreicht, das Ende dessen, was sich mit Worten sagen läßt.« Das hat die Unmißverständlichkeit des Wittgenstein-Satzes: »Wovon man nicht reden kann, davon muß man schweigen.« Doch ein so rastloser und besessener Autor von *Fiction* wie der heute vierundsiebzigjährige Burroughs, der gut dreißig

Jahre Training in den Randzonen des Sagbaren hinter sich hat, wird weiter suchen, notieren, ergänzendes Material sammeln, bis er wieder einen Kontext findet, in dem die scheinbar unmögliche Gleichung ein weiteres Mal aufgeht:

»Es ist alles da. Er packt seine Reiseschreibmaschine aus ...«

* R. Lydenberg, *Word Cultures. Radical Theory and Practice in William S. Burroughs' Fiction*. University of Illinois Press, Chicago 1987.

Das Ende des Suicide Kid

Der kalifornische Strafgefangene Michael P. Smith war ein Fan von ihm. Am frühen Abend des 9. März 1994 kam einer an seiner Zelle vorbei und rief: »He, Mike, stell den Fernseher an – dein Bukowski ist gestorben. Sie bringen es grade in *Entertainment Tonight.*«

Mike sah es sich an. Dann schrieb er Linda Lee Bukowski einen Brief. Der letzte Satz hieß: »Ich bin soo fertig.«

Am Tag der Beerdigung, es ist Montag der vierzehnte, erlebt Südkalifornien mit 25 Grad eine frühe Hitzewelle. Im South Bay Drive-In spielen sie *Carlito's Way*, mit Sean Penn als jüdischem Gangster-Anwalt mit dunkelblonder Kraushaarperücke. Im Torrance AMC gibt's *China Moon*, und in San Pedro am alten Hafen von L.A., wo unser toter Freund die letzten fünfzehn Jahre seines Lebens zugebracht hat, zeigt man *Ace Ventura* im Terrace, Western Avenue 28901 (das ist die Hausnummer, nicht die Telefonnummer), und Geena Davis in *Angie*.

In Rancho Palos Verdes, wo der Friedhof liegt, zu dem wir unterwegs sind, veranstalten sie einen gigantischen Flohmarkt Ecke Crest und Crenshaw. Im Mongolian Bar-B-Q, von mir heiß geliebt, kostet heute das All-you-can-eat Dinner acht Dollar fünfundzwanzig.

Die Trauerfeier beginnt um 15 Uhr, und zur selben Zeit wird auf der Santa Anita Rennbahn, drüben in Arcadia, das sechste Rennen gestartet. Die Favoriten sind Wolf Bait und Tobin Ruler, mein Außenseiter ist Shebas

Ridge, mit Valenzuela im Sattel und 8:1 vorgewettet, und mit der letzten Notierung, die in ein paar Minuten am Totalisator aufleuchtet, wird er vermutlich noch ein bißchen außenseitiger. Aber: »In den Händen eines erstklassigen Trainers«, stand gestern in der Turfzeitung. Also habe ich aus Gründen der Sentimentalität in einem Wettbüro downtown 20 Dollar auf den Sieg von Shebas Ridge gesetzt.

Beim Anstieg zur Friedhofskapelle schert Linda nach links aus, weil sie noch mit dem Mann vom Bestattungsamt reden muß. Der erste, der mir über den Weg läuft, ist Woody der Pferdetrainer. Es stellt sich heraus, daß im sechsten Rennen von Santa Anita ein Pferd startet, das er trainiert. Ich sage ihm, daß ich nicht auf seinen Gaul gesetzt habe. »Was denn, was denn ... der ist gut für einen Platz!«

»Shebas Ridge«, sage ich.

»WAS? Der läuft doch niemals ins Geld.«

»Wart's ab.«

Woody hat dem passionierten Pferdezocker Bukowski im Lauf der Jahre so manche gute Information geliefert. Mir würde so etwas nichts nützen, weil ich Amateur bin.

»Ich war schon drin«, sagt er jetzt. »Der Sarg sieht aus, als ob er ne halbe Tonne wiegt.«

Er ist, wie ich, als Sargträger eingeteilt.

»Kanadische Eiche«, sage ich. »Deshalb sind wir ja auch zu sechst.«

»Sind aber nur vier Griffe dran.«

»Dann tragen wir anderen, und du schiebst«, sage ich. »Stell dich nicht so an.«

»Immer auf die Kleinen«, sagt er und lacht. Was für ein wunderbarer Mensch. Körpergröße einsdreiundfünfzig. War früher mal Jockey. Bis es nach einem schweren Sturz in Pomona nicht mehr ging.

Neben dem Eingang der Kapelle steht Sean Penn, flankiert von zweien seiner drei Leibwächter, die seine Versicherung verlangt, so lange er noch in der Post-Production seines Films *Crossing Guard* ist, mit Jack Nicholson und Anjelica Huston in den Hauptrollen. Er trägt einen schwarzen Maßanzug und sieht unanständig gut aus. Wer eine Ehe mit Madonna überlebt hat, soviel ist klar, kann sich nur verbessern.

»Carl«, sagt Woody, »hat in Santa Anita auf einen krassen Außenseiter gesetzt.«

»Zu Ehren von Hank«, sagt Penn.

»Nein«, sage ich, »um zu gewinnen.«

»Das ist die richtige Einstellung«, meint er.

Ringsum wird genickt.

Ach, hätte ich doch bloß nichts gesagt.

Der Trainer von siebzig Galoppern packt jetzt sein Herrschaftswissen aus. »Eigentlich wollte er in Hollywood Park in der letzten Kurve vor der Zielgeraden begraben werden. Damit er jeden Tag elfmal das Donnern der Hufe hören kann.«

Es ist klar, dass er die Idee nicht berauschend findet: Er hat schon alle Hufe gehört, die ein Mensch im Leben hören muß. Bukowskis Tochter Marina, Ende zwanzig, kommt dazu und wird reihum umarmt.

»Tote können nichts mehr hören«, sagt sie trocken. Sie hat Maschinenbau und Informatik studiert. Als Software-Spezialistin eines großen Unternehmens in San Francisco hat sie jahrelang erheblich mehr verdient als ihr schreibender Vater. »Sag mal«, sagt Penn, »hat er das wirklich gewollt – eine Zeremonie mit drei Buddhistenmönchen?«

»Wieso drei?« sage ich. »Ich dachte, nur der Kleine, mit dem er unterm Zitronenbaum meditiert hat.«

»Drei«, sagt Marina. »Und warum? Der Kleine ist noch in Ausbildung und darf keinen Ritus, wie nennt man das, veranstalten. Deshalb ist er mit seinem Boss da, und der hat noch seinen Stellvertreter dabei.«

»Als Katholik wird man exkommuniziert, wenn man an buddhistischen Ritualen teilnimmt«, sage ich.

»Wer ist hier alles katholisch?«

Drei heben die Hand, darunter die beiden Bodyguards.

»Was bist du?« fragt Penn.

»Lutheraner.«

»Großer Gott. Du darfst gar nicht in die Kapelle *rein*. Nach Lutheraner kommt ja schon Church of Scientology.«

»Leute«, sagt Linda am Eingang der Kapelle, »es geht los.«

Linda ist gut drauf. Das liegt an dem guten Stoff, den ihr Doc Ellis, der Pathologe vom San Pedro Peninsula Hospital, am Morgen gespritzt hat. Es war eindeutig nichts Homöopathisches, kein piefiger Johanniskraut-Extrakt, sondern pure potente Chemie. Ich muß ihn dringend fragen, ob er davon noch was hat.

Linda hakt sich bei mir unter und sagt beruhigend: »Gibt nichts Besseres als ein paar kleine Mönche, um dem Kummer die Spitze zu nehmen.«

Na, denke ich, der gute Buddha wird's schon irgendwie richten.

Die Sargträger sitzen in der zweiten Reihe. Links von mir Mr. Penn, rechts der Verleger John Martin, der mit seiner Frau aus Santa Rosa eingeflogen ist. Von seinem fürstlichen

Anwesen im Weinbaugebiet Napa-Sonoma schrieb einmal das Fachblatt *Publishers Weekly*: »The house that Bukowski built« – Das Haus, das ihm Bukowski hingestellt hat. Wie treffend.

Rechts von Martin sitzt Woody, dann kommt Jeffrey, der Schwiegersohn, und schließlich Shlomo Stodolsky, genannt »Brookly Red«, legendärer Buchhändler und Antiquar aus der Las Palmas Avenue. Er ist achtzig und seit einem Schlaganfall vor ein paar Wochen noch ein wenig schlecht zu Fuß. In Bukowskis letztem Roman hat er einen Gastauftritt und darf einen Burschen namens Céline rauswerfen. Wer bei Red eins der teuren signierten Bücher aus dem Regal nimmt und damit nicht sofort zur Kasse eilt, kriegt das Buch aus der Hand genommen und fliegt raus.

In der ersten Reihe sollten eigentlich die Witwe und die Tochter sitzen. Die nehmen jetzt aber auf Anweisung des Chefmönchs in ihren dünnen geblümten Sommerkleidern auf den kalten Fliesen vor dem Sarg Platz, im Schneidersitz.

Nüchtern, da bin ich mir sicher, würde Linda sich so etwas nicht gefallen lassen. Ein Rückenleiden hat sie schon. Jetzt holt sie sich noch einen Blasenkatarrh. Im übrigen ist sie Anhängerin des indischen Gurus Meher Baba, schon seit ihrer Hippie-Zeit.

Der leitende Mönch hat offensichtlich etwas gegen Sitzkissen und achtet darauf, daß Angehörige nicht ausgerechnet bei der Trauerfeier anfangen, zu verweichlichen. Sein Stellvertreter hat einen Tintenfleck auf seiner safrangelben Robe.

Linda atmet tief durch, und ihre Augenlider gehn auf Halbmast. In diesem Augenblick fällt mir auf, daß sie die Armbanduhr ihres toten Mannes trägt.

Den haben wir ein letztes Mal gestern abend gesehen, unten im Mortuary, im Volksmund ›Motel der Toten‹ genannt.

Dort gingen wir durch den langen Korridor, Linda am Arm von Dr. Ellis, flankiert von Montfort und mir. Michael Montfort, der Fotograf, bei dem ich wohne, und der kreuzunglücklich ist, daß er zur Beerdigung seines alten Freundes Hank nicht kommen kann, weil er heute einen Prozeßtermin hat. Auf der Veranda seines Hauses am Macapa Drive in den Hollywood Hills steht ein Fernrohr, das auf eine festungsähnliche Villa unten im Tal eingestellt ist. Es ist die Villa von Madonna. Hollywood, wie es singt und lacht.

Vom Korridor schaute man durch offene Türen links und rechts in Räume mit aufgebahrten Toten und ihren Familien, die Pizza und Pepsi mitgebracht hatten; die Kinder spielten Fangen, von links hinten überholte uns ein Sechsjähriger auf dem Skateboard, manche hatten einen Ghettoblaster dabei, aus dem Salsa und Trinidad-Steelbands und sonstige Spezialitäten aus der Karibik dröhnten.

Unser toter Hank lag im Captain's Room, wo der Platz für ein Federball-Turnier gereicht hätte; die Betriebstemperatur betrug zwölf Grad, und unser Mann sah im Tod um einiges besser aus als zu Lebzeiten. Was nicht viel heißt. Seit Rod Steiger den Leichenkosmetiker in der Verfilmung des Evelyn-Waugh-Romans *The Loved One* gespielt hat, weiß man, daß es auch im Balsamiergeschäft solche und solche gibt.

Hank trug sein vertrautes Outfit des kalifornischen Sportsmanns: Freizeithose, kariertes Hemd, Windjacke. In der linken Brusttasche steckte das schwarze Etui mit drei Kugelschreibern und zwei Filzstiften: Seine größte Sorge war immer, daß ihm beim Austüfteln einer Pferdewette die Tinte ausgeht.

Nach seiner zweiten Chemotherapie sagte er mir am Telefon: »Ich sitze auf einem Hocker direkt über dem Heizgebläse in der Frühstücksnische, habe Wollsocken an den Füßen und Hausschuhe aus dickem Filz, eine lange Unterhose an, eine Kordhose drüber, Unterhemd mit langen Ärmeln, zwei Pullover übereinander, Schal um den Hals, Strickmütze auf dem Kopf, und mir wird trotzdem nicht mehr warm. Ich fühle mich, als hätte ich nichts als Frostschutzmittel in den Adern.«

Montfort sieht ihn an, schüttelt den Kopf, geht raus und setzt sich im Flur auf den Boden.

Ich mache einen Schritt nach vorn und fasse ihn am rechten Handgelenk. Es ist hart wie Zement, der ausreichend Zeit hatte, um gut abzubinden.

»Hank«, sage ich, »das mit dem Sterben war keine gute Idee.«

Linda seufzt. Sie hat an diesem Tag wahrscheinlich schon allerhand dumme Sprüche gehört.

Sie zupft einen gefalteten Zettel aus der Gesäßtasche ihrer Jeans und steckt ihn Hank in die Hosentasche. Es ist, sagt sie, »ein kleiner sentimentaler Liebesbrief«.

Der Chefmönch erklärt in gebrochenem Englisch, daß der rituelle Teil beginnt, und zwar mit einer Reinigungszeremonie. Dann singen sie zu dritt das Ritual, in ihrer Landessprache.

Es dauert keine zwanzig Sekunden, da sagt Sean Penn laut und deutlich: »Warum reden die nicht Spanisch wie alle anderen hier?«

»Auf Spanisch«, sage ich, »kriegst du die bösen Geister nicht raus.«

Er faltet die Hände und blickt schicksalsergeben zum Plafond.

Rechts von mir sitzt der Verleger schon die ganze Zeit so da. Es ist, als hätte er die Körperhaltung für Widerwillen erfunden. Er war Geschäftsführer eines Büromöbel-Herstellers, als er 1966 den Ruf vernahm, fortan der Literatur zu dienen. Außerdem ist er Mitglied einer christlichen Sekte und Abstinenzler. Mit anderen Worten, der ideale Bukowski-Verleger.

»Ich hasse Beerdigungen«, sage ich.

»Zu spät«, sagt der Verleger.

Bei unserem ersten Treffen, am Hiroshima-Tag 1968, nahm Charles Bukowski einen langen Anlauf, um den richtigen Alkoholpegel zu erreichen.

Am nächsten Morgen um 4 war es soweit. Da kroch er durch sein Wohn/Arbeitszimmer an der DeLongpre Avenue in East Hollywood und stieß merkwürdig verquollene Drohungen aus.

Eine hörte sich an wie »Iß deinen Grießbrei, Sonny, oder es knallt.«

Sein Vater sprach in den ersten Jahren abwechselnd deutsch und englisch mit ihm und seiner deutschen Mutter. Wenn die Eltern ihm etwas androhten, hieß er anfangs immer »Sonny«.

Sonny Bukowski, der Rächer der Enterbten. Leadsänger der *Walking Abortions*. Das wäre was geworden ...

Etwa um 4.15 Uhr sagte er ganz ruhig und ohne schwere Zunge: »Ich hätte mich umbringen sollen, als es noch einen Sinn hatte.«

Dann warf er mir eine olivgrüne Armeedecke zu und verschwand in seinem Schlafzimmer. Als er kurz vor zehn wieder aufwachte, konnte er sich an nichts mehr erinnern.

Die Thailänder sind fertig. Der Verleger steigt über meine Füße und strebt zum konfessionsneutralen Rednerpult. Unterwegs zieht er ein zweimal gefaltetes Blatt aus der Innentasche seines gedeckten Glencheck-Anzugs. »Verleger müssen immer ablesen«, hebt er an. Das Signal für meine Ohren zum Dichtmachen.

Eine Trauerfeier ohne Alkoholausschank ist natürlich nicht das Richtige für diesen Toten. Es scheint nicht einmal zu reichen für ein mittleres Fiasko, wie es dem Mann im Sarg gewiß gefallen hätte.

Hätte ich doch wenigstens einen Ghettoblaster mitgebracht und die Sibelius-Kassette aus Hanks Autoradio. Und ein paar Flaschen Concannon Petite Sirah, Jahrgang 1990. Und eine Schachtel Upper und Downer, und ein oder zwei Dutzend Amylnitrat-Popper zum Verteilen und zwei Bogen Löschblatt-Acid. Und Hunter S. Thompson. Der würde den Laden aufmischen.

Der Verleger quetscht sich schon wieder an mir vorbei.

Jetzt ist Mr. Penn an der Reihe.

Seine Stimme füllt den Raum bis in die letzte Ritze. Versuch mal, einen Sean Penn auszublenden. Viel Spaß dabei.

Er erwähnt, daß er hier auf dem Friedhof vor zwei Wochen die letzte Szene seines Films gedreht und den Alten dazu eingeladen hat, aber Hank fühlte sich schon zu schwach.

»Hank«, sagt er seitwärts zum Sarg, »du bist zwei Wochen zu spät.«

Er kennt mehrere grauenvolle Hollywood-Beerdigungswitze und muß unbedingt einen anbringen:

Trauerfeier für den berühmten gestorbenen Drehbuchautor im Garten seiner Villa in Beverly Hills. Er hat verfügt, daß der Ritus der Seebestattung gelesen wird. Sagt einer vom *Hollywood Reporter* in der hintersten Reihe: »Wo wollen sie ihn denn versenken, in seinem Swimmingpool?«

Jetzt wird es interessant. Er inszeniert für uns, wie eine griechische Tragödie, seinen letzten Besuch mit Bukowski in einer Bar. Es ist klar, auf welchen Höhepunkt das zusteuern muß:

Irgendwann haut der schwer leukämiekranke Hank mit der flachen Hand auf den Tresen, hebt sein Glas und ruft:

»Auf den Tod!«

Mehrere Gäste machen sich auf ihren Barhockern steif und starren angestrengt gradeaus.

Ja, jeder, der mit unserem Mann schon einmal öffentlich getrunken hat, weiß Stories zu erzählen, die von Lokalverbot und Barkeeper-Beleidigung handeln.

Da ich immer noch nicht weiß, was ich in zwei Minuten sagen werde, überlege ich, ob ich mich da einklinken soll ...

Der erste Barmann, den Hank in meiner Gegenwart zur Schnecke machte, war der in der TWA-Lounge am Los Angeles Airport – in jener grauen Vorzeit, als die TWA noch Howard Hughes gehörte.

Der Mann hinterm Tresen zögerte eine Sekunde zu lang, als mein Freund »Wodka-Seven« sagte. Es gibt immer wieder Barmixer, die es als Zumutung empfinden, daß sie eine Dose Seven-up in ein großes Glas schütten und mit reichlich Wodka garnieren sollen.

Schon beugte sich Hank nach vorn und sagte, laut: »Weißt du, was du bist? Ein Bandwurm auf der Klobrille!« (Auf Englisch klingt es noch besser, wegen der Alliteration: A Tapeworm on the toilet seat.)

In der Schrecksekunde des Barkeepers mußte man den zur Randale Entschlossenen jedesmal rasch hinaus und um die nächste Ecke bugsieren, sonst wurde das eine längere Veranstaltung.

Penn kommt zurück und sagt: »Dein Auftritt.« Hm. Immerhin, wir sind unter uns. Es ist nur hier, wer auch hier sein soll. Die Nachbarn. Der Kfz-Mechaniker von der Tankstelle. Hanks Ärzte und Schwestern. Lindas Nichte Kim, eine Tänzerin aus New York. Joyce Fante, deren Mann, ein von Hank verehrter Kollege[1], infolge Diabetes blind und beinamputiert im Motion Picture Hospital gestorben ist. Debbie, die Frau von Dr. Ellis, mit dem zehn Tage alten Baby auf dem Arm. Das Kind kam zur Welt an dem Tag, als Hank zum Sterben ins Krankenhaus eingecheckt hat. Patrick Roth, der die Bukowski-Story *The Killers* verfilmt hat. Inzwischen ist er Suhrkamp-Autor. Lindas Freundin Concepción. Die dralle Kowalski vom Buchladen. Der Zwei-Zentner-Mann John Thomas, von Freund Hank in erster Linie deshalb geschätzt, weil er 18 ganz gute Gedichte geschrieben und danach aufgehört hat. Neben ihm seine langhaarige Freundin Philomena – ja, so heißen die in Kalifornien, Erna –, die morgen oder übermorgen von den vielen Gedichten über diesen Todesfall das mit Abstand beste schreiben wird. J.C., der hagere weiß-haarige Alte, der in *Barfly* als Uralt-Zecher mitgewirkt hat. Unser gemeinsamer Freund Gerald Locklin, ein Hemingway-Spezialist von der California State University in Long Beach. Vielleicht dreißig Leute insgesamt.

Mittlerweile spreche ich von Bukowskis zentralem Ground-Zero-Erlebnis, 1947 in Atlanta: Wer einmal mitten im Winter in einem Hinterhof in Atlanta in einer mit

Teerpappe verkleideten Hütte für $1.25 die Nacht, ohne Heizung und mit einem Boden aus festgestampftem Dreck, auf dem klapprigen Bettgestell gesessen und mit der linken Hand nach dem nur noch teilweise isolierten Kabel geschlagen hat, an dem eine einsame Glühbirne von der Dekke hing, der hat das Schlimmste bereits hinter sich.

Locklin wird in ein paar Tagen in der Orange County Ausgabe der *L.A. Times* schreiben: »Weissner konnte sich in seinem Kummer buchstäblich nicht verständlich machen.« Von wegen, Gerry. Richtig muß es heißen: Carl konnte sich mir nicht verständlich machen, weil ich draußen einen Joint geraucht hatte und jetzt in der hintersten Reihe am Schnarchen war.

Und auf einmal höre ich mich sagen: »Also dann, Hank – vaya con dios. Wir sehn uns noch.«

Mr. Penn läßt sich nichts anmerken. Aber sein Latino-Bodyguard, der hinter ihm sitzt, strahlt übers ganze Gesicht. Mit diesen Katholiken hat man es ja so leicht.

Allgemeiner Aufbruch. Zu viert tragen wir den Sarg, der tatsächlich ein beachtliches Gewicht hat, nach draußen und schieben ihn in einen schwarzen chromglitzernden Sargtransporter der Marke Cadillac, der uns und den anderen langsam vorausfährt auf den nächsten Hügel. Green Hills Memorial Park sieht nicht aus wie ein Friedhof und heißt deshalb auch nicht so. Es gibt keine Grabsteine, weil sie den Autofahrer unten auf der Western Avenue nur unnötig ablenken würden. Statt dessen gibt es genormte Grabplatten, neunzig breit, vierzig hoch, die in die Grasnarbe eingelassen sind.

Oben angekommen, gilt es, den toten Hank in seinem wuchtigen Gehäuse einen Abhang hinunter zu tragen.

Schon nach ein paar Schritten geraten wir außer Tritt: Jeffrey ist mit dem rechten Fuß umgeknickt. Doc Ellis springt für ihn ein. »Laßt ihn jetzt nicht fallen, Jungs«, sagt Linda.

Sean Penn streift sie mit einem Blick, der nichts als Bewunderung ausdrückt. Er schätzt Professionalität, besonders bei frischgebackenen Witwen. Im übrigen ist sie eine Kollegin: Seit einer kleinen Sprechrolle in *Death Wish IV* (oder war es fünf?) ist sie Mitglied in der Schauspielergewerkschaft.

»Ich kann ihn hören«, sagt Penn. »*Laßt mich sausen!*«

»Runaway Casket!« kommt es von John Martin.

»Frotzelt ihr nur, solang ihr noch könnt«, sagt Dr. Ellis weise.

Woody geht uns als Scout voraus, damit wir nicht auf einer Grabplatte ausrutschen.

Der Blick geht über das geometrische Muster des Containerhafens, das Terminal Island Bundesgefängnis und die monströsen Öltanker weiter draußen, über die Cinemascope-Breite des Panoramas von Los Angeles bis hinüber zum Hafen von Long Beach. Am höchsten Punkt der Palos Verdes Halbinsel erkennt man die Radar- und Raketenanlagen.

Den Rest des Wegs wird geschwiegen.

Unten wuchten wir den Sarg auf das Gestell über dem akkurat ausgeschachteten Grab, und vor dem Weggehen klopft jeder auf den Deckel – wie am Spieltisch, wenn man noch nicht satt ist und vom Kartengeber eine weitere Karte verlangt.

Der alte Mönch, der allein mitgekommen ist, umrundet den Sarg und murmelt seine Beschwörungen. Er verneigt sich am Kopfende, dann geht er nach vorn, stellt sich mit dem Rücken zum Grab und verneigt sich noch einmal:

Vor der großen allumfassenden Leere, in die der Geist des Verstorbenen vermutlich heimgekehrt ist.

Charles Bukowski, eine Selbstauskunft mit dem Titel »I shot a Man in Reno«, geschrieben in der Woche, als der Song von Johnny Cash ein Hit wurde:

›Bukowski kamen die Tränen, als Judy Garland in der New York Philharmonie Hall sang; Bukowski heulte, als Shirley Temple *I Got Animal Crakkers in My Soup* sang; Bukowski heulte in billigen Kaschemmen; Bukowski läuft in unmöglichen Klamotten rum; Bukowski hat einen schwachen Magen, ist voller Ängste und hat einen Haß auf Rechtschreiblexika, Busse, Kirchen, Parkbänke, Schwarze Witwen, Fliegen, Flöhe und Freaks; Bukowski ist alt; Bukowski hat seit 45 Jahren keinen mehr hochgekriegt; wenn Bukowski ein Affe wäre, würde ihn seine Horde davonjagen.

Bukowski hielt Mickey Mouse für einen Nazi; Bukowski benahm sich wie ein Arschloch in Barney's Beanery; Bukowski ist neidisch auf Ginsberg; Bukowski ist neidisch auf den 69er Cadillac; Bukowski versteht nichts von Rimbaud; Bukowski wischt sich den Arsch mit braunem Packpapier ab; Bukowski wird in fünf Jahren tot sein; Bukowski hat seit 1963 kein brauchbares Gedicht mehr geschrieben; Bukowski heulte, als Judy Garland ... einen Mann in Reno erschoß.‹

Kurz vor Mitternacht stehe ich mit Linda auf dem kleinen Balkon von Hanks Arbeitszimmer und wir schauen auf das Lichtermeer von L.A. Unten sind nur noch Lindas mexikanische Freundin, die über Nacht bleibt, und Montfort, der mit starkem Kaffee fit gemacht wird für die Rückfahrt nach North Hollywood.

Vom Pool hört man das leise Klink und Klonk von ausgetrunkenen und wieder zugestöpselten Flaschen, die im Wasser dümpeln und leicht aneinanderschlagen.

»Mensch, bin ich geschafft«, sagt Linda. »Ich geh jetzt ein bißchen flennen.«

»Tu das.«

»Laß Michael nicht ans Steuer. Fahr du.«

»Mach ich.«

»Frühstück um zehn. Beim Vietnamesen.«

Interview-Frage von Martin Weber, *Kölner Stadt-Anzeiger*: Was ist Ihre stärkste Erinnerung an Charles Bukowski?

Auf seinem Stockwerk im San Pedro Peninsula Hospital gab es am Ende des langen Korridors das einzige Fenster, durch das man ein Stück Straße sehen konnte. Ich glaube, es war die Seventh Street. Ein schmales Fenster im Querformat.

Um hinausschauen zu können, mußte man auf eine Bank steigen.

Das ist das stärkste Bild, das ich von ihm in Erinnerung habe: Wie er nachmittags um fünf auf dieser Sitzbank steht, obwohl er sich kaum auf den Beinen halten kann, und hinausspäht in die Freiheit.

Anmerkungen des Herausgebers:

1 John Fante (1909–1983), ab Ende der 1970er-Jahre auf Bukowskis Empfehlung hin von John Martin bei Black Sparrow Press neu aufgelegt; Bukowski hatte Fantes ab 1936 veröffentlichten Bücher zufällig in der Stadtbücherei von Los Angeles entdeckt. Fante lebte und litt parallel als Autor für Hollywoods Studios (wie seine Freunde und Zeitgenossen, F. Scott Fitzgerald und Nathanael West, der *en route* zu Fitzgeralds Beerdigung starb). Beachtenswert wie jedes von Fantes Büchern (Weissner plante und besprach lange mit einem Programmchef, das Gesamtwerk zu übersetzen) ist seine Filmadaption von Nelson Algrens *Walk on the Wild Side*; und zwar bereits die ersten Minuten, während noch die Credits über die Leinwand gleiten.

Vierzig Jahre nach dem Summer of ’68 bei Jan Herman. Carl Weissner in Queens, NYC, 21. Etage. Foto: Jan Herman

Der Mann mit dem dritten Arm

Nachwort von Matthias Penzel

Es muss ein gutes Stück nach Mitternacht gewesen sein, das Café seit Stunden zu, die Würfelbude des Tunesiers nebenan schon seit Jahren. Und dann hatten sie uns nicht mehr in die Bar des Hotels reingelassen. Deshalb gurkten wir um Quadrate, paar Blöcke entfernt vom Neckar, da sagte Carl, auf der Friesenheimer Insel, bei den Proberäumen, da ist bestimmt noch was. Sonst halt dazwischen, im Jungbusch. Rotlichtbezirk. Also schlug ich den logischen Weg ein und lenkte rechts in die Fußgängerzone. Nicht zu schnell, unauffällig. Geduckt wie der Citroën. Schon blinkte ein Blaulicht durchs Interieur. Von direkt hinter uns.

Ich war noch ziemlich jung, zwanzig Jahre davor, grün hinter den Ohren und so. Wegen Schulden Schichtarbeit in den Semesterferien, und da hatte ich – auch in einer Nacht, in der alle guten Geister schliefen – Glück. Jackpot, wenn man so will. Dass ich in den Pausen las, sorgte für Lacher, führte aber auch dazu, dass ein Typ auf mich zukam und sagte, dass er schreibt. Eins führte zum anderen, schließlich erzählte er, er habe in *Kozmik Blues* veröffentlicht, beim Fingern nach möglichen Verlegern sollte ich den Infodienst der Undergroundpresse *Ulcus Molle* abonnieren ... und dann sagte er, was – fand ich – völlig abwegig klang: Der reichlich berühmte Übersetzer von Bukowski lebe auf der anderen Rheinseite, in Mannheim. Und er hatte die Nummer, direkte Durchwahl.

Carl Weissner, wussten vor mir sicher schon viele andere aus *Ochsentour*, lebte auf der Allee, die nach der Autobahn von Heidelberg direkt ins Zentrum von Mannheim führt. Sehr zurückgezogen, Name und Nummer nicht im Telefonbuch, *very private*, agierte er an der Schreibmaschine, machte stundenlange Ferngespräche ... versiert wie ein Agent, als Coach von Hank. Übermittler von letzten Meldungen und Buchtiteln, die wie Songs klingen. Und, wie mal ein Rezensent bemerkte, »fast besser, als sie der alte Ficker geschrieben hat«[1].

Der direkte Weg zur Friesenheimer Insel hätte über eine Art verkehrsberuhigte, Fußgängern vorbehaltene Seitenstraße geführt. Fast wie Schach: vom Quadrat H1 über die Längsachse – pfeilgerade vom Schloss zur Feuerwache – auf die andere Seite. Praktisch, quadratisch, aber nicht so gut, wenn man dabei anderen ins Netz geht. Also Stopp, Fenster runter, tief einatmen.

Nach der Schicht, 1988, rief ich bei einer Regionalzeitschrift an und fragte, ob die das nicht auch phänomenal finden. Da wohnt in ihrem Einzugsbereich dieser weltberühmte Übersetzer, auch von Dylan, Zappa und so. Und ich ... könnte ihn portraitieren? Fanden sie auch, wussten sie auch, hatten aber die Erfahrung gemacht, dass er nicht reden möchte. Es gab mehrere Anläufe.

Carl wurde noch während des Kriegs geboren, als eins von mehreren Kindern. Wuchs in Karlsruhe auf, lernte Klavier und in Ami-Clubs Bebop und Cool Jazz schätzen. Den Cool an sich und eine Schwäche für das, was auch in den US of A nicht Mainstream war, nahm er gleich mit. Er schrieb sich in Heidelberg (»Hirn der Amis«, wie man in der Region sagte) an der Uni ein – für das noch neue und irgendwie groteske Fach Amerikanistik. Und schon kommen wir ins Schwimmen. Stimmt das, oder hat er das in Bonn studiert, einer Stadt, über die er eigentlich nie geredet hat? Andererseits hat er bis zu unseren letzten Treffen immer wieder angefangen, von Sachen zu erzählen, die komplett unglaublich klangen. Aber wahr waren. Außerdem, Amerikanistik oder Anglistik: wen juckt's?

Das Coole, was ich – Banause – wohl erst nach seinem Tod richtig zu begreifen begann: Die gute Seele des *dirty old man* Hank, sprich: »the dirty young tongue unter den deutschen Übersetzern« (Wondratschek im *Spiegel* 1977) klärte mich, Reporter vom *Ketchup*, nicht nur sehr früh auf – sondern systematisch über Jahre. Crashkurs. Über Leben und Leiden als Übersetzer, den Betrieb, aber auch den Spaß an Literaturen und Worten. Hörte zu, immer neugierig, auch auf den abwegigsten Scheiß – und gab Tipps, nicht zuletzt endlos viele Lesetipps. Alles gleich beim ersten Gespräch. Der Auftakt war übrigens wie für Harry Gelb in *Rohstoff*, eins-zu-eins: Treffen vorm Hbf, zielsicheres Einkreisen des Objekts durch Subjekt, dann zum Chinesen für die Lehre. Erster Satz meines Artikels für *Ketchup*: »Bei mir hat es anders angefangen als bei den meisten anderen: Nicht als Selbstausbeutung, sondern von vorneherein als beinharter Brotjob«. Paff, großer Traum zerplatzt: Ich hatte gedacht, wie geil ist das denn?, du liest, was dir gefällt und übersetzt es nebenher ins Deutsche?!? Was für ein Traumjob. Fehlanzeige. Noch bevor die Glasnudeln kamen, sprach er mir zwei Cassettenseiten voll, an die 90 Minuten, was mir nach nächtelanger Transkription zu Talmud, Tora oder Koran wurde. Ganze Passagen habe ich noch im Ohr. Getippt im Studentenwohnheim, wo alle Nachbarn voller Ehrfurcht staunten, dass ich so emsig für mein Studium

Carl Weissner
Literary Agent

CO-AGENTS: ELIANE BENISTI, PARIS; MO COHEN, HAMBURG; ALBRECHT LEONHARDT, COPENHAGEN; E. PEXA/LIVING, MILAN; ~~GERD PLESSL, MUNICH~~

14 Aug 98

Lieber Matthias,

Ja, Mensch, das war ein gutes Meeting. Bloß fiel mir hinterher ein, daß ich vor lauter quasseln vergessen habe, dir außer dem einen Humpen Kaffee noch was anzubieten. in other words, my social graces are a joke. I hereby ask your forgiveness.
Klasse Idee, das mit den zwei Zeitungen aus Eastbourne (heute eingetroffen) - besten Dank, natürlich auch von Mike, der sich in diesem Augenblick darüber hermacht. Und für dein Schlafplatz-Angebot - much appreciated; das wird er gern mal annehmen. Wird sich vermutlich auf ein Wochenende beschränken, denn in den Weihnachtsferien versucht er, in Schottland einen Kurs in Eisklettern zu machen.
Nee, was Großes hab ich in den letzten Wochen nciht gemacht, Nur so nebenbei 100 Seiten Bukowski-Gedichte übersetzt, um nicht aus der Übung zu kommen.
Rogner & Bernhard wäre sicherlich eine gute Alternative, falls KiWi nicht mitzieht. Erstens, weil du eine besonders schöne Hardcover-Ausgabe bekommst; zweitens, weil die Titel von R&B bei 2001 oft viel länger im Angebot bleiben als bei anderen Verlagen; drittens, weil du bessere Chancen für eine Taschenbuchausgabe hättest: Bücher von R&B/2001 sind für Taschenbuchverlage attraktiv, weil sie im Buchhandel nicht erhältlich und deshalb noch nicht 'ausgelutscht' sind.
Next day: Tja, jetzt möchte man nicht in BillClintons Haut stecken...TIME Mag meint, er hat nur noch eine Chance: Muß sich in einem geblümten Kleid vor Ken Starr's Viderkamera setzen und sagen "Folks, it was my dress."

best,

Carl

T 2, 16 · 68161 Mannheim Germany · Phone (0621) 1565036
Bank: Dresdner Bank Mannheim 4663951300

schufte. Wenn einer nachts tippte, hörte man das noch durch Wände.

Weissner hatte vor dem Treffen eine klare Bedingung gestellt. Er wollte etwas PR. Für das Projekt, an dem er im Sommer 1988 saß: Fauser, posthume Werkausgabe. Die meiste Zeit grillte ich ihn zur Arbeit des Übersetzers (»Beinharter Brotjob«, so eine der Headlines für danach syndikalisierte Fassungen des Interviews). Und er hatte neue Anekdoten zu Burroughs' *Shotgun Paintings*, den Bukowski-Besuchen von Madonna und Sean Penn. Erwähnte in Nebensätzen Dutzende Namen mir völlig unbekannter Leute, die auch in der Stadtbücherei Köln in keinem Register zu dechiffrieren waren. Blieb aber auch danach nett, hielt Kontakt. Warum, weiß ich bis heute nicht so richtig. Und wenn ich es mir zusammenreime, dann klingt oder wird oder würgt es sentimental.

Die Polizei im Rückspiegel, um die zwanzig Jahre später, hat mich nicht wirklich nervös gemacht. Wenn man auf der anderen Rheinseite aufgewachsen ist und auch nachts in der Zone um Kohls Oggersheim unterwegs war, stellt sich da eine gewisse Routine ein; beim Ausweis-Check durch Uniformierte, nicht selten umringt von Staatschützern mit MG, Hände drangeklammert wie an eine Gitarre. Doof war halt, dass ich mit meinem Wagen gerade eine von zwei Hauptadern der Fußgängerzone überqueren wollte. Und dann noch mit Berliner Kennzeichen. Immerhin ließ sich das Seitenfenster öffnen. Seit kurzem. Ordnungsgemäß surrte es auf Knopfdruck runter, nur am Türrahmen waren noch Reste des braunen Klebebands, die das Ding monatelang oben gehalten hatten. Ich musste also nicht aus dem Auto klettern, um den Beamten Tach zu sagen. Die also mit dem üblichen Smalltalk – seit wann haben Sie ihren Führerschein, Fahrzeugschein, haben Sie getrunken.

Zwanzig Jahre vor unserem ersten Treffen war Carl in New York. Erst nach seinem Tod hat mir einer seiner Komplizen aus jener Zeit berichtet: Jan Herman. Der verschaffte Carl, als mit dem Übersetzen Schluss war, einen Computer, Zugang zum Internet (August 2008, 21. Etage in Queens, NYC) und immer wieder Schlüssel zu der einen oder anderen Bleibe (im Schatten des Empire State Building). Herman wusste auch, wie 1967 der Trip in die Neue Welt zustande kam. Den Antrag für Carls Fulbright Stipendium schrieb der gemeinsame Freund Harold Norse, vorübergehend gerade in Heidelberg residierend. Und nach Ankunft sagte Charles Olson dem deutschen Stipendiaten – der eine wissenschaftliche Monographie über den Dichter/Gelehrten verfassen wollte –, fürs Studium spannender Poesie solle er die Uni sausen lassen und stattdessen in den Straßen nach neuen Stimmen fahnden.

Von da ging's weiter und weiter. Statt mit Olivetti-Reiseschreibmaschine mit tragbarem Tonbandgerät von Uher (»Das trug er schon vorher ständig mit sich rum«, so Herman, »war wie sein dritter Arm«). Das war der Endspurt in der ersten Phase des Hard Bop Studenten aus Germany. Einen Haufen Poeten kannte er aus Brieffreundschaften. Mit Dichtern in Kalkutta und Griechenland war er seit Jahren im Austausch, USA und England sowieso. Burroughs hatte ihn schon in Heidelberg aufgespürt ... mit Ginsberg und Bukowski bestand seit Jahren enger Kontakt. Wie Jan Herman erinnert: alles keine Zufälle, ein Netz an Gleichgesinnten, bis heute ein schier endloses Referenzsystem. Exakt so auch von Harold Norse in Paris Anfang der Sixties an die Wand des Beat-Hotel gepinnt als Landkarte des Inner Space. Und oder aber auch, wie es Norse in *Memoirs of a Bastard Angel* festhielt: »Carl was one of the finest, most decent persons I'd known in Europe, or anywhere for that matter.«

Den Fahrzeugschein hatte ich schnell. Bin sehr organisiert. Aus Faulheit. Das Problem, herzstoppender Schrecken und Selbsthass, ist vorprogrammiert: immer dann, wenn was nicht da ist, wo es zu sein hat. Ganz anders übrigens Carls Buchhaltung, wie ich nach seinem Tod in der Wohnung staunte. Das reine Chaos in Schubladen, die Bücher in den Regalen sehr logisch verteilt, aber die Arbeitsunterlagen? Good God. Kein Wunder, dass er sich wunderte, wie oder dass Harry Rowohlt auswendig wusste, wie viele Bücher er übersetzt hatte. Carl hatte keinen Schimmer. Habe nichts getrunken, sagte ich denen von der Streife. Papiere in meinem Geldbeutel, Jackeninnentasche links, dann auf der linken Seite zwischen den Scheinen. Aber da war nur der Fahrzeugschein. Verdammte verschissene fuckin' hogwash Mistkacke. Was denn jetzt. Und Carl, angesichts meines kompletten Cool-Gesichtsverlustes: zog sich mit dem Arm an dem Griff da unterm Dach ein bisschen hoch, murmelte was Beruhigendes. *Decent, one of the finest*, eine Freundin, die auch schon in die finstersten Löcher geblickt hat, würde sagen *sweet*. Das hätte ihm nicht gepasst, hätte ich es als Kompliment weitergereicht. Dummer Gedanke, stimmt. Wir saßen nie rum und machten einander Komplimente. Aber das – Polizei am Seitenfenster, ich panisch wegen fehlendem Lappen – ist der Moment, der sich bei mir eingebrannt hat. Wohl auch, weil so jenseits von Worten.

Zurück nach 1968. *With all due respect*, wie sie in den amerikanischen Serien immer sagen (vorher Aufnahme der Ermittler vor einer Wand wie der von Norse in der

Rue Gît-le-Cœur), bei aller Dankbarkeit für die Alliierten-Befreiung von den Nazis, Amerikanistik hin oder her: 1968 kochte es in allen Ecken. An den Küsten der USA lief schon das Gegenprogramm zu Nixon und institutionell gedeckten Verbrechern. Auf vollen Touren. Carl, über Airmail bestens vernetzt, davor oder danach wohl auch verknallt in die eine oder andere – vielleicht *und*? – Résistance-Heldin aus Frankreich: der suchte nicht lange nach neuen Stimmen, er fand sie. Nahm sie auf. In sein Adressbuch, mit Tonband. Wie jeder wirklich gute Raconteur konnte er auch zuhören.

Mein Problem, vierzig Jahre später in den Schatten der Mannheimer Nacht: Ich hatte ganz vergessen, dass mein Führerschein inzwischen nur noch so groß war wie eine Kreditkarte, daher an neuer Stelle. Von Carl dazu null Hohn, nicht einmal der Gedanke an einen hämischen Lacher. Stimmt, war halt dumm von mir, da in diesen Straßenstummel einzubiegen, schönen Abend noch.

Fehlanzeige oder Fehlalarm, Liebe und Leiden für Literatur, verfahren in Sackgasse oder rüde gestoppt von Freunden und Helfern. Wahr oder Mär ... Unterm Strich ist es wie das mit Buk als Leichenwäscher. Irgendwie ganz oder halb egal. Warum einer coolen Story das Bein stellen? Es bleiben – wie in den Texten dieses Buchs – eine Menge coole Pointer zu tiefergehenden Lektüren, Sounds und Vibes. Carl Weissners Hinweise auf die in den Texten Genannten, aber auch die endlos vielen in Gesprächen Empfohlenen: Nathanael West, Marguerite Duras, die Schlepperin Ruth Landshoff-Yorck (*Sixty to Go!*), Anna Katharina Hahn, Marie-Luise Scherer, natürlich Nelson Algren und J. G. Ballard und überhaupt alle von ihm Übersetzten sowieso. Auch auf Tony Waine hat er mich aufmerksam gemacht. Wie auch Pierre Joris erklärte sich Waine blitzschnell bereit, ein Vorwort zu diesem Band beizusteuern. Bei Pierre war die Zeit knapp, Tony außerdem schneller. Und er hat unter widrigsten Umständen – und dann auch noch am helllichten Tag! – *geliefert* (wie Carl solches Engagement veredelte). Sean Penn war gerade nicht zu erreichen, Nina Hagen (beim bloßen Gedanken ist Keith einer abgegangen) schien doch zu weit hergeholt, und – jetzt mal ehrlich –, Sean hätte es kaum besser gebracht. Ende des name-droppings.

Letzter Hinweis *for further reading*: Warum es bei Henry Charles Bukowski 1968, als er mit Carl über einen Selbstmordpakt palaverte, gerade kochte, ist beim FBI online einsehbar. 110 Seiten zu *Notes of a Dirty Old Man*, Verwarnungen und Vorstrafen des Manns mit der Ledertasche. Wie sein deutscher Freund meinte, manchmal mit Hinweis auf eine Bemerkung Schopenhauers: Warum Langweiliges lesen, wenn es unendlich viel Spannendes gibt?

Anmerkung des Herausgebers:

1 Teja Schwaner über *Schlechte Verlierer*, *Sounds* 4/78

interčour by h.b. k.h. weissner

recently poured concrete for the Milan family on several levels/ walls rev
olving finished in plaster milk/ another bloodshot gropius organism/ moves
rubs its shoulders should be comfortable to the TOUCH"/ skylighted Masterbate
room W 2 bats & a penthouse study for the Dog/ unobstructed vistas he wigwa
g through the skylight sand-coloured and concrete/ Doc Martin aflutter in the
kitchen where he is ready/ for lunch is just around the corner/ "modern ver
sion of the WIDOW s walk/ survival snuggery asked by the Mirisches accept i
nstant blood there on the superTarget/ 16th cent brassieres & suspenders sw
ing the refectory table/ built in cooks lend visual warmth/ crematory jugs
out more popular snuggery/ save steps & make family togetherness a practica
l matter/ house has endless variety/ go from the Nest of Incest to Fishbowl
on seven levels/ Living Doom on the lower level/

WALK OF THE [illegible] [illegible]

they really don't want you to
like it/ Darling yr fingers tongue or the broomstick flying/ "Mona's b
ar is full of dikes"/ inside her ear/ just plain scared/ a Woman's hands on
pants/ wipe the mascara off w the Girls/ prick because I'm dying/wet take
s cooperative to get raped/ hangit to myself glut & broken/ legs/ apart
ladies dig virgins bleed all over that fancy hall/ doorbangs at midnight/ s
ulphurous phantoms crawl all over you/ EARs deafened/ FreeToDig jumps at he
r teeth/ little black alcove/ "whole world unbutton" /white eyes/ stretch w
ire like every nerve the pendulum throb/against bloodtaut (dizzy slit exit
ement) pelvic frisson/ pressed open-dose image floating/ delauney's dilemma
blasting the Telephone/"they really don't want you.."/ like a carnival bal
loon/ yr fingers yr tongue/ nuzzling cooperative myself/ stuckbetween -an
nouncer"nous approchons de notre but"drew in peckingly air/ fingers inme s
ound therapeutic/ wake toa weaker/ message to yr spinal column/ likepluck
ing a chicken before you cook it/ "didn't work, doll, did it?" - / sudden

1 recent concrete widow swing built-in cocks on the lower level

2 that sudden doll flying wet to get raped apartment frisson want you

Editorische Notiz

Was als Story gilt, was als Nonfiction – ergo journalistisch wie eine Reportage oder Rezension – wird in diesem Buch genauso locker oder grenzüberschreitend ausgelegt wie von Montaigne die Idee der *Essais* 1580. Es sind Versuche, Annäherungen, gestaltet mit sorgfältiger Rhetorik, um LeserInnen einzunehmen, am besten zu kidnappen. Dies gilt speziell für die drei Live-Auszüge aus New York Ende der Sixties. Wegen dem vielen Neben-/Übereinander in den USA zu jener Zeit dort mit erläuternden Fußnoten ergänzt.

Die bislang unveröffentlichten Texte hat Jan Herman von Weissners Computer gesichert. Der vierte dieser Texte, ein Auszug aus dem jahrelang in Gesprächen skizzierten *Tod in Marseille*, war so wie andere Bücher Weissners eher als Roman angelegt. Und so wie jeder Text, der einem unter die Haut geht, ist er selbstverständlich gewürzt mit Tatsachen aus dem Echtleben. Beziehungsweise wie Reportage oder Rezension geht es um Facts aus dem Echtleben, beschrieben mit Herz und Hirn aus dem Inner Space, der sich nicht ausschließlich mit Fiktivem befasst. Rein, pur? *Forget it.*

Hinweis auf alte Rechtschreibung: Die Texte Carl Weissners sind nicht in der ab 1996 veränderten Rechtschreibung, sondern wie von ihm bis zu seinem viel zu frühen Tod vehement verteidigt, in der ›alten‹. Lediglich einige Zeilen in »*Wir fuhren die ganze Nacht wie in einem Film*« ist in der neuen. Weiß der Himmel, warum.

Gegenüber: *interieur* von 1965, veröffentlicht im englischen Lit-Mag *My Own Mag*

Ersterscheinungsnachweis

Buk Sings His Ass Off in: *Melzers Surf Rider* (Melzer Verlag, Darmstadt 1970)

»Wir fuhren die ganze Nacht wie in einem Film«, Notizen von '68: aus dem Nachlass

William S. Burroughs' *The Job* sowie Guerilla-Handbuch für die 70er Jahre (m. Herman) in: *UFO* Nr. 1, Hrsg. Breger, Weissner, Ploog, Fauser (expanded media editions, Göttingen 1971)

Alphawellen in: *UFO* Nr. 2, Hrsg. Breger, Weissner, Ploog, Fauser (expanded media editions, Göttingen 1971)

Hat jemand Pélieu gesehen?, Nachwort in *Kali Yug Express* von Claude Pélieu (Verlag Peter Engstler, Ostheim/Rhön 2011)

Der Größte seit Shakespeare? in: *Sounds*, März 1976

Rimbaud. Tod in Marseille: aus dem Nachlass, ca. 2011

Der große Graue mit den gelben Zähnen in: *Sounds*, März 1978

Handfeste Rock-Lyrics unter dem Titel *Wolf Wondratschek: Chuck's Zimmer* in: *Sounds*, März 1975

Der Schatten zwischen Leben und Leinwand in: *kulturmagazin*, Wuppertal, September 1978

Die toten Seelen in der Bronx in: *Literaturtip* Nr. 1, West-Berlin 1981

Eine Corrida am Highway 50, Nachwort in *Geisterstadt* von William Cody Maher (Verlag Peter Engstler, Ostheim/Rhön 2011)

US-Notizen: Die letzten Tage von '67: aus dem Nachlass

Die Hammett-Tour in: *Reiseeindrücke. Made in USA*, Hrsg. Manfred Waffender (Rowohlt, Reinbek 1982)

Tour durch NYC-Episoden von *Naked Lunch*, Notizen von '69; aus dem Nachlass

Only In It For The Money? in: *Sounds*, September 1974

Der Kamikaze vom Woody Creek in: *Literaturtip* Nr. 1, West-Berlin 1981

Clint Eastwood ist Hamlet in: *Rolling Stone*, Juli 2004

Bob Dylan: *Desire*, LP-Kritik in: *Sounds*, März 1976

Burroughs' *Western Lands*, Nachwort in *Western Lands* von William S. Burroughs (Limes im Ullstein Verlag, Frankfurt/Berlin 1988)

Das Ende des Suicide Kid, Extra in *Manhattan Muffdiver* (Milena Verlag, Wien 2010)

Bibliografie (Auszug)

Die folgenden zwei Bibliografien basieren auf der Vorarabeit von Sigrid Fahrer und Martin Stein (bzw. deren Magisterarbeiten *Die Authentizität des Außenseiters* und *Wirkungsgeschichte eines Übersetzers*) sowie auf den postum aktualisierten Auflistungen von Walter Hartmann und des Herausgebers (online unter carl-weissner-biblio.com und realitystudio.org).

Texte: Fiction, Nonfiction, Cut-up, Hörspiele u.v.m.

Herausgeberschaften und Tätigkeiten als Autor, journalistisch ebenso wie literarisch. Die jeweiligen *Texte* und Titel von *Zeitschriften* oder *Lit-Mags* sind kursiv gesetzt, »Buchtitel« in Anführungszeichen. Klingt nun sehr sachlich, tatsächlich sind die Übergänge von Zeitschriften zu Anthologien, gebunden oder zusammengetackert, eher fließend, daher dazu gelegentlich Anmerkungen, wie sie in akademische Bibliografien eher nicht passen. So what?

1965

Herausgeber von *Klactoveedsedsteen* No. 0 (PANic Press, Heidelberg), Abbildung auf S. 34. Darin auch eigene Texte: *statement gegen eine avantgarde, die nach deutscher eiche riecht* ; *Tuesday 9-3-65 Afternoon Tickertape* ; *Shut Up!* ; *Kafka Meets Fellini*, auch in: »Eine andere Liga« (Wien 2013)

interieur in: *My Own Mag* No. 12 (Barnet, England; Hg. Jeff Nuttall)

Hg.: *Klactoveedsedsteen* No. 1

Mailbag Cuttings Re Meeting Suggested in Mag 12 in: *My Own Mag* No. 13

Klactoveedsedsteen No. 2 besteht aus zwei Papierrollen à zwei Meter, mit denen sich – nebeneinandergelegt und verschiebbar – eigenständig Cut-ups produzieren und variieren lassen.

The Moving Times in: *My Own Mag* No. 14

1966

Mit Dan Georgakas, Frederike Poessnecker »Manifesto for the Grey Generation« (PANic Press, Heidelberg)

Cinema in: *Klactoveedsedsteen* No. 3

3-spaltiges Cut-up ohne Titel in: *My Own Mag* No. 17

Mit William S. Burroughs, Claude Pélieu: *Tape Recorder Mutations* in: *Klactoveedsedsteen* No. 4; als *La Guerre Partout* in: »Peace Amongst The Ants« (nevada/tattoo, San Francisco 1969)

1967

Herausgeber von *klacto/23 special* mit 23 Mitwirkenden (darunter

Carl Weissner 1966 in Neckargemünd
Foto: cold turkey press

Bukowski, Burroughs, Ginsberg, Vostell), Abbildung auf S. 17. Zusätzlich *klacto/23 Tape* als Tonband mit Aufnahmen von Bukowski, Burroughs, Norse, Brion Gysin u.a. (Mono, 60 Minuten bei Bandgeschwindigkeit von 3¾-ips)

Auszug aus *The Orion Dream Stuff* in: *The Last Times* (Vortex Printers, San Francisco; koordiniert von Charles Plymell, Claude Pélieu, Doug Blazek, Dennis Mazer)

Mit Burroughs, Pélieu »So Who Owns Death TV?« (Beach Books Texts & Documents, San Francisco). Weissners Beitrag auch in: *Fabrikzeitung* Nr. 289 (Zürich 2012; Hg. Florian Vetsch)

Some notes toward a MIND TAPE experiment und *Nueva Chicago* in: *Grist* No. 14 (Lawrence, Kansas; Hg. John Fowler)

1968

Last View from the Czechago Window in: *Cyclops* No. 1 (Norwich, England; Hg. Pat Williams, Dan Franklin). Bemerkenswert: darin auch ein Text von Marc Bolan (*Untitled* auf Seite 13)

Le Chicago des Seringués in »Liberty or Death: International Protest« (Beach Books Texts & Documents, Inc.; Hg. Mary Beach)

Hg. mit Allen De Loach: *Intrepid* No. 10 - Special: Poetry of India (Intrepid Press, Buffalo, USA)

Say Unsay und Fragment von *The Orion Dream Stuff* und *that old PANlite Prism Con* in: *The San Francisco Earthquake* No. 2 (The Nova Broadcast Press, San Francisco; Hg. Jan Herman)

Muschar Blee Rosch in: *The San Francisco Earthquake* No. 4

1969

On Burroughs. Somos Estas Palabras in: *Intrepid* No. 14/15

Historia de Chiquita D. in: *Fruitcup* No. Zero (Beach Books Texts & Documents, Inc., New York)

Brief an Charles Bukowski in: *Laugh Literary And Man The Humping Guns* Vol. 1, No. 1 (Hatchetman Press, Los Angeles; Hg. Charles Bukowski, Neeli Cherry)

Stasis Inc. und *Death TV* und *We Got Off* (mit Collage Weissners) in: *The San Francisco Earthquake* No. 5. *Death TV* auch in *VDRSVP*, DIN A0 Format (Kaleidoscope Publishing Company, Milwaukee; Hg. Mustill, Herman)

Beitrag in *Big Venus* No. 2 (Roy & Erica Eden, London; Hg. Nick Kimberley)

Demolition Plan 23 (Postscript To The »Manifesto For The Grey Generation«) in: *International Times* No. 60 (London), auch in »The Braille Film« (1970)

W.O.R.D. Radio (Electronic Word Incinerator) in: »Katalog Intermedia '69« (Verlag Edition Tangente, Heidelberg; für von Klaus Staeck und Jochen Goetze organisiertes Festival)

Hg.: »Cut up. Der sezierte Bildschirm der Worte« (Melzer Verlag, Darmstadt) mit dem Vorwort *Das Anti-Environment der Cut-up-Autoren* sowie *Der Braille-Film*; beides in »Eine andere Liga« (Wien 2013)

So Who Owns Death TV? in »Fernseh-Tuberkulose« (Nova Press,

Frankfurt/Main); Auszüge in »Eine andere Liga« (Wien 2013)

1970

»The Braille Film« (Nova Broadcast Press, San Francisco; mit Beitrag von Burroughs)

Hörspiel »The Cut-up Conspiracy« (WDR, 15. Mai 1970)

Mit Burroughs, Pélieu *Les Manifestes de la Génération grise et invisible* in: »L'internationale Hallucinex«, Sonderausgabe von *Cahiers Noirs du Soleil* (Le Soleil Noir, Paris)

Hörspiel »Dutch Schultz«, Realisierung mit Jürgen Ploog, basierend auf Burroughs' Idee (WDR, 5. Oktober 1970)

Buk Sings His Ass Off in »Melzers Surf Rider« (Melzer Verlag, Darmstadt)

Mit Jan Herman »The Louis Project« (The Nova Broadcast Press, San Francisco)

1971

Anemiese Cinema in: Sammelband mit Harold Norse und Ed Sanders (Cold Turkey Press, Rotterdam; Hg. Gerard Bellaart)

Pasteur go Home in »Science & Fiction« (Melzer Verlag, Frankfurt/M.; Hg. Walter Aue)

Beitrag in: *Buffalo Cold Spring Precinct 23 Bulletin* (Intrepid Press, Buffalo; Hg. William S. Burroughs als Bill Lee)

Heroin 23 in »Typos 1, Zeit / Beispiele« (tsamas verlag, Bad Homburg; Hg. Walter Aue)

Mit Jan Herman *The Photographic Medium* in: *Abyss* Vol. 3 No. 1 (Somerville/Mass., USA; Hg. Gerard Dombrowski)

Le Vieux Detective in: *Intrepid* No. 18/19 (Buffalo, USA; Hg. Allen De Loach)

Mit Jan Herman *Burroughs: The Job* und *Guerilla-Handbuch für die 70er Jahre* in: *UFO* Nr. 1 (Expanded Media Editions, Göttingen; Hg. Udo Breger, Jörg Fauser, Ploog, Weissner)

Is Bonn Burning? in: *Klacto/23 International* (Nova Press, Frankfurt/M.)

Hörspiel »Crash« (WDR/SFB/Deutschlandfunk, 8. Oktober 1971)

Alphawellen in: *UFO* Nr. 2 (Expanded Media Editions, Göttingen)

1972

Langspielplatte *Cold Turkey Press / Klacto present:* »A Cold Turkey Press Special« (realisiert mit Gerard Belart und Rotterdamse Kunststichting, Niederlande), Abbildung auf Seite 27. Mit 1966–68 gemachten Aufnahmen von Ray Bremser, Diane DiPrima, Ted Berrigan, Carol Bergé, Ed Sanders, Charles Bukowski, John Wieners, Jim Silver, John Giorno, Allen Ginsberg; als CD »12 Great Americans« (Sea Urchin Editions, 2006) ergänzt um 11 Aufnahmen, zusätzlich von Paul Blackburn und Harold Norse.

Hörspiel »Der nackte Astronaut«, Regie (WDR, 27. April 1972)

Le Regard d'autrui in: *Sixpack* No. 1 (London; Hg. Pierre Joris)

Mit Jan Hermann, Jürgen Ploog »Cut Up or Shut Up« featuring *ticker tape* Intro von Burroughs (Editions Agentzia, Paris)

Mit Mary Beach *Open The Door In The Last Human Ward* in: *Ginger Snaps* (Exeter, England; Hg. Michael Gibbs, Hammond Guthrie)

Beitrag in »Parvis à l'écho des cils« (Éditions Jean-Jacques Pauvert, Paris)

UFO Sondernummer: Radio 23 (C-60 Cassette, e.m.e., Göttingen; Hg. mit Breger, Ploog)

Satirist in Court: No Dice in: *Sixpack* No.2 (London)

1973

Last Exit to Mannheim in: *Gasolin 23* Nr. 2 (Nova Press, Frankfurt/M.; Hg. Jörg Fauser, Jürgen Ploog, Carl Weissner); auch in »Eine andere Liga« (Wien 2013)

Scenes from ›The Last Words Of Jumpin Jack Flash‹ in: *Sixpack 3/4* (London; Hg. Pierre Joris)

Tickertape JFK Airport New York 12-25-68 in: *The Star Screwer* N°6 (Paris; Hg. Bernard Froidefond); *Telex JFK Airport / New York 27-12-68* als deutschsprachige Variation *Das große Verrecken in der Bronx* in »Eine andere Liga« (Wien 2013)

Allen Ginsberg / Bericht zur Lage der Nation, Interview (WDR, 3. Sept. 1973)

Cut-up Checklist und mit Gerhard Hanak *Ganghofer Go Home! (Ein Kulturfilm zum Abgewöhnen)* in: »AQ-14 – Cut-up«, eine Sonderausgabe von *Anti Quarium* (AQ-Verlag, Dudweiler & Frankfurt; Hg. Udo Breger, Silke Paull, Erwin Stegentritt); *Ganghofer...* auch in »Eine andere Liga« (Wien 2013)

Bearbeitung des Hörspiels von Pierre Joris: »Die Rückkehr des Jerry Cornelius« (Regie: Hein Bruehl; WDR u. SFB; 22. Mai 1973)

Double Feature in: *Big Table Cut-up Special* (Dortmund; Hg. Reimar Banis)

Advertisement for Harry Gelb, Vorwort für Jörg Fausers »Die Harry Gelb Story« (Maro Verlag, Gersthofen)

Hörspiel »Deadline USA. Ein Stereo Report« (Regie: Hermann Naber; WDR u. Hessischer Rundfunk, 8. November 1973)

1974

Regie bei Hörspiel von Jörg Fauser, Broder Boyksen: »Die von der Reservebank oder Wenn wir drankommen, ist das Spiel hoffentlich verloren« (WDR, 7. März 1974)

Der Dirty Old Man von Los Angeles, Vorwort für Charles Bukowskis »Gedichte, die einer schrieb, bevor er im 8. Stockwerk aus dem Fenster sprang« (Maro Verlag); auch in »Eine andere Liga« (Wien 2013)

Only in it for the Money? in: *Sounds* 9/74 (Hamburg)

Hörspiel »Café Nirwana« von Jörg Fauser, Mitarbeit (Regie: Hein Bruehl; WDR, 13. Dezember 1974)

Hörspiel »Tod eines Endverbrauchers oder Wie finde ich denn das« von Gábor Altorjay, Mitarbeit (Regie: Hein Bruehl; WDR, 30. März 1974)

1975

The Kamikaze Dream Machine in: *The Coldspring Journal* No. 6 (Cherry

Valley Editions, Cherry Valley; Hg. Joshua Norton, Pamela Beach Plymell, Charles Plymell); auch in »Eine andere Liga« (Wien 2013)

Rezension von Wolf Wondratscheks *Chuck's Zimmer* in: *Sounds* 3/75

Mit Ploog *Der Mann mit dem goldenen Darm* in: *Volks-Revue. Die Freak-Illustrierte* Nr. 1 (West-Berlin)

Stories aus der legendären Absteige in Paris, die im Baedeker der Beat Generation fünf Sterne bekam, Vorwort für Harold Norses »Beat Hotel« (Maro Verlag)

Scenes From The Big Time – ›The Stars Take Over‹ in: The Coldspring Journal No. 7 (Cherry Valley)

1976

Der Größte seit Shakespeare? und LP-Kritik von Bob Dylans *Desire* in: *Sounds* 3/76

Der Tag, an dem Raymond Chandler starb und mit Ploog, Fauser *Marlowe City* in: *Gasolin 23* No. 4 – Chandler Special (Nova Press, Frankfurt/M.; Hg. Ploog, Walter Hartmann); beides in »Eine andere Liga« (Wien 2013)

Have you seen El Hombre Invisible? in: *The New Review*, Vol. 3 No. 25 (London)

Derniers spasmes dans le haut-parleur génétique, Nachwort zu Burroughs' »Le métro blanc« (Bourgois/Seuil, Paris; Hg. Beach, Pelieu)

Don't fuck with the Karma-Buster in: *Soft Need* No. 9 (Expanded Media Editions, Bonn/Göteborg; Hg. Pociao); auch in: *The Coldspring Journal* No. 10 (USA)

1977

Wer erschoß Eric Ambler? in: *Montagna Rossa* (Mandala, Amsterdam; Hg. Harry Hoogstraten); auch in »Eine andere Liga« (Wien 2013)

Beitrag in *Abracadabra* No. 2 (Marcello Angioni, Luxemburg; Hg. Franco Beltrametti & Harry Hoogstraten)

Mit Ploog *Bradley was here* (Auszüge aus *Der erweiterte Kontinent*); *Bradley's Home Movies* in: *Nachtmaschine* No. 3 (Verlag Nachtmaschine, Basel; Hg. Matthyas Jenny)

Rimbaud under the Steel Helmet in: *Northeast Rising Sun* Vol. 2 Nr. 6 & 7 (Cherry Valley)

Mit Mary Beach *Das Komplott* in: *Gasolin 23* Nr. 5 (Nova Press, Frankfurt/M.; Hg. Ploog, Hartmann); auch in »Eine andere Liga« (Wien 2013)

1978

Hg. mit Bukowski: »Terpentin on the Rocks. Die besten Gedichte aus der amerikanischen Alternativpresse 1966–1977« (MaroVerlag, Augsburg, 1980, 2002. Bei S. Fischer Verlag, Frankfurt/M. 1981, 1984, 1985, 1991, 1993, 1996, 2001); A.D. Winans' *Indian Joe* und Nila North-Suns *Diet Pepsi & Nacho Cheese* 1992 vertont von Stef Signer

Den Kopf an der Garderobe vergessen, Antwort auf Alfred Mierschs Rezension von »Terpentin on the Rocks« in voriger Ausgabe, in: *Kulturmagazin* Nr. 5 (Wuppertal)

Have you seen El Hombre Invisible? in: *Nachtmaschine* – Burroughs Special (Verlag Nachtmaschine, Basel); als *Ein Brief von Carl Weissner: Mannheim, 1974* in: »William S.

Burroughs. Bericht aus dem Bunker. Interviews, Gespräche und Gedanken« (Ullstein, Berlin 1998; Hg. Victor Bockris); als *A Letter From Carl Weissner: Mannheim, West Germany 1974* in: »With William Burroughs. A Report from the Bunker« (Fourth Estate, London 1997)

Der große Graue mit den gelben Zähnen in: *Sounds* 8/78; auch in »Schreie vom Balkon« (Hamburg 2005)

Der Schatten zwischen Leben und Leinwand in: *Kulturmagazin* Nr. 9 (Wuppertal)

1979

Der Blackman Test in: *Gasolin 23* – No. 7 (Nova Press, Frankfurt/M.; Hg. Ploog, Hartmann); auch in »Eine andere Liga« (Wien 2013)

The Android Jungle in: *Abundanza* No. 2 (San Francisco; Hg. Joe La Rosa); auch in: »Warten No. 1« (Druckhaus Galrev, Berlin 1990; Hg. Dana Bordan)

1980

Die Eingeschlossenen von der Lower East Side in: »Amok/Koma. Ein Bericht zur Lage« (Expanded Media Editions, Bonn/Hamburg; Hg. Ploog, Pociao, Hartmann); auch in »Eine andere Liga« (Wien 2013)

1981

Der Kamikaze vom Woody Creek und *Die toten Seelen in der Bronx* in: *Literaturtip* Nr. 1 (West-Berlin)

1982

Die Hammett-Tour in: »Reiseeindrücke Made in USA« (Rowohlt, Reinbek; Hg. Manfred Waffender). Als Variation *Hat jemand Babe McCloor gesehen?* in: *Literaturtip* Nr. 2 (*Tip*-Beilage, West-Berlin)

Beitrag in »William S. Burroughs. Photo-Portraits«, Radar-Reihe 2 (Edition C.L.A.G. Basel ; Hg. Carl Laszlo)

1984

Die Harry Gelb Story, Feature über Jörg Fauser anl. des Romans »Rohstoff« in: *Tip 5/84* (West-Berlin)

Blind Man Flash in: »Ein Parkplatz für Johnny Weissmüller. Kinogeschichten« (Machwerk Verlag, Siegen; Hg. Ilse und Günter Ohnemus); auch in »Eine andere Liga« (Wien 2013)

1988

Nachwort für William S. Burroughs' »Western Lands« (Limes, Frankfurt/West-Berlin)

1990

Hg. »Jörg Fauser Edition«, 8 Bände und Beiheft (Rogner & Bernhard, Frankfurt/M.; 1994 in zwei Bänden)

1993

Mit Jürgen Ploog *Der erweiterte Kontinent*, Text von 1972, in: *Kozmik Blues* No. 9 (Herdecke; Hg. Klaus Wegener, Heinz Dietz, U-Roy); auch in »Eine andere Liga« (Wien 2013)

1994

Das Burroughs-Experiment in: »Burroughs. Eine Bild-Biographie« (Nishen-Verlag, Berlin; Hg. Michael Köhler)

Hg. »Das leise lächelnde Nein«, Ergänzungsband der Fauser-Edition von 1988 (Rogner & Bernhard, Frankfurt/M.)

Bebop in Marseille, Text von 1961, in »Warten No. 2« (Druckhaus Galrev, Berlin; Hg. Dana Bordan, Rudolf Stoert)

2001

Forward, Vorwort für Charles Bukowskis »The Cruelty of Loveless Love« (Kunst Editions, New York)

2004

Clint Eastwood ist Hamlet – Erinnerungen an Jörg Fauser in: *Rolling Stone* 7/04 (München)

Brief an Jürgen Ploog in: »Ploog Tanker« (Rohstoff Verlag, Herdecke; Hg. Florian Vetsch)

2005

Post von Hank, Vorwort für Charles Bukowskis »Schreie vom Balkon – Briefe 1958–1994« (Ginko Press, Hamburg)

2006

Eine Corrida am Highway 50, Vorwort für William Cody Mahers »Geisterstadt« (Verlag Peter Engstler, Ostheim/Rhön)

2007

»Death in Paris« (Reality Studio, online); Papierversion 2012 (Doll No Mori, Shibuya-ku, Tokio; Hg. Keith Seward, Jan Herman)

2009

Nachts in den Karpaten, Vorwort für Toby Barlows »Scharfe Zähne« (Milena Verlag, Wien)

2010

»Manhattan Muffdiver« (Milena Verlag, Wien), darin als Extra: *Das Ende des Suicide Kid*

2011

»Die Abenteuer von Trashman« (Milena Verlag, Wien)

Hat jemand Pélieu gesehen?, Vorwort für Claude Pélieus »Kali Yug Express« (Verlag Peter Engstler, Ostheim/Rhön)

2013

»Eine andere Liga« (Milena Verlag, Wien; Hg. Vanessa Wieser, Matthias Penzel), Hommage/Doppelband mit »Der Tod in Paris«, übersetzt von Walter Hartmann, und »Stories, bei denen man auf die Knie geht und vor Glück in die Fußmatte beißt« (darunter außer den o.g. *Ode to Zsa Zsa Gabor* und *Das Ende von Wambaugh*, Teil von *20 Alpträume*)

»Le Regard D'Autrui« (Cold Turkey Press; auch 2019)

2014

»Bring out the Rum!«,
E-Mail-Wechsel mit Anna Böger (Verlag Der Kollaboratör, Luzern; Hg. Florian Vetsch)

Übersetzungen: Bücher und Artikel (Auswahl)

Für Übersetzungen ist Carl Weissner berühmt geworden, neben der Tätigkeit als Agent für Bukowski und andere Autoren von Black Sparrow Press waren sie für Unterhalt und Überleben wesentlich. Neben Büchern hat er eine Vielzahl Artikel ins Deutsche übertragen, deren Menge und Vielseitigkeit die der Bücher und eigenen Arbeiten spiegelt. Bislang ist dieser Teil seines Wirkens kaum erschlossen, hier auch nur ansatzweise angekratzt.

Texte und Titel von *Zeitschriften* sind kursiv gesetzt, anders als »Buchtitel«.

1959

Mit anderen: Passagen für Hörspiel-Montage »Der Tod des James Dean« von Alfred Andersch (Regie: Friedhelm Ortmann; Südwestfunk, Hessischer Rundfunk, Radio Bremen)

1968

Ins Englische: Wolf Vostell: »Miss Vietnam« (The Nova Broadcast Press, San Francisco)

1969

Das Drehbuch von Harry Mathews und Auszug aus »The Electric Banana« von Mary Beach in: »ACID. Neue amerikanische Szene« (März Verlag, Darmstadt 1969 u. 1975; Hg. Rolf Dieter Brinkmann, Ralf-Rainer Rygulla)

Tambourin-Leben von Ted Berrigan; *Morgendlicher Exorzismus mit Enterhaken* von Douglas Blazek; *Bogart in der Welt der Toten*, *John Dillinger* und *Die Gesichter nagen an meinen Wänden, sind aber noch nicht ganz durch* von Charles Bukowski; *Brötchen* von Tom Clark & Ron Padgett in: »Silverscreen. Neue amerikanische Lyrik« (Kiepenheuer & Witsch, Köln; Hg. Rolf Dieter Brinkmann)

Beiträge von Burroughs, Beach, Norse, Pélieu, Gysin in: »Cut up. Der sezierte Bildschirm der Worte« (Melzer Verlag, Darmstadt; Hg. Weissner); *Die elektrische Banane* von Mary Beach auch in »März-Texte 1« (März Verlag; Hg. Jörg Schröder)

1970

Allen Ginsbergs Zeugenaussage im Prozeß gegen die ›Chicago Seven‹ in: »Aktionen. Happenings und Demonstrationen seit 1965. Eine Dokumentation« (Rowohlt, Reinbek; Hg. Wolf Vostell)

Diverses in: »Melzers Surf Rider« (Melzer Verlag, Darmstadt)

J. G. Ballard: »Liebe + Napalm: Export USA« (Melzer Verlag, Darmstadt; Milena, Wien 2008; als »Liebe & Napalm. Export USA« bei diaphanes, Berlin 2020)

Mary Beach: »electric banana« (Melzer Verlag, Darmstadt)

Charles Bukowski: »Aufzeichnungen eines Außenseiters« (Melzer Verlag, Darmstadt. Bei Fischer Taschenbuch Verlag, Frankfurt/M. 1973, 1975, 1976, 1977 ... in der Reihe *Fischer Klassik* 2012)

1971

Andy Warhol: »A« (Kiepenheuer & Witsch, Köln)

1972

William S. Burroughs: »Die elektronische Revolution« (expanded media editions, Göttingen; im Jahr 1989 die 10. Auflage)

Raymond Chandler: Kapitel 17 und 18 aus »Playback« in: *Pot* No. 1/ No. 7 (Linz, Österreich; Hg. Karl Kollmann)

Allen Ginsberg: »Indische Tagebücher. März 1962–Mai 1963, Notizhefte, Tagebuch, leere Seiten, Aufzeichnungen« (Hanser Verlag, München)

1973

Wechselstrom/Gleichstrom von Heathcote Williams in: »Radikales Theater 2« (Kiepenheuer & Witsch, Köln; Hg. Ute Nyssen)

William S. Burroughs: »Ali's Smile«, zweisprachige Ausgabe (expanded media editions, Göttingen)

Allen Ginsberg: »Iron Horse« (expanded media editions, Göttingen)

1974

George Herriman: »Krazy Kat« (Melzer Verlag, Darmstadt; Ferdydurke-Verlag, Zürich 1988)

Charles Bukowski: »Gedichte, die einer schrieb, bevor er im 8. Stockwerk aus dem Fenster sprang« (Maro Verlag, Gersthofen)

1975

Bob Dylan: »Texte und Zeichnungen« (Zweitausendeins, Frankfurt/M.)

Lyonel Feininger: »The Kin-Der Kids & Wee Willie Winkie's World« (Melzer, Darmstadt; Hg. Abraham Melzer)

Harold Norse: »Beat Hotel« (Maro Verlag, Gersthofen; auch 1978, 2001)

Allen Ginsberg: »Der Untergang Amerikas« (Hanser Verlag, München, auch 1980)

1976

Charles Bukowski: »Kaputt in Hollywood. Stories« (Maro, Augsburg). 2011 in *Bild Skandal Edition* (Axel Springer, Berlin), bei Fischer Taschenbuch Verlag in der Reihe *Fischer Klassik* 2013

Ins Englische: Jörg Fauser: *Death of an Anarchist* und *Trotzky, Goethe and Luck* in: *The Coldspring Journal* No. 10 (Cherry Valley)

Leonard Cohen: »Parasiten des Himmels. Gedichte aus zehn Jahren« (Zweitausendeins, Frankfurt/M.)

Bob Dylan: »Tarantula« (Zweitausendeins, Frankfurt/M., auch 2004; ungekürzte zweisprachige Version »Tarantel« (Hannibal, St. Andrä-Wördern 1995; Hg. Wolfgang Smejkal; als »Tarantel« auch bei Hoffmann und Campe (Hamburg 2016)

Anthony Scaduto: »Bob Dylan. Die Biographie«, 1979 als »Bob Dylan. Eine indiskrete Biografie« (Zweitausendeins, Frankfurt/M.)

1977

Charles Bukowski: »Schlechte Verlierer« (Maro Verlag, Augsburg, dort 2017 die 8. Auflage. Bei Fischer Taschenbuch Verlag, Frankfurt/M. 1981)

Charles Bukowski: »Faktotum« (Maro. Bei S. Fischer Verlag 1997, 20. Auflage im Jahr 2009)

Charles Bukowski: »Das ausbruchsichere Paradies. Stories vom verschütteten Leben« (Zweitausendeins, Frankfurt/M. 1977); die ersten sieben Stories auch in »Pittsburgh Phil & Co.«, der Rest als »Ein Profi« (dtv, München 1983, 1984 ... 12. Aufl. 1998 bzw. im Jahr 2000).

Charles Bukowski: »Flinke Killer« (Palmenpresse, Köln)

Mit Teja Schwaner, Helmut Salzinger, Fauser: »The Rolling Stones Songbook. 155 Songs mit Noten« (Zweitausendeins, Frankfurt/M.)

Frank Zappa: »Plastic People Songbuch« (Zweitausendeins, Frankfurt/M.; mit Zappa durchgesehene Version als »Plastic People Songbuch – Corrected Copy«, im Jahr 1994 die 28. Auflage)

1978

William S. Burroughs: »Ali's smile. Naked scientology«(e-m-e, Bonn)

Charles Bukowski: »Das Leben und Sterben im Uncle-Sam-Hotel« (Maro Verlag, Augsburg. Bei Fischer Taschenbuch Verlag in der Reihe *Fischer Klassik* 2013)

Allen Ginsberg: »Gärten der Erinnerung« (Heyne Verlag, München)

William S. Burroughs: »Junkie« (Zweitausendeins, Frankfurt/M.)

William S. Burroughs: »Auf der Suche nach Yage« (Zweitausendeins)

William S. Burroughs: »Naked Lunch« (Zweitausendeins)

William S. Burroughs: »Nova Express« (Zweitausendeins)

Mit anderen: Gedichte Allen Ginsbergs in der Reihe »Poesiealbum« *Nr. 127* (Verlag Neues Leben, Ost-Berlin, DDR)

»Terpentin on the Rocks« (Maro Verlag, Augsburg; Hg. Bukowski, Weissner)

1979

Allen Ginsberg: »Das Geheul und andere Gedichte« (Limes Verlag, Wiesbaden); *Das Geheul – Howl* als Radioadaption mit Ben Becker (Regie: Barbara Schäfer; Bayerischer Rundfunk, 30. Mai 1997)

Jack Micheline: »Skinny Dynamite« (MaroVerlag, Augsburg)

Charles Bukowski: »Western Avenue. Gedichte aus über 20 Jahren« (Zweitausendeins, Frankfurt/M. Bei dtv 1992), Auszüge auch in: »Der größte Verlierer der Welt – Gedichte 1968–1972« (1979), »Diesseits und jenseits vom Mittelstreifen – Gedichte 1972–1977« (Hanser Verlag, München 1984), »Eintritt frei – Gedichte 1955–1968« (Hanser Verlag 1984).

Deadline USA – Eine Dokumentar-Show aus dem Underground-Museum der 60er Jahre, Auszüge des Hörspiels von 1973, in: »Gegenkultur heute. Die Alternativbewegung von Woodstock bis Tunix« (Azid Presse, Amsterdam; Hg. Jens Gehret)

Charles Bukowski: »Die Stripperinnen vom Burbank & 16 andere Stories« (Zweitausendeins, Frankfurt/M.)

William S. Burroughs: »Die alten Filme. Stories« (Maro Verlag, 1979, 1993, 1995, 2012; Fischer Taschenbuch Verlag, Frankfurt/M. 1983)

1980

Charles Bukowski: »Das Liebesleben der Hyäne« (Zweitausendeins, Frankfurt/M. 1981 die 4. Auflage. Bei dtv 1984, im Jahr 1999 die 13. Auflage. Neuausgabe bei KiWi 2004, bei dtv ab 2008, 8. Auflage im Jahr 2018)

William S. Burroughs: »Die wilden Boys« (Zweitausendeins, Frankfurt/M.)

William S. Burroughs: »Port of Saints« (Zweitausendeins, Frankfurt/M.)

Will Eisner: »Ein Vertrag mit Gott und andere Mietshaus-Stories aus New York« (Zweitausendeins, Frankfurt/M.); 1984, 1989; 2011 Band Nr. 1 der »Graphic Novels Bibliothek *Süddeutsche Zeitung*«)

Diverses in: »Amok/Koma. Ein Bericht zur Lage« (Expanded Media Editions, Bonn/Hamburg 1980; Hg. Jürgen Ploog, Pociao, Walter Hartmann)

1981

Nelson Algren: »Calhoun. Roman eines Verbrechens« (Zweitausendeins, Frankfurt/M. 1981, 1982)

Charles Plymell: »Panik in Dodge City« (e-m-e, Bonn)

David Felton: *Hunter S. Thompson: »Ich bin nämlich ein Monster«*; Jan Herman: *Mit den Augen des Hurricane* in: *Literaturtip* Nr. 1 (West-Berlin)

1982

Charles Bukowski: »Die Girls im grünen Hotel« (Zweitausendeins, Frankfurt/M. Bei dtv 1993)

Charles Bukowski: »Eine Kinoreklame in der Wüste. 102 neue Gedichte« (Zweitausendeins, Frankfurt/M.)

Charles Bukowski: »Pacific Telephone – 51 Gedichte« (Zweitausendeins, Frankfurt/M.)

William S. Burroughs: »Die Städte der roten Nacht« (Zweitausendeins, Frankfurt/M.)

Denton Welch: »Freuden der Jugend« (Zweitausendeins, Frankfurt/M., 1985 die 7. Auflage; Verlag Klaus Wagenbach, Berlin 2016)

Hans Hillmann: »Fliegenpapier. Nach Dashiell Hammett's Kriminalgeschichte Flypaper« (Zweitausendeins, Frankfurt/M. 1983, 1984. Bei dtv, München 2005; als »Fliegenpapier. Nach Dashiell Hammett« (avant-verlag, Berlin 2015)

1983

Nelson Algren: »Der Mann mit dem goldenen Arm« (Zweitausendeins, Frankfurt/M. Bei Rowohlt, Reinbek 1996; Verlag Volk & Welt, Ost-Berlin, DDR 1984, 1987)

Charles Bukowski: »Das Schlimmste kommt noch oder Fast eine Jugend«

(Hanser Verlag, München. Bei dtv 1986, im Jahr 2000 die 15. Auflage, Neuausgabe in 9. Auflage im Jahr 2015)

Mit Walter Harmann: Howard Kohn: »Wer tötete Karen Silkwood?« (Zweitausendeins, Frankfurt/M.)

1984

Charles Bukowski: »Der lange Job«, Bearbeitung für Comic von Mathias Schultheiss (Wilhelm Heyne Verlag, München), in verknappter Version und mit *Ein Reader* als »Die schönste Frau in der ganzen Stadt« (1991); inkl. »Kaputt in der City« als »Kaputt in der City. Comic-Short-Storys« bei Carlsen, Hamburg 1993

Charles Bukowski: »Kaputt in der City«, Bearbeitung für Comic von Mathias Schultheiss (Wilhelm Heyne Verlag, München); inkl. »Der lange Job« als »Kaputt in der City. Comic-Short-Storys« bei Carlsen, Hamburg 1993.

Charles Bukowski: »Flinke Killer«, durchgesehene und erweiterte Fassung der Erstausgabe von 1977 (Kiepenheuer & Witsch, Köln)

Charles Bukowski: »Gedichte vom südlichen Ende der Couch« (Hanser; dtv 1986, 1987, 2000)

Diane Arbus: »Zeitschriften Arbeit« mit Essay von Truman W. Southall (Zweitausendeins, Frankfurt/M.)

».diane arbus. Eine Monographie« (Zweitausendeins, Frankfurt/M.; Hg. Doon Arbus, Marvin Israel. Weitere Ausgaben auch 1985, 1990; Schirmer/Mosel 2011)

1985

Charles Bukowski: »Hot Water Music. Erzählungen« (KiWi, Köln. Bei dtv 1991)

Ken Kesey: »Einer flog über das Kuckucksnest« (Zweitausendeins, Frankfurt/M.)

Denton Welch: »Jungfernfahrt« (Zweitausendeins; Steidl, Göttingen 1996)

1986

Hunter S. Thompson: *Brief aus Honolulu* in: *TransAtlantik* 3/86 (NewMag Verlag, München)

Charles Bukowski: »Nicht mit sechzig, Honey« (Hanser Verlag, München); Hörspieladaption fürs ZKM von Iris ter Schiphorst (HR/SWR 2006)

Charles Bukowski in der Reihe »Poesiealbum« *225* (Verlag Neues Leben, Ost-Berlin, DDR)

Jan Herman: *Empfehlungen zur Reinhaltung Amerikas. Die moralische Rechte fahndet nach Pornographie* in: *TransAtlantik* 4/86 (NewMag Verlag, München)

Gerald Locklin: »Die Jagd nach dem verschwundenen blauen Volkswagen« (Maro Verlag, Augsburg)

1987

William S. Burroughs: »Exterminator« (Zweitausendeins, Frankfurt/M.)

William S. Burroughs: »Die letzten Worte des Dutch Schultz« (Zweitausendeins, Frankfurt/M.)

Jan Herman: *Supermacht Nummer 3. Geländespiel mit Drogenhändlern und Regierungsbeamten* in: *TransAtlantik* 1/87 (NewMag Verlag, München)

Jan Herman: *Schwindel der Großstadt. Bei den Meistergaunern von Manhattan* in: *TransAtlantik* 2/87 (NewMag Verlag, München)

Mohammed Mrabet mit Paul Bowles: »M'Hashish. Kiffgeschichten aus Marokko« (Goldmann, München)

Jan Herman: *Hiobsbotschafter der Hopi. Filmemacher Godfrey Reggio und die Missionierung der Sprachlosen* in: *TransAtlantik* 4/87 (NewMag Verlag, München)

Denton Welch: »Schicksal« (Zweitausendeins, Frankfurt/M.)

Mit Walter Hartmann: Bob Dylans »Liedtexte« (Zweitausendeins, Frankfurt/M., auch 1990, 1992, 1995, 1996, 1998); als »Songtexte 1962–1985« (Zweitausendeins, im Jahr 1998 die 36. Auflage, weitere 2001, 2002, 2013)

Nan Goldin: »Die Ballade von der sexuellen Abhängigkeit« (Zweitausendeins, Frankfurt/M.)

1988

Charles Bukowski: »Die letzte Generation« (Kiepenheuer & Witsch, Köln. Bei dtv 1991)

William S. Burroughs: »Western Lands« (Limes, Frankfurt/West-Berlin)

Maurice Isserman: *Richtungsstreit auf verlorenem Posten. Gus Hall und Dorothy Healey – zwei Gesichter der USA-KP* in: *TransAtlantik* 2/88 (NewMag Verlag, München)

Robert Del Tredici: »Unsere Bombe« (Zweitausendeins, Frankfurt/M.)

1989

Charles Bukowski: »Roter Mercedes (Gedichte 1984–1986)« (Kiepenheuer & Witsch, Köln)

William S. Burroughs: »Homo« (Zweitausendeins, Frankfurt/M.)

William S. Burroughs: »Briefe an Allen Ginsberg 1953–1957« (Zweitausendeins, Frankfurt/M.)

1990

Charles Bukowski: »Einmal New Orleans und zurück« (Maro Verlag, Augsburg. Bei dtv 1986, im Jahr 2000 die 15. Auflage, Neuausgabe in 9. Auflage im Jahr 2015)

Charles Bukowski: »Hollywood« (Kiepenheuer & Witsch, Köln. Im Jahr 2016 bei dtv die 18. Auflage)

Nelson Algren: »Nacht ohne Morgen« (Zweitausendeins, Frankfurt/M.)

Lorri Jackson: *Hier ist mein Beitrag* und *Miese Tasse Kaffee* in: *Kozmik Blues* No. 8 (Rohstoff-Verlag, Herdecke). Auch in: *einblick special* No. 1: Social(B)eat (Killroy Media, Ludwigsburg 1995)

Michael Walsh: *Der Generalmusikdirektor. Testamentseröffnung über das Vermächtnis des Herbert von Karajan. Erste Sitzung* und William S. Burroughs: *Mein Rausch gehört mir. Eine Kriegsdienstverweigerung* in: *TransAtlantik* Nr. 4 (TransAtlantik Verlagsgesellschaft, Hamburg)

Das Schlimmste ist die Verbitterung. Charles Bukowski über John Fante und Michael Walsh: *Die zehnte Sinfonie. Testamentseröffnung über das Vermächtnis des Herbert von Karajan. Zweite Sitzung* in: *TransAtlantik* Nr. 5 (TransAtlantik Verlagsgesellschaft, Hamburg)

1991

Nelson Algren: »Das letzte Karussell« (Zweitausendeins, Frankfurt/M.)

Mit Pociao de Hollanda: La Locas »Rote Sonne über Echo Park. Gedichte von Liebe & Hass« (Maro, Augsburg)

Nicholas Shakespeare: »Die Vision der Elena Silves« (Kellner, Hamburg)

1992

Mit Walter Harmann: Harold Norses »Bastard. Die Memoiren eines gefallenen Engels« (Rogner & Bernhard, Frankfurt/M.)

1993

Charles Bukowski: »Jeder zahlt drauf« (Kiepenheuer & Witsch, Köln. Bei dtv 1995)

Armistead Maupin: »Tollivers Reisen. Stadtgeschichten Band 4« (Rogner & Bernhard, Frankfurt/M.)

William Bedford: »Fish & Chips & Elvis« (dtv, München)

1994

Charles Bukowski: »Kamikaze-Träume« (Kiepenheuer & Witsch, Köln)

Armistead Maupin: »Die Kleine« (Rogner & Bernhard, Frankfurt/M.)

William S. Burroughs: *Thanksgiving Day, Nov.28, 1986* von der LP »Dead City Radio« in: *einblick* Nr. 8 (Killroy Media, Ludwigsburg)

1995

Richard Bausch: »Eine unmögliche Liebe« (Steidl, Göttingen)

Charles Bukowski: »Der Andere« (Maro Verlag, Augsburg, auch 2001)

Charles Bukowski: »Ausgeträumt« (Kiepenheuer & Witsch, Köln; dtv 1997), als »Pulp. Ausgeträumt« (KiWi, Köln 2011); Hörspieladaption von Regine Ahrem (SDR 1997)

1996

Charles Bukowski: »Auf dem Stahlroß ins Nirwana« (Kiepenheuer & Witsch, Köln)

Frank Zappa: »Zonx (Texte 1977–1994)« (Zweitausendeins, Frankfurt/M., auch 2004)

Robert Lowry: »Die falsche Sanftmut des Schnees« (Rogner & Bernhard, Frankfurt/M. Bei Fischer Taschenbuch Verlag 1998); Hörspieladaption von Matthias Kunkel (BR 1997)

Robert Lowry: »Tag, Fremder« (Rogner & Bernhard, Frankfurt/M. Bei Fischer Taschenbuch Verlag 1999)

Literaturzitate in: Horst Hamanns »New York vertical« (Edition Quadrat, Mannheim)

1997

Robert Lowry: »Lebendig begraben« (Rogner & Bernhard, Frankfurt/M. Bei Fischer Taschenbuch Verlag 2000)

Mit Antje Landshoff: Robert Lowrys »Aufenthalt in El Paso« (Rogner & Bernhard, Frankfurt/M. Bei Fischer Taschenbuch Verlag 2000)

1999

Charles Bukowski: »Umsonst ist der Tod« (Kiepenheuer & Witsch, Köln)

2000

Richard Bausch: »Eine aussterbende Art« (Steidl, Göttingen)

Charles Bukowski: »Irgendwo in Texas – Gedichte aus dem Nachlaß« (Maro Verlag, Augsburg)

2003

Charles Bukowski: »439 Gedichte« (Zweitausendeins, Frankfurt/M.)

2005

Charles Bukowski: »Schreie vom Balkon. Briefe 1958–1994« (Ginko Press, Hamburg)

Charles Bukowski: »Nackt bei 33 Grad« (dtv, München)

2006

Charles Bukowski: »Den Göttern kommt das große Kotzen« (Kiepenheuer & Witsch, Köln)

Mit Walter Hartmann: William Cody Mahers »Geisterstadt« (Verlag Peter Engstler, Ostheim/Rhön)

2007

Charles Bukowski: »Letzte Meldungen« (Zweitausendeins, Frankfurt/M.)

Charles Bukowski: »Ein Ablehnungsbescheid und seine Folgen« (Büchergilde Gutenberg/Tolles Heft, Frankfurt/M./Wien/Zürich)

2008

Mit anderen: Leonard Cohens »Buch der Sehnsüchte« (Blumenbar, München)

2009

Charles Bukowski: »Opfer der Telefonitis« (dtv, München)

Mit anderen: William Cody Mahers »Spiel Sachen« (Verlag Peter Engstler, Ostheim/Rhön)

2010

Charles Bukowski: »Ein schlampiger Essay über das Schreiben und das verfluchte Leben; und ausgewählte Gedichte« (Maro Verlag, Augsburg)

2011

Mit Evelyn Steinthaler, Vanessa Wieser: Bill Callahans »Briefe an Emma Bowlcut« (Milena Verlag, Wien)

2012

Charles Bukowski: »Ende der Durchsage« (KiWi, Köln)

Postkarten von La Loca, 1991 in: *Fabrikzeitung* Nr. 289 (Zürich; Hg. Florian Vetsch)

Danksagung

Verlag und Herausgeber danken, in chronologischer Reihenfolge: Peter Kühl für Connection am Tor 3, Thomas Baumann beim Chinesen '88, Walter Hartmann als Brücke zu Peter Körte und *FR* was zu Ellroy führte, Kevin Brownlow, HST etc., Jon Hotten and Mick Wall for grilling by keeping the flame, Mo Cohen for rests at Halle 8 (way back then), Ambros Waibel und Klaus Bittermann als Komplizen der Bio mit freundlicher Unterstützung von VÖBB und Fernleihe, Johannes Ullmaier für Surfrider, Frances Schoenberger, Pierre Joris everywhere et sympathique, Y Sa Lo, Undine & Martin (absolute: Dinner), Signe and Cody for having us all over when it got cold, Jan Herman (then & always there) and Keith (nowhere, but reliably spot-on), *DreckSack* Florian Günther, Alexis Reisenhofer vom *Sounds*-Archiv, in letzter Minute für *Silverscreen* Gunter Geduldig und Martin Willems sowie allen, die hier unabsichtlich vergessen wurden.

Ganz besonderer Dank geht an Mike Weissner, Benno Käsmayr, Vanessa Wieser, Frank Schäfer und Anthony Waine.

Carl Weissner

Foto: Udo Breger

Geboren 1940 in Karlsruhe, studierte Amerikanistik in Bonn und Heidelberg, wo er ab Mitte der 1960er-Jahre die Literaturzeitschrift *Klactoveedsedsteen* herausgab. Ermöglicht durch ein Fulbright-Stipendium erforschte er zum Ende des Jahrzehnts die literarische Alternativszene in New York und San Francisco. Zurück in Deutschland ließ er sich in Mannheim nieder und übertrug Bücher ins Deutsche. Nach »The Braille Film« 1970 schrieb er nach der Übersetzertätigkeit 2007 »Death in Paris« und veröffentlichte 2010 »Manhattan Muffdiver«, im folgenden Jahr »Die Abenteuer von Trashman«. Er starb 2012 in Mannheim.

Anthony Waine

Foto: Jonathan Bean / beanphoto

Aufgewachsen in der englischen Industriestadt Leicester, unterrichtete nach dem Germanistik-Studium 1968 an der Universität Hamburg, bevor er in Oxford seine Doktorarbeit schrieb. Befasste sich mit neuen deutschen Erzählern wie Wondratschek, Brinkmann, Fauser u.a. in »Changing Cultural Tastes«. Zu den Höhepunkten seiner akademischen Laufbahn zählt die Auszeichnung für ›Teaching Excellence‹ sowie die Nominierung für den Sir Alastair Pilkington Prize 1999. Nach seiner Zeit an der Universität Lancaster Übersetzer, aber auch Herausgeber beispielsweise des deutsche und englische Fußballkultur umkreisenden »On and Off the Field«.

Matthias Penzel

Geboren 1966 in Mainz, Kindheit in Straßburg, Kaiserslautern, Schulen in Ludwigshafen, parallel zum Zivildient erste journalistische Arbeiten. Nach Studium in Köln zehn Jahre als Redakteur in London, danach Berlin, wo er 2004 die Jörg Fauser Biografie »Rebell im Cola-Hinterland« mit Ambros Waibel sowie den Rock'n'Roll-Roman »TraumHaft« veröffentlichte, 2011 »Objekte im Rückspiegel ...«, eine Kulturgeschichte des Automobils. Co-Herausgeber des 2013 erschienen Weissner-Readers »Eine andere Liga: Der Tod in Paris. Roman & Stories, bei denen man auf die Knie geht und vor Glück in die Fußmatte beißt«.

Karsten Weyershausen

Der finale Notausgang

Suizid im Showgeschäft. 28 bewegende Biografien

Die Fragen, die ein Suizid aufwirft, sind immer unbequem. Doch besonders im Showgeschäft hat der Freitod fast etwas wie eine traurige Tradition. Sie begann mit der Schauspielerin Peg Entwistle, die sich nach einem Karriereknick im September 1932 spektakulär vom fünfzehn Meter hohen Hollywood-Schriftzug in den Tod stürzte. Was treibt einen Menschen dazu? Selbst wenn ein Abschiedsbrief vorliegt, kann man die Beweggründe einer solchen Tat nur schwer nachvollziehen.

Karsten Weyershausen beleuchtet 28 Biografien – unter anderem von Robin Williams, Dean Reed, Raimund Harmstorf, Jean Seberg und Marilyn Monroe – sowie die damit verbundenen Selbsttötungen.

Karsten Weyershausen: Der finale Notausgang
Klappenbroschur 11,0 x 18,5 cm, 130 Seiten, zahlreiche Abbildungen
ISBN 978-3-945715-60-4 (Print), 978-3-945715-00-0 (Ebook)

edition kopfkiosk www.verlag-reiffer.de